C2C

电子商务创业教程

E-marketplace Training
Program on C2C Platform

（第3版）

刘佳 ■ 编著

清華大学出版社

北　京

内 容 简 介

随着网络的普及和电子商务产业链的完善，网络购物已进入百姓生活，呈现出巨大的市场规模和发展前景，网购孕育着巨大商机。

本书将带你走入电子商务新天地，为你提供网上创业开店经营的最佳指导。全书共分 11 篇，包括行业分析、前期准备、开店基础、网店管理、网店进阶技术、店铺推广、增值服务、客户及品牌管理、交易安全、纠纷处理及其他版块和功能等内容，覆盖现有淘宝平台上所有重要的功能，并且其图文相配的编排方式，让读者可以在轻松阅读的氛围中学习最实用的网上创业技能。

本书为淘宝网指定培训教材，适用于包括自主创业者、大专院校电子商务专业学生、企业电子商务从业者在内的所有立志在淘宝网上成功创业的人士。

图书在版编目(CIP)数据

C2C 电子商务创业教程/刘佳 编著. —3 版. —北京：清华大学出版社，2013.8（2021.8重印）
　　ISBN 978-7-302-32952-7

Ⅰ．①C…　Ⅱ．①刘…　Ⅲ．①电子商务—教材　Ⅳ．①F713.36

中国版本图书馆 CIP 数据核字(2013)第 148394 号

责任编辑：陈　莉　高　婳
装帧设计：牛静敏
责任校对：蔡　娟
责任印制：丛怀宇

出版发行：清华大学出版社
　　　网　　　址：http://www.tup.com.cn，http://www.wqbook.com
　　　地　　　址：北京清华大学学研大厦 A 座　　　邮　　　编：100084
　　　社 总 机：010-62770175　　　邮　　　购：010-62786544
　　　投稿与读者服务：010-62776969，c-service@tup.tsinghua.edu.cn
　　　质 量 反 馈：010-62772015，zhiliang@tup.tsinghua.edu.cn
印 装 者：三河市君旺印务有限公司
经　　　销：全国新华书店
开　　　本：185mm×260mm　　　印　张：19.25　　　字　数：432 千字
　　　　　　附光盘 1 张
版　　　次：2008 年 1 月第 1 版　　2013 年 8 月第 3 版　　印　次：2021 年 8 月第 13 次印刷
定　　　价：64.00 元

产品编号：053291-03

前　言

伴随着电子商务的迅猛发展，网商群体的日益壮大，企业对能够熟练运用阿里巴巴及淘宝电子商务平台的实战型网络贸易人才的需求日益迫切。那么，如何利用网络平台发展市场先机，拓宽销售模式，增加销售渠道，赢得新市场份额呢？

本书将淘宝平台上的功能和操作方法都以图片、标注、文字进行详细表述，让大家在完全掌握使用方法和精髓，力求把在淘宝网开店所需要了解的各个知识点都照顾到，并对近年来网络购物市场进行数据分析，展现电子商务市场的发展前景。全书以淘宝网最新的平台功能为实际操作案例，帮助有志于投身电子商务事业的人们尽快掌握电子商务技能，也希望为企业培养更多的电子商务实战型人才。

本书特色

(1) 配有大量截图以及图片标注，直接明朗，学习效果好

本书制作了大量的实际截图，并配有文字说明、图片标注，以便让读者更加清晰、直观地学习具体技能，提高学习效率。

(2) 内容全面、系统、深入

本书介绍了开设网店的前期准备、网店的注册、宝贝发布、店铺装修、店铺提升技巧、淘宝服务的定制与使用、与客户的沟通技巧等内容，每一个步骤都会进行详细的讲解，并配以真实的案例截图。

(3) 讲解由浅入深，循序渐进，适合各个层次的读者阅读

本书从开店前的思想准备，逐步深入到开店中后期的店铺提升，内容循序渐进，讲解细致入微，适合店铺经营各个阶段的读者阅读，并均有所获。

(4) 贯穿大量的店铺经营经验，迅速提升开店经验

本书在讲解知识点时贯穿了大量作者开店经验，并给出了丰富的经营技巧，以便让读者快速掌握开店的技能，迅速积累成功经验。

本书内容及体系结构

第1篇 江湖风云——网商的行业背景以及发展前景(第1~2课时)

本篇主要内容包括电子商务的概述、网购市场的优势及社会影响、开设淘宝网店的意义,淘宝店铺的应用及淘宝店铺开设成功必备的素质等。通过本篇的学习,读者可以在大体上了解电子商务的现状及发展趋势,了解淘宝网店的优势及影响,并能够树立坚定的成功信心。

第2篇 初涉江湖——网上开店的前期准备(第3~5课时)

本篇主要内容包括开设淘宝网店的硬件准备、软件准备、店铺的定位等。通过本篇的学习,读者可以了解开设淘宝网店的前期投入、前期准备,同时制定适合店铺发展的开设攻略,制定店铺开设的路线。

第3篇 网店开张的基本知识(第6~8课时)

本篇主要内容包括注册开店的流程、正式开店要做的事情、阿里旺旺和淘宝助理的使用等。通过本篇的学习,读者可以掌握开设淘宝店铺的详细流程,宝贝发布的各项技巧,店铺管理的技术经验,淘宝帮助工具的使用等。

第4篇 网店管理(第9~10课时)

本篇主要内容包括线上管理淘宝店铺、线下管理店铺等。通过本篇的学习,读者可以掌握店铺管理的核心技术及应用,积累管理经验以及宝贝发布、店铺装修的各项技巧,并掌握如何管理进货、清仓库存的促销方法等。

第5篇 炉火纯青——进阶技巧(第11~14课时)

本篇主要内容包括宝贝标题及图片的拍摄技巧,图片的美化及处理技巧、店铺的美化、旺铺的开通等内容。通过本篇的学习,读者可以掌握宝贝图片的制作技术,图片处理工具的使用,图片的设计、美化技巧,如何装饰店铺,进行店铺的颜色搭配以及开通旺铺等。

第6篇 名震江湖——店铺推广(第15课时)

本篇主要内容包括店铺的推广技巧,如何使用淘宝提供的付费服务等。通过本篇的学习,读者可以掌握如何使用淘宝提供的付费服务,如何利用淘宝做商品营销,以及如何应用打折工具。

第7篇 奇门遁甲——增值服务(第16课时)

本篇主要内容包括淘宝增值服务的应用。通过本篇的学习,读者不仅可以了解常用的淘宝工具,还可以了解一些不常用的却又有其独特功能的服务,如试衣间、视频展示等服务。

第8篇　自成一派——回头客，谁都想要(第 17～18 课时)

本篇主要内容包括沟通法则与评价管理、建立自己的网店品牌等。通过本篇的学习，读者可以掌握常用的沟通技巧，并提升自身的沟通能力，揽住回头客。

第9篇　防微杜渐——重视交易安全(第 19～20 课时)

本篇主要内容包括会员账户安全、交易安全等相关知识。通过本篇的学习，读者可以采取有效的措施保护账户的安全。

第10篇　功德圆满——如何规避与处理交易纠纷(第 21～22 课时)

本篇主要内容包括常见的纠纷种类与分析、纠纷处理案例分享与小结等。通过本篇的学习，读者可以预见常见的纠纷问题并提前杜绝，以及如何处理纠纷，防止其再次发生，并通过案例积累一定的纠纷处理经验。

第11篇　一统江湖——淘宝的其他版块和功能(第 23～24 课时)

本篇主要内容包括淘宝其他版块及其功能。通过本篇的学习，读者可以全面地了解淘宝网购平台的其他版块及其功能。

本版的变化

(1) 采用全新的淘宝界面

与几年前相比，淘宝及淘宝商城(现天猫)的界面有了巨大的变化，按照第 2 版的操作，已经不能适应读者需要。因此，本书第 3 版更换了所有的界面截图，以方便读者学习淘宝的使用。

(2) 新增最新营销工具的使用

本书增加了人气最火的淘宝营销工具，包括：满就送，限时打折，搭配套餐，店铺优惠券等，并针对这些营销工具做出详细的讲解。

(3) 新增最新淘宝增值服务的使用

本书将淘宝的增值服务做出详细的说明，如：论坛，友情链接，消费者保障服务，淘宝直通车等，并对这些服务操作的相关技巧做进一步的阐述。

(4) 删除淘宝已经不再使用的应用

本书删除第 2 版中关于店铺管理中已经不再应用的栏目，与此同时，针对已经改版的一些栏目做了相应的修改。

本书读者对象

- 品牌代理商；

- 实体店铺经营者；
- 准备兼职开设网店的人员；
- 在校学生；
- 自主创业人员；
- 具有良好进货渠道人员；
- 批发零售商；
- 有能力有意愿从事代购行业的海外留学人员。

本书由刘佳组织编写，同时参与编写的还有陈冠军、姚志娟、马翠翠、刘霞、张燕、范陈琼、郭现杰、杜海梅、王凯迪、孟春燕、晁楠、吴金艳、贾俊俊、王寅乐、刘琳、颜岩、王晓燕、鲍凯、庞雁豪、杨锐丽、鲍洁、王小龙、李亚杰、张彦梅、刘媛媛、李亚伟，在此一并表示感谢。

目　　录

第3篇 网店开张的基本知识

第4篇 网店管理

第5篇　炉火纯青——进阶技巧

第8篇　自成一派——回头客，谁都想要

第9篇　防微杜渐——重视交易安全

第10篇　功德圆满——如何规避与处理交易纠纷

第11篇　一统江湖——淘宝的其他版块和功能

第1篇 江湖风云

——网商的行业背景 以及发展前景

电子商务是互联网爆炸式发展的直接产物，是网络技术应用的全新发展方向。互联网本身所具有的开放性、全球性、低成本、高效率的特点，也成为电子商务的内在特征，并使得电子商务大大超越了作为一种新的贸易形式所具有的价值，它不仅会改变企业本身的生产、经营、管理活动，而且将影响到整个社会的经济结构与运行。

电子商务的模式在不同的国度、不同的发展阶段有着不同的定义。至今还没有一个较为全面的、具有权威性且能够为大多数人所接受的定义。

第1课时　电子商务模式及 C2C 简介

1.1　何谓电子商务

联合国国际贸易程序简化工作组对电子商务的定义是：采用电子形式开展商务活动，它包括在供应商、客户、政府及其他参与方之间通过任何电子工具，如EDI、Web 技术、电子邮件等共享非结构化商务信息，并管理和完成在商务活动、管理活动和消费活动中的各种交易。

全球信息基础设施委员会(GHC)电子商务工作委员会报告草案中对电子商务定义如下：电子商务是运用电子通信作为手段的经济活动，通过这种方式人们可以对带有经济价值的产品和服务进行宣传、购买和结算。这种交易的方式不受地理位置、资金多少或零售渠道所有权的影响，是政府组织、企业、各种社会团体、一般公民都能自由参加的广泛的经济活动，涉及各个行业。电子商务能使产品在世界范围内交易并向消费者提供多种多样的选择。

国内电子商务专家李琪教授在《电子商务概论》(高等教育出版社，2004 年 9 月)中对电子商务的定义：首先将电子商务划分为广义和狭义的电子商务。

从广义上讲，电子商务一词源自于"Electronic Business"，就是通过电子手段进行的商业事务活动。通过使用互联网等电子工具，使公司内部、供应商、客户和合作伙伴之间，利用电子业务共享信息，实现企业间业务流程的电子化，配合企业内部的电子化生产管理系统，提高企业的生产、库存、流通和资金等各个环节的效率。

狭义的电子商务定义为，主要利用互联网从事商务活动。电子商务是在技术、经济高度发达的现代社会里掌握信息技术和商务规则的人，系统化地运用电子工具，高效率、低成本地从事以商品交换为中心的各种活动的总称。

简单来说，电子商务就是利用计算机技术、网络技术和远程通信技术，实现电子化、数字化和网络化的整个商务过程。

这个分析突出了电子商务的前提、中心、重点、目的和标准，指出它应达到的水平和效果，它是对电子商务更严格和体现时代要求的定义，它从系统的观点出发，强调人在系统中的中心地位，将环境与人、人与工具、人与劳动对象有机地联系起来，用系统的目标、系统的组成来定义电子商务，从而使它具有生产力的性质。

1.2　简述 B2B、C2C 和 B2C 模式

(1) B2B 模式

① 何谓 B2B

B2B 中的两个 "B" 均代表 "Business"，"2" 则是英语 "two" 的谐音，代表 "to"。一般来说，我们把 B2B 仍然按照英文的读音 "B-to-B" 来念，而不是把 "2" 作为中文发音。

B2B 是指进行电子商务交易的供需双方(他们是商家，或企业、公司)使用互联网技术或各种商务网络平台完成交易的过程。这些过程包括：发布供求信息，订货及确认订货，支付

过程及票据的签发、传送和接收，确定配送方案并监控配送过程等。

B2B 电子商务模式包括两种基本模式：一种是企业之间直接进行的电子商务(如制造商的在线采购和在线供货等)；另一种是通过第三方电子商务网站平台进行的商务活动。例如，国内著名电子商务网站阿里巴巴(china.alibaba.com)是一个 B2B 电子商务平台,各类企业可以通过阿里巴巴进行企业间的电子商务(B2B)，如发布和查询供求信息，与潜在客户、供应商进行在线交流和商务洽谈等。

② 哪些网站属于 B2B 的范畴

● 阿里巴巴

阿里巴巴是全球企业间(B2B)电子商务的著名品牌，汇集海量供求信息，是全球领先的网上交易市场和商人社区。首家拥有超过 1 400 万网商的电子商务网站，遍布 220 个国家地区，成为全球商人销售产品、拓展市场及网络推广的首选网站。

● 58 同城

58 同城网是国内领先的 B2B 电子商务服务商之一，是中国第一中文分类信息网站，涵盖房产、车辆、招工、兼职、黄页等海量的生活分类信息，满足不同的查询需求，也是最好的免费发布信息网站平台。

● 志趣网

志趣网(bestb2b.com)是全球企业间(B2B)电子商务的著名品牌，汇集海量供求信息，是全球领先的网上交易市场和商人社区。其提供最新供应、求购、代理、合作、二手、招标、库存、租赁等商机信息。

(2) C2C 模式

① 何谓 C2C

所谓 C2C 就是"Customer to Customer"，消费者对消费者的交易，简单地说就是消费者本身提供服务或产品给消费者，此类网站是非企业对消费者，是由提供服务的消费者与需求服务的消费者在线达成交易的方式。C2C 商务平台就是通过为买卖双方提供一个在线交易平台，使卖方可以自行提供商品上网展示销售，而买方可以自行选择商品拍下付款或者进行竞价方式在线完成交易支付。

② 哪些网站属于 C2C 的范畴

● 淘宝网

淘宝网，2003 年 5 月 10 日由全球最佳 B2B 公司阿里巴巴公司投资 4 亿多元创办。由于发展策略得当，短短三年的时间，淘宝网就已经超过了当年中国 C2C 电子商务领域的龙头 eBay 易趣，成为中国 C2C 新的领军企业。

在尝到对用户免费所带来的效果后，淘宝在 2005 年进一步明确其免费的策略，增加自己的用户粘性，巩固其在中国 C2C 电子商务领域的领先地位。2005 年，淘宝在北京宣布其母公司阿里巴巴决定继续投资 10 亿元来扶持淘宝网的发展。此次投入的 10 亿元将用来支持未来三年淘宝的免费政策。

另外，得益于 2005 年 8 月阿里巴巴收购雅虎中国全部业务，淘宝网借机将在国内 C2C 电子商务领域市场排名第三的一拍网全面纳入自己的业务范畴。

- 易趣网

易趣网创办于 1999 年 8 月。2002 年 3 月，随着 eBay 向易趣投资 3000 万美元，易趣网成为全球领先的 C2C 电子商务巨头 eBay 在中国的子站。

- 拍拍网

拍拍网是腾讯旗下电子商务交易平台。网站于 2005 年 9 月 12 日上线发布，2006 年 3 月 13 日宣布正式运营。拍拍网依托于腾讯 QQ 超过 5.9 亿的庞大用户群以及 2.5 亿活跃用户的优势资源，具备良好的发展基础。

- 百度有啊

百度有啊是百度旗下的一个全新的大型购物网站。在 2008 年 6 月 22 日正式对外开放 C2C 平台内测报名，提供不超过 1 万名内测名额供商户提前入驻。它依托全球最大的中文搜索引擎百度旗下独有的搜索技术和强大社区资源，很有希望成为目前国内最有潜力的网络零售平台。但是经过一段时间看来，其发展速度和推广力度都无法令人满意。

(3) B2C 模式

① 何谓 B2C

B2C(Business to Customer)。B2C 的"B"是"Business"，意思是企业，"2"则是"to"的谐音，"C"是"Customer"，意思是消费者，所以 B2C 是企业对消费者的电子商务模式。

我们向厂商购买商品，就是一种 B2C 的交易行为，而应用在电子商务上，目前最常见的就是网络购物。与一般传统交易方式的不同之处在于，你只要在家里通过网络，连接到提供网络购物的网站，就可以进行消费，无需亲自到商店购买，可以节省许多时间。

② 哪些网站属于 B2C 的范畴

- 亚马逊网络书店

美国的亚马逊网络书店(Amazon)，除了书籍之外，还卖音乐 CD、玩具、软件等商品。只要你在亚马逊注册了账号，就可以购买它所提供的商品。其不但提供丰富的资讯，而且时常提供折扣优惠，使网友能够享受方便快速的消费方式，这些都是亚马逊能够成功的原因。

- 天猫

淘宝网的品牌商城模式。淘宝网的品牌商城是需要通过商家认证才能入驻的专区。成功入驻品牌商城的商家有机会享受天猫客户经理的专业服务，有机会享有个性化店铺(旺铺)等服务功能，有机会在天猫页面获得推荐位，从而增加店铺的浏览量和交易量。天猫商城的宣传重点是诚信和商品品质，天猫商城引进了若干著名品牌的旗舰店铺，可以让更多对网购心存疑虑的买家放心购买。

(4) B2B、C2C 与 B2C 模式的界定探讨

在我们探讨 B2B、C2C 与 B2C 在未来如何界定时，学界也另有观点，认为三者之间的界限已经变得越来越模糊。由于技术的进步以及互联网企业之间竞争的激烈，使各领域的巨头都有能力而且有动力延伸至对方的领域，尤其是 B2C 和 C2C 之间。2003 年阿里巴巴发布了淘宝网，从此进入了 C2C 领域，而随后他们通过支付宝以及其他相关服务将 B2B 与 C2C 融合在一起，组建了 B2B2C 的新业务模式，也就是淘宝用户可以从阿里巴巴进货，再到淘

宝上销售。此举不仅实现了从 B2B 到 C2C 的成功跨越，也大大扩大了两个网站用户双方的客户群或进货渠道。至此，B2B 与 C2C 之间实现了一种接近无缝的对接。

而 eBay 也通过与环球资源的联手完成了从 C2C 到 B2B 的跨越，借此进入中国 B2B 市场，开始 B2X2C(B2B2C 或 B2C2C)电子商务运作。2006 年环球资源与慧聪网联手之后，实际上又扩大了这两个联盟之间相互延伸的机会。

1.3　C2C 网购市场的优势及社会影响

(1) 超越传统零售商，拉动零售业发展

相对传统零售渠道，网络购物最吸引人的地方是价格优势，由于网上商铺经营成本比较低，商品的价格成为人们选择网购的首要因素。从机会成本角度来看，网络购物还具有省时省力、便捷快速、商品种类丰富，给用户带来更多的购物乐趣和享受等诸多优点，随着电子银行技术的完善和物流的普及，网络购物的优势被越来越多的用户所认可，网络购物网站销售业绩已逐渐赶超一些大型传统零售商的零售规模。亚洲最大的购物网站、中国首选购物网站——淘宝和天猫 2012 年总交易额已经突破一万亿元。淘宝网 2012 年 11 月 11 日单日销售额在 13 时已经突破 100 亿人民币大关，其中天猫 11.11 单日就达到 40 亿元，一举打破以往淘宝网单日销售额，成为中国电子商务网站一个新的里程碑记录。2012 年，我国电子商务交易额达 7 万亿元，网络零售交易额超过 9000 亿元，占社会消费品零售总额的 5%。与此同时，淘宝网和天猫日包裹量已经超过 800 万，占中国快递业日处理包裹总量的 60%。2012 年上半年淘宝日包裹量已超过 1200 万，双十一更是单日产生包裹 7200 万单。70%以上的网络零售需要由快递来完成，网络快递已经占到全部快递业务量的一半以上。

对比近几年的发展情况，中国网络购物有一个非常明显的特点——网购已经逐渐成为主流购物方式，厂商们，特别是快速消费品生产商们，开始蜂拥上网开店。网购平台高涨的人气，活跃的成交，高效的资源配置，让厂商们找到全新的、高性价比的销售渠道。研究显示，借助电子商务这一平台，中国网商实现了持续、稳定、快速的发展。据不完全统计，2012 年内的一段时间里，每天新增的网店超过 5000 家。可以预见，随着先行者在网上营销的成功，更多的厂商会把更多的渠道转移到和"整个世界面对面"的网购平台上来，网络销售将成为主流营销渠道。

(2) 网购发展的趋势

据淘宝网发布的数据显示，仅就双十一来说，2012 年促销总销售额为 191 亿元，同比增 260%，其中天猫 132 亿元，淘宝 59 亿元。而去年，天猫与淘宝的双十一交易总额为 53 亿元，其中天猫 33.6 亿元，淘宝 19.4 亿元。

根据天猫方面的数据，2012 年参与双十一的商家数达到 1 万家，是 2011 年的 5 倍。从参与商家的反馈看，针对去年双十一普遍出现的缺货、发货延迟等问题，大部分卖家提前加倍安排了备货量、客服、仓储和物流人员。国内"四通一达"、顺丰和 EMS 已为应对"双十一"提前扩招 6.5 万名快递员，并增加货物车辆。

根据以上数据，作为国内网络购物市场的绝对"老大"，淘宝网与天猫的经营状况显示当前国内网购市场正呈现三大趋势。

- 网货加速品牌化：度过了起步阶段的杂乱无序后，网络购物市场正兴起一批网货品牌。
- 主流品牌网销化：网络技术的突飞猛进加速了品牌厂商的网络销售进程，包括联想、宝洁、优衣库、周生生、百丽等一大批国内著名品牌进驻网络购物平台。
- 主流消费网购化：网购人群成为互联网各种应用人群中增长最快的一类。2012 年上半年，淘宝网共有注册会员 1.45 亿，同比增长 101%，而中国网民上半年同比增长只有 34%。

(3) 网购创造社会创业就业新天地

目前，我国新增失业人口高达 3000 万，并呈逐年上升的趋势，而另一方面，淘宝网上每月有近 20 万家新店铺开张，每天约有超过 5000 人在淘宝上开店。

网上开店以其低成本、低启动资金、快捷的交易方式得到了创业者的普遍认可，2012 年淘宝网上就有 80 多万人单纯依靠淘宝网收入解决就业问题，并有 200 多万人间接依靠淘宝网就业。据国际咨询机构 IDC 称，每 1 人通过网络开店实现就业，将带动 2.85 个相关产业的就业机会。淘宝网预期，2013 年将有超过 100 万人直接且充分依靠淘宝网就业，并有近 400 万人在淘宝网上间接就业。

2012 年全国高校毕业生 680 万，加上往年毕业而未能就业的高校生，就业大军高达 1000 多万人，就业压力极度严峻。在残酷的数据和现实的就业压力面前，越来越多的大学生也开始关注并加入到网上开店创业的行业中来。

在淘宝网总裁姜鹏看来，优秀的商业模式在为卖家、买家创造价值的同时，也必然为社会承担责任，这不仅仅是中国电子商务一个新的机会，也是其所应当承担的社会责任。

(4) 淘宝网影响逐步深入扩大

阿里巴巴集团启动的"大淘宝"战略，目的在于做电子商务的服务提供商，为所有的电子商务参与者提供"水、电、气"等基础服务。其提供良好的全方位的服务，让所有的网商在网络平台上的营销、支付、物流以及技术问题都顺畅无阻。以淘宝这些年来对网络零售的理解和投入，阿里巴巴集团总裁马云表示，希望给数以万计的网商提供一个成套的网络零售解决方案，帮助他们以最低的成本和最高的效率开拓内需市场。

淘宝将以开放 API(应用程序接口)为契机，形成一个多接口的开放性平台，吸引大量的合作伙伴结集为一个商业生态系统。淘宝将利用自己强大的客户资源和管理经验，把生态系统里的每个成员都结成利益联盟，并且能形成各自具有活力的小型生态圈，那么作为组织者的淘宝网将成为一个源源不断的聚宝盆。

鉴于中国的网上购物者以受过良好教育的年轻人为主，这预示着未来 5 至 10 年，随着这一人群的成长，他们将成为社会消费的主体力量，其消费模式将对社会消费习惯产生深刻的影响。

在中国的电子商务市场中，C2C 电子商务是后起之秀，呈现出旺盛的发展势头。C2C 电子商务市场规模的扩大，一方面缘于互联网用户数量的增加，使电子商务的用户基础进一步扩大；一方面，现有用户对于 C2C 电子商务的接纳与认可也在逐渐提升；支付、物流和信用环节的逐步完善，也为 C2C 电子商务的发展提供了越来越好的产业环境；还有一方面，其得益于淘宝网与易趣网在激烈的竞争中所出台的各种优惠措施，同时也得益于各 C2C 电子商务运营商在安全与支付问题上的重视。

C2C 模式的产生，将促进电子商务虚拟产业链的发展完善，同时推动电子商务网站在物流配送系统方面的建设。无论是借助第三方物流来完善服务，还是建立自有的物流配送系统，对于电子商务网站而言，物流的重要性将会日益突出。但是由于线下物流配送系统需要消耗大量成本，因此在短期内 C2C 商业模式在尚未得到验证的情况下，C2C 服务提供商仅会提供物流接口，不会参与实际的物流供应线端到端的运营。

1.4　C2C 网购市场的未来潜力

新兴的网购带给人们的便捷体验，形成了强大的"宅经济"。在美国，网络购物成交总额将达到 1000 亿美元，占到零售业总额的 6%；在韩国，网络购物的销售额也将达到 200 亿美元，占到零售额总额的 12%。2012 年中国网购总额 12741 亿元，人均网购金额 6010 元。预计 2013 年，网购市场规模将再创新高。届时，网上销售额将占到社会商品零售总额的 6% 以上。这样的发展态势，不得不说是一个经济奇迹。

2012 年，淘宝网对于假冒伪劣这种长久存在于中国消费市场的恶性信用缺失，严重影响消费者信心的行为，宣布拿出大量资金来支持打假行动和建设网购保障。在新一轮打假运动中，网络消费市场的参与方、网络消费平台的搭建者、市场经济秩序的维护者等多方力量将通过淘宝网有效整合，从而形成一致性的维权力量，共同推动消费市场诚信体系的建设。在提振消费者的信心的同时也使网购市场更加规范和健全。

专家认为，进入 21 世纪，中国已经显现了城市化和服务产业的态势。20 世纪 70 年代末 80 年代初出生的人群开始进入消费人群的主流，他们敏感于日新月异的消费潮流，而这一人群的消费倾向是购买高端、新型的商品，从而推动消费结构的升级。在中等收入阶层"扎堆儿"的沪、京、粤、浙等直辖市及沿海发达地区，消费升级表现得尤为明显，同时从网购支出的增长来看，我国网上购物人群正逐渐摆脱特定消费群体，潜力巨大。

在中国制造零售业不景气，以及民众消费越来越谨慎的今天，淘宝网逆势大扩张，并将继续沿用免费政策，以进一步推动中国内需消费市场的发展。

目前中国的网购市场正处于发展阶段，正像阿里巴巴创始人马云所说的那样，下一个 10 年，一个新的商业文明也许就要在中国崛起，其注定要与电子商务息息相关，未来的淘宝必将更加辉煌。

第 2 课时　走进网店，选择淘宝，搭建全新的创业平台

随着网上购物环节的简易化及网上购物安全保障的日益提升，网上购物人群逐渐壮大。网店传播的速度、影响的深度是传统线下店铺所无法比拟的，拥有一家网店已成为商家及个人推广产品不可或缺的渠道。据统计，我国 1/3 网民习惯网购，2011 年我国网上零售总额约为 7825 亿元，同比增长 53.7%，占社会零售消费总额的 4.2%，2012 年淘宝网和天猫总交易额已经突破 1 万亿，在不到三年时间里，淘宝网和天猫就在用户数和商品数方面超过了易趣网。再加上阿里巴巴收购雅虎中国全部业务后，原雅虎中国占 70%股份、新浪占 30%股份的一拍网也被全面整合进了淘宝网，淘宝网已经逐步确立了自己在中国 C2C 电子商务领域的领导地位。

从 C2C 市场占有份额来看，2011 年，淘宝网占据了 83.5%市场份额，腾讯公司下属的拍拍网次之，占有 11.5%市场份额，其次是易趣网与百度有啊。2012 年，淘宝网市场份额占 95.2%；拍拍网次之，占比为 4.8%，显而易见，淘宝网稳居第一，并且继续壮大！

2.1　走进网店

(1) 网店的定义

网店，顾名思义，就是经营者在互联网上注册的虚拟网上商店。经营者将自家商品的信息发布到网页上，成为网络商家；对商品感兴趣的买家只要轻松地点点鼠标，就可以足不出户地通过网上的支付方式向卖家付款，卖家再通过邮寄等方式将商品发送给买家。

网店是一种在互联网时代背景下诞生的新型销售方式，与大规模的网上商城及零星的个人闲置商品网上拍卖相比，网上开店投入不大、经营方式灵活，有着较高的利润空间，已成为许多人的创业途径。目前，网店已受到越来越多买家的青睐，因为一切都很简单，只要点点鼠标就轻松搞定！

(2) 目前网上开店有哪几种方式

现在，网上开店主要有三种方式。

① 在专业的大型网站上注册会员，开设个人网店。像淘宝、易趣等许多大型专业网站都向个人提供网上开店服务，你只需支付少量的相应费用，甚至是免费，就可以拥有个人的网店，马上当老板。

② 自立门户开网店。卖家自己申请域名，亲自动手或者委托他人进行网店的设计，网店的经营完全由卖家自己宣传来吸引浏览者。但是这种方式相对来说过程比较复杂，相比较第一种网店模式来说，费用也比较高，而且还要自己投入精力来做网站推广，这种方式适合 B2C 的企业卖家或是品牌知名度高的个人卖家。

③ 前两种方式的结合，既在大型网站上开设网店，又有独立的商品销售网站。这种方式将前两者的优势相结合，在线上进行多渠道销售，同样比较适合 B2C 的企业卖家或是品牌知名度高的个人卖家。

(3) 如何经营一家网店

目前，网店的经营方式主要有三种。

① 虚实结合。经常上网买东西的人会发现，有许多店家不仅拥有个人的网店，在线下还有自己的实体店，这样一实一虚的结合，一来给买家放心可靠的感觉，二来两家店铺能相互宣传，销售效果相当不错。这种方式很适合原本就在经营实体店的卖家，网上和网下的客户可以一手抓，两不误。

② 全职经营网店。将全部的精力都投入到网站的经营上，将网店的收入作为个人收入的主要来源。这类网店的经营成本相对较低，在产品价格上具有比前者更大的优势。

③ 兼职经营网店。将经营网店作为自己的副业，比如现在许多在校学生利用课余时间经营网店，也有一些职场人员利用工作之余开设网店，增加收入来源。只要不影响日常工作，增加一笔收入也是很不错的主意。

(4) 网店与传统店铺相比较，优势在哪里

① 进入门槛低、启动及运营成本低

相比实体店铺及在大卖场设专柜，网店的启动少了店铺房租费用、装修费、进店费、人员管理费等大额费用，许多大型购物网站提供租金极低的网店，甚至是免费，只是收取少量商品上架费与交易费，所以在启动资金上网上店铺占有一定优势；此外，网店经营主要是通过网络进行，水、电、管理费等方面的支出非常少，网店的进货量也可以根据客户的需求按需进货，降低了经营成本和进货风险。

② 经营风险小、经营方式灵活

由于网店在资金投入上比线下实体店少，故在前期资金上的投入风险小；网店没有复杂的工商注册登记手续，你可以全职经营，也可以兼职经营；此外，营业时间也比较灵活。只要你有时间上网，能及时回复买家的咨询和购买消息，就不影响经营。

③ 不受时空限制，传播速度快

基本不受营业时间、营业地点、营业面积这些因素的限制，而且只要你愿意，网店陈列的商品数量也基本不受限制。只要服务器不出问题，可以一天 24 小时、一年 365 天不停地运作，无论刮风下雨，无论白天晚上。

④ 区域覆盖广、传播范围广

网店开在互联网上，只要是上网的人都有可能成为商品的浏览者与购买者，可以是全国的网民，甚至是全球的网民，影响范围之广非传统店铺可比，只要网店的商品有特色，宣传得当，价格合理，经营得法，将会有不错的访问流量。

从服务、展示、付款、交货等方式看，网店还有如下不同之处(见表 1-1)：

表 1-1　网店和实体店比较

类型　　方式	网　店	实　体　店
服务方式	通过阿里旺旺、站内信、店铺留言等方式，通过文字、图片、视频、音频等方式与买家进行交流	通过面对面的方式与买家建立交流
展示方式	通过图片、视频等方式在网上展示	以实物的方式展示
付款方式	主流方式为支付宝、网上银行	现金消费、刷卡消费
交货方式	主要通过物流货运交货	款清后直接交予客户

2.2 淘宝网店铺页面及应用

(1) 淘宝网简介

淘宝网(www.taobao.com)是国内首选购物网站，亚洲最大的购物网站，由全球最佳 B2B 平台阿里巴巴公司投资 4.5 亿元创办，致力于成为全球首选购物网站。

淘宝网，顾名思义——没有淘不到的宝贝，没有卖不出的宝贝。自 2003 年 5 月 10 日成立以来，淘宝网基于诚信为本的准则，从零做起，在短短的两年时间内，迅速成为国内网络购物市场的第一名。2009 年，淘宝网占据了中国网络购物 83%的市场份额，至 2012 年，淘宝网市场份额占 95.2%，稳居市场第一。每日新开店铺数接近 1 万，网页日浏览量超过 4 亿，注册会员数超过 1.45 亿，创造了互联网企业发展的奇迹。

(2) 淘宝网专区的分类

在淘宝网的首页中我们可以看到淘宝网专区的分类情况(见图 1-1)，"首页"之后的"天猫"、"聚划算"、"电器城"是按运营种类来划分的。天猫是 B2C 的商家店铺区，需要拥有企业营业执照，拥有品牌所有者的授权，并缴纳一定金额的保证金才能入驻，天猫卖家可享受客户经理的专业服务及更多的店铺推广机会。淘宝聚划算是阿里巴巴集团旗下的团购网站，为淘宝网的二级域名。淘宝聚划算依托淘宝网巨大的消费群体，2011 年淘宝聚划算启用聚划算顶级域名，官方公布的数据显示其成交金额达 100 亿元，帮助千万网友节省超过 110 亿元，已经成为展现淘宝优质卖家服务的互联网消费者首选团购平台，国内最大团购网站；淘宝电器城是淘宝网推出的电器销售平台，其产品价格真实可靠、包装配件完整，产品为全新正规大陆行货、并且其保修支持国家三包、享受全国联保等，同时产品一律包邮，淘宝电器城有可能对以 3C 类产品为主的京东商城、新蛋等网站业务形成冲击。

图 1-1　淘宝网专区分类

(3) 淘宝网上店铺的基本功能

① 在相关类目中设置自己的店铺，提高店铺浏览率；

② 每个店铺可推荐若干宝贝；

③ 每个店铺可设置有个性的店标；

④ 每个店铺拥有店铺公告，可向相关买家告知一些信息；

⑤ 对自己的宝贝进行分类管理；

⑥ 设置友情店铺链接，通过店与店的联合来吸引买家的点击和购买。

(4) 普通店铺的店面

图 1-2 显示了淘宝店铺的页面，以供读者参考。

图 1-2　淘宝网店铺页面

如果你加入了天猫，成为天猫用户后，店铺右上角会显示"正品行货"、"提供发票"、"七天退换"，这意味着卖家不仅可以享有更为贴心的服务，而且增加了店铺的信誉度(见图 1-3)。

图 1-3　天猫店铺页面

(5) 培训

① 淘宝大学

淘宝大学是由淘宝网创办的网商培训中心,以提升网商成长为己任,在实践中逐步形成网商 MBA(网店老板)、网店经理人(店长及部门主管)、电商精英(网店一线员工)、网店运营专才(高校创业人员)四位一体的网商岗位能力成长体系。经过不断地探索与实践,淘宝大学研发了一系列实战课程,拥有资深淘宝卖家讲师 50 余名,并逐步形成了在线培训、现场授课和培训认证三位一体的教学模式,培训足迹已遍布全国四十余座城市。

单击淘宝网首页的"联系客服",在"联系客服"页面的右侧单击"淘宝大学",进入淘宝大学首页(见图1-4)。

图 1-4　淘宝服务中心页面

在淘宝大学的页面里,你可以看到其为您提供的经验技巧、淘宝大学的培训通知、开课时间安排以及一些精彩的培训视频(见图1-5)。

图 1-5　淘宝大学页面

② 阿里学院

阿里学院是阿里巴巴公司于 2004 年 9 月 10 日在其五周年庆典之际，宣布创办成立企业学院，这是中国互联网第一个企业学院。阿里巴巴首席人力官关明生表示，阿里学院将在中国从事电子商务活动的企业和个人中全力普及电子商务知识，在中国建立第一套完整的企业和个人的电子商务培训和管理体系。关明生表示，目前全国能有效利用网络技术的电子商务人才非常匮乏，专家估计，未来 5 年我国国际电子商务人才缺口至少有 100 万。阿里学院秉承"把电子商务还给商人"的目标，全心致力于电子商务人才培养，立志服务千万网商及高校学子。

单击淘宝网首页"卖家中心—卖家培训中心"进入阿里学院(见图 1-6)。

图 1-6　阿里学院

阿里学院在不断的探索与实践中已经形成了以现场授课、在线教学和顾问咨询构成的立体教学体系，并在教学中注重与学员的互动。学员在培训后，可以通过阿里学院校友会继续对电子商务的实战经验进行讨论和分享。

阿里学院最显著的教学特点是注重课程的实战性，所授课程具有极强的可操作性。学员能够在培训后很快将所学内容运用到自己的实际工作中，通过培训完善电子商务理念、改进电子商务操作方法、提高电子商务技巧和获取商机把握商机的能力。

(6) 淘宝卖家服务

淘宝卖家服务可以为我们提供开店、店铺装修、营销推广等经验，以供我们学习，这里也是淘友们互相帮助的地方，你所遇到的问题，都能在这里及时地得到最佳答案(见图 1-7、图 1-8)。

图 1-7　淘宝卖家服务页面(1)

图 1-8　淘宝卖家服务页面(2)

(7) 消费者社区

这是淘友们经验分享的地方，基本上只要是有关网店经营方面的问题都能在这里交流并找到答案(见图 1-9、图 1-10)。

图 1-9　淘宝网帮派首页

图 1-10　淘宝网帮派页面

2.3　淘宝成功必备素质

选择在淘宝创业其实也是选择一种生活方式。所以做淘宝，其实就是如何面对自己的生活。并不是每个人都能够在淘宝生存的。很多人看到别人做淘宝成功了，赚钱了，就想要自己开店创业，但是却没有想过，造成自己目前现状的原因到底是自身的原因还是外部原因。如果缺乏一些成功者必备的素质，那么转到淘宝来创业也不可能成功。

很多想要在淘宝创业的朋友都是这样的：他们想的多，做的少；前怕狼，后又怕虎；从

来不思考，总是怨天尤人，哀叹自己运气不好；热情退却速度比冰融化的速度都快。如果你是这样的人，那么你在淘宝成功的机会将会很渺茫。

世界上最伟大的励志成功大师拿破仑·希尔曾经说过："人类的通病，就是一般人对'不可能'一词习以为常。所有行不通的法则大家都耳熟能详，所有做不来的事，也是无人不知、无人不晓。"成功者从来不给自己找借口，他们只会不断地努力，寻找成功的方法，坚信自己一定会获得成功。

本节列出四种淘宝必备素质，仅供参考，如果你具备了其中的两个或两个以上的话，那么就一定能够在淘宝有一个光明和美好的前景。

开店成功素质一：积极的心态

在任何情况下，淘宝创业者都应具备积极的心态。成功者从来不想自己是否失败，而是时刻想着自己如何成功。无论你做任何一件事，积极的心态都可以给你强大的力量。

积极的心态甚至能把坏的事情变好，而消极的心态只会把好的事情变坏。保持积极心态的人的行为和思想有助于目标的达成，而保持消极心态的人的行为和思想将会不断地抵消他所付出的努力。如果把好的事情全都忽略掉，把坏的事情无限放大，你就会因为惧怕失败而错过很多机会，永远不会取得进步，最终获得成功。

保持一种积极心态，可以在很大程度上激发一个人的潜能。它为你开启了一扇窗户，它让你每天充满自信和活力，它让你充分展示自己的才能，它让你无所畏惧。终有一天，你会发现，你做到了以前想都没有想到的事情，获得了前所未有的成绩。这就是坚持积极心态的意义。

开店成功素质二：不断地学习和思考

在知识经济时代，知识更新的周期越来越短，过时的知识等于食物的残渣，只有不断地学习，才能不断汲取营养，获得能量，从而在这个竞争激烈的社会生存下来。当你学到一定程度的时候，你会发现，你的任何一个思考后的行动都将会有成倍的回报返还给你。

想要在淘宝成功就一定要谦虚，要不断地向成功者学习。学习就像银行一样，要先往里面存钱才能够取钱。每天坚持学习，一步一脚印，每天进步一点点，不断地为自己补充能量，这样就不会让自己停滞不前。而思考就好比风险投资，它让你分析别人的成功模式和经验，整合创富技术，最终探索和创新出自己的成功之路。思考也能让我们及时看清楚眼前的路，及时纠正错误，避免遭受更大的损失。

在中国，很多人走出校门，完成了基本的教育之后，就不再看书了。学习新的知识和技术比杀了他们还难受。他们也从来不思考，人云亦云，只会跟风。拒绝学习，拒绝思考，本质上来看，就是在拒绝做人，因为几乎只有人类才有能力、有机会终生学习。很难想象，拒绝学习的人如何取得进步和发展。因此，要想在淘宝立于不败之地，就必须不断地学习和思考。

开店成功素质三：立即采取行动

各行业中首屈一指的成功人士都有一个共同的优点，那就是他们办事言出即行，不会拖延一分钟。很多聪明人，他们有很多很好的点子，却从来看不见他们为此付出一点点的行动。当然，要成功的话，不仅仅要马上行动，而且还需要多多行动。世界第一成功导师安东尼·罗宾说过："成功的秘诀就是永远比别人多付出三倍的努力。"

所有在淘宝获得成功的人都是行动力很强的人。你经常可以看到他们在说起自己在创业的初期工作的艰辛，每天至少要花 10 多个小时的时间来经营店铺。他们会不断地采取行动，只要有任何对店铺生意有帮助的事情，他们都会立即去做，并且付出大量的时间和努力。不管付出的比获得的大还是小，最终都是有收获的。就是通过这样的努力，他们的淘宝生意才会蒸蒸日上，超越其他对手。

事实上，只要你使用了正确的方法，并且不断地为之付出大量的行动，那么你从事任何行业的工作都是可以成功的，当然也包括在淘宝创业。

开店成功素质四：坚定的信念

创业是一场意志力的较量，是对耐心的考验和磨练。失败不要紧，关键是在失败之后是否能够站起来。现在不代表未来，当事业顺利的时候要坚持，遇到瓶颈的时候更要坚持。淘宝刚创建的时候，也有很多人在淘宝开店，但是，很多人因为种种原因放弃了，一直支持到现在的只有极少数的卖家，而正就是这些卖家现在获得了巨大的成功。

爱迪生发明灯泡的时候，试用了 6000 多种材料，试验了 7000 多次才获得成功。如果爱迪生当初在实验第 5999 种材料的时候放弃了，那么灯泡这个改变全人类的发明也许就不会是他了。爱迪生一生中的创造发明有 1328 种，为什么这些发明轮不到别人呢？虽然这其中有爱迪生的天分原因，但是他坚定的信念，绝不放弃的工作态度才是起到决定作用的真正原因。

其实大部分人的失败，都是败在心理上，而不是某些外在条件上。并非事情的困难让他们害怕，而是因为害怕而使得事情变得更加困难。任何人的成功都不会因过去的那些经验，那些负面的障碍而阻碍其未来的发展。把我们的借口和坏的想法全部抛掉，要相信别人做得到的事情，自己也能够做到。阿里巴巴的总裁马云也曾经说过，今天是残酷的，明天更残酷，后天是美好的，但大多数企业都死在明天晚上。不管你经营的是什么行业什么产品，只要是对的方法，就要坚持到底，成功一定是属于你的。所以，只要你有永不放弃的信念，那么你就一定会成功。

课后思考

(1) 在看完了第 1 篇的内容后，你对淘宝有了一个怎样的了解？

(2) 为什么淘宝能在短时间内占到 C2C 市场这么大的份额？

(3) 淘宝的最大优势在哪里？淘宝哪里最吸引你？

(4) 在淘宝开店获得成功需要具备哪些素质？

第2篇 初涉江湖
——网上开店的前期准备

　　"工欲善其事，必先利其器。"成功的机会只留给有准备的人。开网店之前，需要做好充分的准备：从硬件到软件，从店铺定位到货源选择，每一步都对网店经营的未来起着至关重要的作用。

第 3 课时　硬件的准备

开店前，我们需要准备一个完备的数码环境，即电脑、网络和数码相机等(见图 2-1)。

电脑　　　　网络　　　数码相机

图 2-1　基本数码环境图

3.1　电脑

网上开店首先需要有一台电脑，目前，计算机已经走进家家户户，拥有一台电脑已经不是什么大问题了，而且，随着 wifi、3G 无线网络的发展，有线网络的普及，就算不开店，平时工作学习也离不开网络与计算机。需要注意的是，网上开店经常需要用到网上银行和支付宝等关乎个人机密的信息，因此，用于支付提款的电脑最好不要公用，并且一定要保存好密码。至于使用笔记本电脑还是台式机，需要根据实际需要来决定，建议大家买一台笔记本电脑，一来现在的笔记本电脑价格不是很贵，二来携带方便。根据不同的要求，可以到淘宝网上购买(见图 2-2、图 2-3)。我们可以看到，3000 元左右就可以买到一款配置不错的电脑了。

目前市面上的电脑基本上都可以满足我们开店的需求，如果还有其他要求，比如编程、游戏等，可以考虑更高配置的电脑，但是一定要注意定期杀毒，确保电脑环境安全。

图 2-2　笔记本电脑购买搜索界面(淘宝截屏)

图 2-3　台式机购买搜索界面(淘宝截屏)

3.2　数码相机

人们在网上购物时，无法看到宝贝的实物，因此宝贝的照片就显得非常重要。宝贝的照片好不好，直接关系到买家是否会点击购买。开网店前，需要先购买一台相机。目前市场上的相机五花八门，广告打得天花乱坠，到底选择哪种合适呢？

请见我们下面列出的相机挑选指标。

(1) 像素

相机像素的大小通常在很大程度上决定了所拍相片的清晰程度。现在主流家用数码相机都已经达到 1200 万像素，单反相机已经向 2000 万像素推进了。当然，高手是不会在乎像素大小的，那不是衡量一个相机好坏的最重要因素。而初入门者往往会盲目地追求高像素，其实大可不必。因为在淘宝网上，发布的商品图片都有大小的限制，例如：800×600，使用 1000 万像素的相机就已足够，同时网上图片的大小关系到浏览速度，所以相机没有必要过分追求太高的像素，够用即可。

(2) CCD 和镜头

CCD 即相机的核心部分，是相机的感光元件。CCD 的大小对照片的色彩还原、清晰度等方面有着很重要的影响。1/1.8 的 CCD 比 1/2.5 的 CCD 要大，在相同像素下，大的 CCD 比较好。镜头，当然是名牌的镜头好一些，如索尼的蔡斯镜头，佳能的镜头，松下的徕卡镜头，柯达的施奈德镜头，尼康的 ED 镜头。通过好镜头拍出来的照片比普通镜头拍出的照片有明显的区别。所以在预算允许下，我们应该选择较大的 CCD 和较好的镜头。

(3) 手动功能

很多傻瓜相机，使用非常方便，拍摄时几乎不用进行调整。这样的相机，在拍摄风景人物照片

的时候，效果还是可以的；如果拍摄产品，就无法满足要求了。为了获得满意的照片，要求我们对相机的快门、光圈等参数进行手动设置。这时，就要求相机具有手动设置功能，也就是 M 档。

(4) 近拍能力

这个功能对于我们拍摄小物体(比如首饰)，或者拍摄大物体的局部细节(比如服装的标牌)是很有用的。因此，我们需要相机有足够的近拍能力。

(5) 存储卡

现在市场上的存储卡有很多种，大多数情况下使用 SD 卡。SD 卡价格便宜，且存储量大。除了存储卡类型，还要选择存储卡的生产商，如金士顿、SANDISK 等企业生产的存储卡质量有保证，而且提供完善的售后服务。

(6) 电池

现在的电池主要分两类：AA 电池和锂电池，两种电池各有优势。AA 电池在拍摄中更换方便，容易购买更换，但其使用时长没有锂电池长，通常能够拍摄 200 张相片左右，而且购机时需要另外购买。还有部分用 AA 电池的数码相机会在使用一段时间后出现检测 AA 电池电量不准的情况。

一般来说，购机时会有原装标配锂电池，使用时间通常比 AA 电池长，比如卡西欧的锂电池，通常都可以拍摄 300 多张相片。但是锂电池在外使用时更换困难，而且单独购买原装锂电池价格比较高，其他代用的锂电池选择不多。

如果你拍摄普通商品，比如服装、饰品、箱包等或者相对比较平面的产品，而你的投资预算比较少，你可以考虑购买普通的数码相机(见图 2-4)。目前的相机成像效果都很不错，一般都拥有的光学防抖和自动捕捉功能，对于不擅长拍照的非专业摄影者来说，无论是拍摄细节还是整体，都能满足。但如果您想趁开店时配置一台好一点的相机，可以选择单反相机(见图 2-5)，除了拍摄商品图片，平时旅游还可以用。当然，商品的图片还要经过一定的修改，如减小像素等。

图 2-4 普通数码相机参考

图 2-5　单反数码相机参考

3.3　打印机和扫描仪

(1) 打印机

在网上开店，打印机的应用有两个：一个是打印包裹单；一个是根据客户的要求为客户打印一些小的贺卡或者一些代表自己商店的个性化的标签名片优惠卡。

对于打印包裹单，我们只能选用针式打印机(见图 2-6)。目前市面上的针式打印机品牌众多，价格便宜，且都可以满足我们一般的需求。

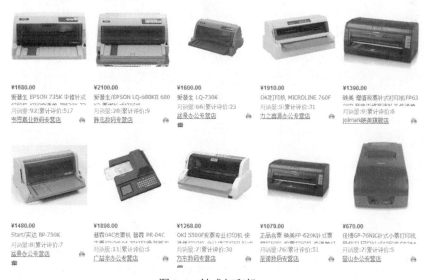

图 2-6　针式打印机

如果你的业务量很大，就需要选择更好的打印机了，这时我们推荐爱普生 LQ-790K 型打印机，这款打印机不仅速度快，更重要的是，当你打印不同公司的包裹单的时候，比如快递和 EMS，不用手工换纸，直接在电脑上选择纸张来源即可，这对于提高打印效率是非常有帮助的。

应该说，在开店的初始阶段，彩色打印机不是我们必需的选择，但是随着店铺经营的深入，如赠送客户的贺卡、随产品附送的彩色宣传品、相片等都可以用彩色打印机完成，这样做对增加回头客有着良好的推进作用(见图 2-7)。

图 2-7　彩色打印机

对于一般用途，我们推荐使用爱普生的 L111 打印机，其打印效果基本可以满足我们的要求，而且价格非常低廉。相比较而言，喷墨打印机的打印成本是非常高的，颇有一种买得起、用不起的感觉。这时我们只要给打印机安装一套连续供墨系统，所有的问题就可以迎刃而解了。所谓连续供墨系统，其实就是通过将打印机外的大型容器中的墨水通过管道连续供给打印机的墨盒的装置，其打印成本只有原装墨盒的几十分之一，有了它，我们就可以真正把打印机当做印刷机使用了。如果还有更高的使用要求，可以选择彩色激光打印机，如爱普生的 L351 打印机。

(2) 扫描仪

扫描仪的用途是扫描厂家提供的彩色宣传页的照片，也可以与 MODEM 配合实现传真功能(见图 2-8)。

扫描仪选购时，有几点需要注意。

① 分辨率

在实际应用中，我们对扫描的分辨率要求并不高，目前市面上的扫描仪不但能满足要求，且性价比也高，因此选择一款中等的扫描仪即可。一般厂家

图 2-8　扫描仪

在标称扫描仪分辨率的时候往往会标光学分辨率和最大分辨率(又称插值分辨率)两个指标。最大分辨率实际是靠软件生成的，对提高扫描效果没有任何帮助甚至有害，因此不必考虑。而光学分辨率一般有 2400×4800、4800×9600 几种，而有些厂家为了促销，故意将分辨率写成 4800×2400，9600×4800，无论厂家怎么写，推销人员如何介绍，其中最小的数值就是这台扫描仪的真实分辨率，对于我们来讲，光学分辨率有 600DPI 的扫描仪已经足以满足我们的需求了。

② 色彩位数

简单来说，就是所有的色彩被细分的意思，与分辨率的大小表现形式差不多。48bit=2^{48}，即用这么多的元素来表达色彩，比 24bit=2^{24} 表达起来要更精确，更细致。目前，市面上的扫描仪一般都是 48 位的。

③ 立体实物扫描

一些高端扫描仪可以实现立体实物扫描功能，可以实现 3D 实物扫描，获得良好的实物扫描效果以及更高的清晰度。图 2-9 为爱普生 V330 超微立体实物扫描仪扫描效果对比。

V330 扫描奢侈品 LOGO，产品精细做工清晰可见

数码相机拍摄效果

图 2-9　立体实物扫描仪与数码相机效果对比

　　立体实物扫描仪效果好，但有针对性，且价格高。选择这样的商品需要根据自身店铺商品特性，及自身实际情况来定，并非必需。

第4课时 "软件"的准备

要想成功开起一家网店并良好地经营它，除了硬件的准备以外，"软件"的准备也是非常重要的。

开网店首先需要具备一些最基本的网络与电脑知识，除此之外，还要懂得一些图片的拍摄技巧。尽管不需要非常专业的摄影技术，但是最基本的灯光、色彩、构图需要了解一些。当你拿到相机后，先看看说明书，研究一下相机本身所带的一些功能。拍摄完照片，还要把照片放到自己的店铺里去，所以你还需要知道如何保存、处理、修改以及上传图片。别以为这些都不重要，也别以为这都是很简单的事情，到具体操作的时候，如果你不够熟练，还是会忙得焦头烂额，人仰马翻。

另外，你对自己所售的产品需要有一定的了解：如功能、款式、尺码、色彩、保养、维护、使用等内容。作为卖家的你，应该比买家更专业。多掌握一点业务知识，长期做下来，会有一部分客户非常信任你的专业，店铺也就有了长期客源。

更重要的是，你调整好自己的心态了吗？你已经有十足的把握了吗？开家网店比你想象中的容易，也比你想象中的复杂。

4.1 物流的概念

做生意有时候不仅仅是你和买家两个人的事情，在交易中还会涉及其他环节。生意成功与否，能不能拉住回头客，这些都与交易中的每一个环节是否流畅顺利紧密相关。这其中，物流就是我们需要了解的一块重要内容。

图 2-10 物流过程示意图

网上开店的物流相对比较简单。就是你和买家在谈成交易后，如何把货物安全、稳妥地运送到买家手里的过程(见图 2-10)。

目前，网店主要采用的送货方式有以下几种。

① 平邮，即普通包裹，如 E 邮宝，用的是绿色邮单，寄达时间约需 7～15 天，有的地方快递不到，只能发平邮，或者发费用较高的 EMS、顺丰等。

② 快递包裹，如，申通、圆通、韵达、天天等。目前国内快递业发展很快，送货也可以采用一些 EMS 之外的快递公司，前提是对方是正规的快递公司，与 EMS 相比，可以节省50%左右的费用并且送货速度更快，平时 3 天可以到达，节假日由于包裹数量大会延后。当然，这些快递公司对于比较偏僻一点的地方是送不到的。

③ EMS、顺丰快递，安全可靠，送货上门，任何时间都准时到达，但是费用较高。

④ 专人送货，如果顾客就在本市，可以考虑直接送货上门。与这种方式相结合可以采用货到付款的方式。

4.2　选择支付方式

　　目前在网上开店主要有下面几种付款方式：网上支付、邮局汇款、银行汇款、货到付款。为了方便顾客付款，可以给出多种选择。在这里建议卖家和买家都使用支付宝付款，这样可以避免很多不必要的纠纷。

　　支付宝是淘宝独创的针对网上安全交易所设计的安全付款发货方式，以此来降低交易风险。其是一种增值服务，在交易过程中以支付宝为信用中介，在买家确认收到商品前由支付宝替买卖双方暂时保管货款(见图 2-11)。

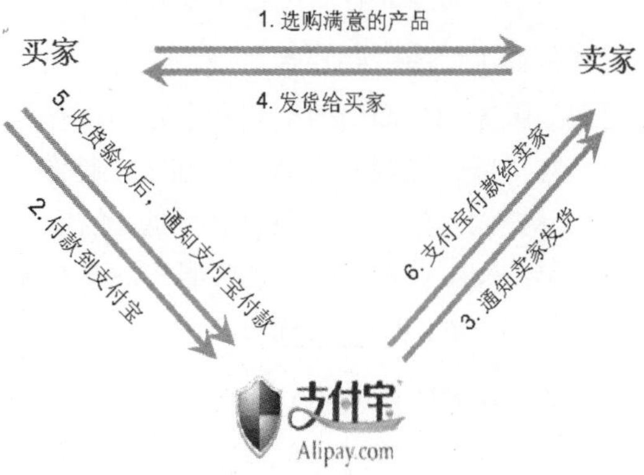

图 2-11　支付宝交易示意图

　　使用支付宝对卖家有以下好处。

- 省心省力省时：即时确认付款，可以立刻发货，缩短资金流动时间；
- 账目分明：交易管理可以清晰地记录每一笔交易的交易状态；
- 获得更多的信用评价，并用高信誉吸引更多买家——提升交易额。

4.3　账户安全性考虑

(1) 防盗防骗

　　网络就是一个社会，不可能像真空般纯净，在网上开店确实存在风险，但是这种风险是可以避免的，只要你防患于未然。网上开店可能遇到的风险总结起来主要就是两点：一个是被盗；一个是被骗。

　　被盗主要是淘宝账号被盗，或者银行账户的钱被盗。这两者发生的原因主要是因为太过大意，账户密码设置得过于简单，或者自己不小心泄漏了密码。淘宝的登录账户密码应该采用字母加数字的组合，位数宜多不宜少，避免用生日等易被猜到的数字作为密码。此外，要警惕一些陌生人发送的可疑文件，不要随便接收，以免中毒导致密码被盗。还要尽量避免在网吧等一些公共场合登录账号。如果真的发生账号被盗的情况，要及时联系淘宝工作人员，尽早制止不法分子的行为，将损失降到最低。另外一种情况是银行账户中的款项被盗，关于账款被盗，规避的原则就是不要随意将银行账号公布于众。另外，银行的网上银行一般配备数字证书之类的安全系统，合理规范地按要求使用网上银行一般就不会有问题。

　　被骗，针对卖家而言，可能发生的情况就是未收到货款但是货物已经发出。网上确实有一些不法分子钻一些空子，抓住卖家卖出物品心切的心态，未付款说已付款或者说赶时间要求先发货，迟一点马上就汇款等种种手段，骗取卖家的商品。其实这种情况是很容易规避的，只要坚持款到再发货的原则，坚持查清货款到账再发货。其最简单的方法就是使用支付宝，确认状态已经改成"买家已付款，等待卖家发货"后再发货就没有任何问题了。

综上所述，网上开店的所谓风险其实都是可以规避的，只要自己用心、细心、防患于未然，就可以把风险降至最低。

另外，特殊商品的进货或者从海外进货要考虑是否符合相关法律法规。要了解国家对于海外货物进口的一些基本法规，哪些东西是不允许进口的，哪些东西是可以进口的，并且需要得到国家相关部门的检测和审定。还有就是一些关于版权的问题，切勿侵犯他人版权，对于一些仿冒、造假的商品，应该予以拒绝。

掌握淘宝的规则是很有必要的，包括服务协议的规则、交易基本规则和论坛交流规则等，可以单击淘宝首页的"联系客服"，进入服务中心首页(见图 2-12)，单击右侧的"淘宝规则"查看具体内容(见图 2-13)。

图 2-12　服务中心版面图

图 2-13　淘宝规则版面图

(2) 网银的安全

使用支付宝就需要开通网上银行。网上银行是指银行借助网络向客户提供金融服务的业务处理系统。它是一种全新的业务渠道和客户服务平台，客户足不出户就可以享受到不受时间、空间限制的银行服务(见图 2-14)。

图 2-14　各银行汇总图

申请网上银行服务，可持本人有效身份证件和银行卡，到相应银行的营业网点办理申请网上银行服务的相关手续，也可到相应的银行网站在线申请网上银行服务，但是有些银行要求在线申请后，需本人持有效身份证件和银行卡到银行柜台签约才能开通在线支付等网上银行的各种服务。

这里需要注意的是，在创建自己的密码时，最好选择一个不易被他人猜出的密码，不要将密码和个人资料(如：生日、姓名、电话号码、门牌号或其他常用信息)相关联。

(3) 对病毒和黑客攻击的预防

安装杀毒软件和防火墙是防范病毒和黑客攻击的主要途径。防火墙有两类：病毒防火墙和网络安全防火墙。

病毒防火墙是大家比较熟悉的，现在主流的杀毒软件都带有病毒防火墙的功能。这种防火墙多数情况下进行的是一种"被动"的防护，即针对已知的病毒或安全隐患，而对未知的病毒防范能力较弱。因此，这种防火墙需要不断地升级，以保证其能够免疫新出现的病毒类型。建议大家购买正版软件，以确保持续地进行防护。

另一类防火墙是网络安全防火墙，可以通过设定一些软件的运行规则来预防网络攻击。在 Windows 7 操作系统中自带了一个防火墙，如果你需要更多功能上的防范，也可以使用一些第三方的网络安全防火墙，一些杀毒软件也推出了含有网络安全防火墙的版本，大家可以根据自己情况选择使用，如 360、金山等。

除此之外，一些良好的计算机和网络使用习惯也能使我们尽量少地受到病毒的骚扰，具体如下。

① 及时对 Windows 操作系统进行自动更新。Windows 操作系统功能非常强大，但也存在着很多安全隐患，这些隐患都是在用户的使用过程中逐步被发现的，甚至有些时候是在受到攻击时，才被意识到。因此需要我们及时对操作系统进行自动更新，以杜绝掉大部分比较严重的安全隐患。

② 不从陌生网站下载软件。现在网络中有一些不法网站伪装成提供软件下载的站点，并宣称提供很多盗版软件，吸引浏览者下载安装，而实际上，这些网站唯一提供的软件就是病毒或木马程序。如果你需要下载软件，请选择华军、天空这类有安全保障的软件提供网站，从中选择经过安全验证的软件下载。

③ 不接收来历不明的文件。这里的文件已经不仅仅局限于.exe 之类的可执行文件，甚至来历不明的图片或音视频文件都要有所警惕，因为现在一些病毒或木马可以通过捆绑在看似正常的文件中进行传播。

④ 尽量不访问陌生或不健康的网站。一些网站可以通过代码的形式，即使不下载任何文件，也会影响你的系统运行。

一些网友经常担心受到黑客的攻击，其实也大可不必。真正的黑客有自己的行规，不会随意攻击普通网友的电脑。我们可能遇到的攻击，绝大多数是来自那些只会翻来覆去玩几个攻击软件的低级黑客，只要我们做好防范，完全可以有效地避免。

4.4　专业知识

对于自己所经营的产品，自己应该做到百分百的了解。同时，还应该掌握该行业的相关知识，才能提供给我们买家专业的服务。例如，一个经营化妆品的掌柜，首先必须了解自己经营的产品、适合人群、使用方法等；同时，还要掌握行业中同类相近产品的状况。只有自己做到专业，才能给客户专业的建议和推荐，才能赢得客户的信赖，带来源源不断的客流(见图 2-15)。

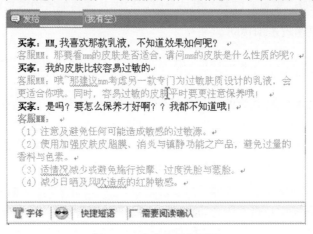

图 2-15　专业建议案例图

4.5　网络主要购物人群

在开始淘宝创业之前，需要了解自己未来将要服务的人群。究竟哪些人喜欢透过这个虚拟的网络世界，在数字空间购买自己需要的商品呢？我们可以从不同的方面来分析目前网络购物的一些主要的群体。

根据最新淘宝用户年龄段分布情况，16~25 岁的年龄段消费者占到总体的 39.4%，26~35 岁的年龄段消费者占到总体的 47.4%，剩下的仅占 13.2%。因此你未来的客户应该绝大部分是集中在 16~35 岁。而由于 26~35 岁这个年龄段的人群消费能力强，人数也最多，所以这部分人对网购的认可也是目前网购发展的主要驱动力。

根据统计，广东、浙江、江苏、上海、北京的消费者占到网购消费总体的将近 50%。这表示在这些经济发达的地区，消费者对于网络购物更加热衷，经营时尚类产品相对来说有更好的发展前景。

据淘宝网发布的网购报告显示，在所有类目的产品中，服装类产品销量一直最高，家居用品的增长幅度最快，除此之外，鞋靴、箱包、数码、婴儿用品、化妆品、食品、甚至汽车、房产等都是淘宝消费品。由此可见，网购已经成为主流消费者习惯的购物方式，渐渐深入消费者的日常生活。

4.6　你适合这个行业吗

并不是每个人都适合在淘宝创业，在开店之前，首先要结合淘宝的职业特点，认清自己的优势和劣势。想想自己到底是否适合这个行业。下面是在淘宝开店需要的几个条件，供将要开店的未来店主们参考。

① 做这个行业，首先要有一个基本的环境，也就是电脑、网络、相机等。其次是需要对电脑要有一定的了解，至少要有一点基础，比如浏览网页，打字等(当然，如果不会打字，用手写板也行，但是这样就会大大降低工作效率)。最好能够懂一些营销和销售的知识，会使用一些简单的软件和工具。

② 对这个行业要有兴趣，兴趣是最好的老师，就算什么都不会，只要兴趣在，就能坚持下去，并且不觉得疲惫，遇到苦难不容易放弃。然后就是要有耐心，能够每天坚持坐在电脑前面。专职的卖家一般每天都需要在电脑前持续坐 12 个小时以上，脾气比较不好的，或者是那些坐不住的人是很难坚持下来的。

③ 需要有一定的时间去打理。现在淘宝很多店铺都是荒废的，很多卖家开好店以后，由于没有时间管理，致使店铺的发展一直处于停滞状态。现在很多大学生由于课业比较轻松，时间比较宽裕，在网上开店创业的人比较多。还有一些工作比较轻松而工作又离不开电脑的白领们，可以边工作边做生意，这类人也都比较适合在淘宝创业。

④ 需要有一定的进货渠道和货源。你需要能够以很低的价格拿到市面上热销的产品，这样在网上销售才具有竞争优势。如果你有特殊的渠道，能够拿到市场上没有或者很少的产

品，比如海关罚没品、从国外带回来的商品或者外贸余单等，也很不错。部分卖家把家里舍不得丢掉的二手物品都放到网上来销售，这也是很不错的。当然，如果你有实体店铺的话就更好了，现在越来越多的实体店面的经营者甚至是大品牌的厂商都已经尝试将自己的业务扩大到网络上来了，而且都做得很好。

⑤ 需要一定的启动资金和未来几个月的生活费。虽然网上开店，投入不是很大，但是基本生活还是需要维持的，并且做网店也比较花时间。如果生活不稳定，又没有一定的风险承受能力，是暂时不适合从事这个事业的。

以上这些只是充分条件，但不是必要条件。就算一条都不满足也不用灰心丧气。相信一句话，有志者，事竟成。只要对网络创业有兴趣，有激情，按照正确的方法，坚持下来，一定会有所收获的。

4.7　最后的准备

最后的准备是心理上的准备。俗话说，商场如战场。做生意不可能一帆风顺，心态调整很重要。赚了当然皆大欢喜，同时你也要做好"万一赔了怎么办"的心理准备。网上开店是存在经营风险的，并非人人赚钱。所以在开店之前要认真分析比较，如果在经营中遇到波折，也要平心面对。要摒弃一些不切实际的想法，用心经营，自有回报。

另外，网上开店同样也要诚信为本，不要欺骗消费者，谋取不义之财。做一个守法公民，不要经营国家法律法规明文禁止经营的商品。目前国家法律已经对网上开店管理做出相应规定，因此一定要遵守国家的法规政策。

总而言之，事先调整好心态最重要！

以下是来自阿里巴巴的一篇文章的经典总结，关于一个成功的淘宝创业者、一个成功的淘宝卖家所要具备的特质，与大家共勉。

● 激情——热爱所做，永不放弃

热爱你所做的事情，充满激情地投入。

碰到困难和挫折的时候不轻易放弃，坚持，执著，乐观向上。

● 敬业——勤恳努力，精益求精

脚踏实地地努力经营，要有不怕苦不怕累的精神，一分耕耘才有一分收获。

不断地学习，不断地完善，不断地进步，要有阶梯性的目标不断去实现。

● 诚信——以诚待客，诚信为本

做生意诚信是基本，只有诚信才能赢得顾客。

客户第一，诚信服务。

● 创新——迎接变化，勇于创新

用积极的态度面对市场的变化，环境的变化，客户的变化。

不满足于现状，创造变化，抢得先机。

● 心态——良好心态，成功

拥有正确良好的心态，客观平和、冷静诚恳，对于做生意对于开店，这些都是比较有利的心态。

态度决定一切，有好的心态，好的态度，成功一定会属于你(见图 2-16)。

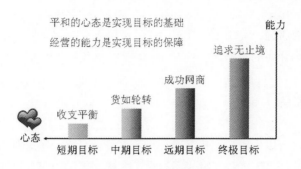

平和的心态是实现目标的基础
经营的能力是实现目标的保障

图 2-16　心态历程图

淘宝就是这样一个充满魅力的平台，让平凡但不甘平庸者成功，让贫穷但真诚善良者成功，让平淡但持之以恒者成功，希望每一个怀抱梦想的人都能通过自己的努力和坚持，在淘宝创业成功，开创属于自己的美好人生新篇章！

第 5 课时　店铺的定位

淘宝上有这么多的店铺，卖什么的都有。自己又该卖一些什么呢？这就需要我们考虑好自己的店铺定位，制定开店的策略。

5.1　找到你的优势

在决定开店以前，可以先给自己提几个问题：我喜欢什么？擅长什么？与别人比起来，我的优势在哪里？清楚自己的优势在哪里了以后，大概就可以知道自己要经营什么商品，自己的店铺该如何去经营了。

比如有的人很喜欢研究化妆品，对化妆品的各个品牌、功效、价格和特点都了如指掌，那么她如果要开店的话，开一个化妆品的店铺是否会比较有优势呢？而一个对电脑游戏非常入迷的人，就可以考虑做一些电子游戏方面的东西。因为对于自己感兴趣并喜欢的事物，在做起来的时候，你不知不觉就会投入，就会钻研进去。这样一来，入门上手得也比较快。

如果你说，我什么都不会，什么都不了解，我只会做设计。那么好，这也是一个优势。你可以在网上开个店铺，专门来卖你的"设计方案"，这个"设计方案"也就成为你出售的商品了。

再比如，你说，我什么都不会，只是菜做得还不错，难道这个也可以拿来卖吗？当然可以了。你完全可以做一些与美食相关的东西，因为你擅长，这就是别人不具备的优势。

其实很多人都有这样的问题，看看人家的店铺都千篇一律，自己想要与众不同，可以做的东西倒是多，只是自己都不熟悉呀？那要怎么办？(见图 2-17)

● 店铺定位容易出现的问题

驾驭不了所做的产品——不喜欢、不熟悉、做不好。

与别人的店铺没有区别——千篇一律、毫无特色、没有人气。

```
┌─ 社区里的抱怨声 ─────────────────────┐
│ 我的产品质量一点不差，怎么就是没人要呢？             │
│ 我们这里是个偏僻小城，根本没有货源，我该怎么办？       │
│ 我们家就是开工厂的，为什么我做不好呢？              │
│ 我该做什么产品呢？谁能帮我介绍货源？               │
│                                              │
└──────────────────────────────────────┘
```

图 2-17　卖家的苦恼

有些人可能要想了，反正我也想不好做什么，那索性就有什么做什么吧！要么全部都做一点。其实，这种"大而全"的店铺经营起来又累又没有优势。当买家进入你的店铺的时候，

34

看见你店里什么玩具、服装、化妆品、首饰、食品、文具都有，给人家的感觉肯定是又多又乱，摸不着头脑，而大多到淘宝上看东西的买家都是非常有针对性的。而且，这样一个"百货公司"经营起来也是非常累人的，需要到处进货，分门别类，管理起来也麻烦。倒不如专一地做一样东西，做好、做精、做强。

> **小贴士**
>
> **店铺定位——改变思维模式**
>
> 挖掘自己——喜欢什么、擅长什么。
> 创造定位——让店铺自己讲故事。
> 改变产品——增添特色"附加值"。

另外，我们可以从几个方面入手。

● 做特色——爱情主题、送礼主题、特定人群等。

网上有成千上万人在做化妆品、服装、数码产品等商品，如果不做出自己的特色，是很难冒出头的。

● 做稀缺——利用当地货源外地难以买到的优势。

如果你住在南方，买家多为本地人，那么你可以考虑卖一些具有北方的特色产品：如，特色食品、手工艺品等。再比如来自西藏的首饰、新疆的葡萄干等都不错。

● 做整合——家居大卖场、IT 大卖场、化妆品大卖场。

不盯住一个牌子，可以多个牌子一起卖，什么好卖就卖什么，买家需要什么就卖什么。便宜又好的宝贝大卖场，也是很好的经营方式。

● 做平价——根据自己掌握的低价货源优势。

如果你有朋友正好开了一家服装厂，而你又完全可以拿到非常便宜的宝贝，那么你完全可以考虑做这个产品。

5.2 制定你的策略

(1) 玩票探路

这种方式目前主要是卖闲置、小量进货兼职开店、代销这三种方式，属于找感觉的一些方式。通过这些过程，就能大致了解网上创业这个方式是否适合你，通过这个过程也可以初步感觉网上开店的前景究竟如何，根据探路的情况来决定是否要将网店作为自己的事业，是否要全职做网店。

① 出售闲置

出售闲置是最简单易行的方式。该方式不存在选择货源的问题，只要是自己家里现有的，只要是你自己愿意拿出来卖的都可以成为你店里的商品。你不准备靠它给你带来多少收益，只是用它来过把当掌柜的瘾。当然了，如果能卖出去，一方面可以化"腐朽"为现金，另一方面又可以有一个途径减少家里闲置的物品，一举两得，何乐而不为呢？开这种店铺基本上

不存在任何压力，开这种店铺的人的心态也是相当轻松的，因为可以不计结果，只求尝试过程。也很有可能在这个过程中发现自己是相当具有做网店掌柜的潜力，而且发现了网络市场的无限商机，也许一个成功的网商就是从这里起步的。确实也有很多成功的卖家是从当初一个不经意的出售闲置的举动开始的，所以这样一种探路式的网上创业也是可以尝试的。

② 小量进货兼职卖

这种方式需要进货。一般小量小规模进货，抱着卖得出最好，卖不出自己用的心态。其风险小，如能成功便最好，但若失败也尚有退路。对于很多原本工作性质就是天天跟电脑和网络打交道的人，可以利用原有资源开发新的领域，一个人赚两份钱。但是，这需要花费工作以外的时间和精力，想做得好，更累更辛苦。如果用心做，生意也可以不错，有可能成为专职店家的一个前身。

③ 代销

不需要进货，也不需要发货，所要做的只是销售的环节，无本生意，拿人家的商品赚自己的钱。找到实力比较好，店铺比较大，有代销需求的上家，谈好利润分配，提成标准，就可以在你的店里卖他的东西。

做代销，你需要找到一个信用有保证的大卖家，代销不是随随便便能做好的。你其实跟买家一样，看到的也仅仅是一张图片，可是你却要把它推销给其他人，这个风险肯定是存在的。因为你对商品没有太大的把握，而且也不是随便一个大卖家都愿意提供代销，这需要协调和机会。

以上三种是比较常见的"探路"方式，如果你想先找找感觉，可以试试这些方式。通过这样的探路方式，如果认为自己在这个行业里会有很好的发展，或者说兼职开店已经做得很不错了，那么可以考虑全职去做，扩大经营。淘宝很多很成功的大卖家其实都是从兼职开店起步的，凭着自己的执著和努力，一步一个脚印走下来，他们付出的艰辛努力也许只有他们自己才知道，但是获得的成功却是显而易见的。

(2) 寻找货源

① 自身的货源

自身的货源就是说，不用进货，光靠自己的创意和手艺就能制造商品。比方说手工编制的毛衣、裙子，缝制的小布鞋、小玩偶；DIY 的手工艺品，如项链、刺绣；还有手绘的画作，书写的书画，甚至是自己制作的食品等。不过这里要注意的是，DIY 的商品需要具有一定的水准，不是随便胡乱弄弄就可以拿上柜台卖的哦！

② 需寻找的货源

这是普遍的货源选择方式。大多数人没有现成的资源，寻找货源可以从几个方面着手：兴趣、能力、途径、可行性。

选择货品最好是从自己的兴趣和能力出发，并且尽量回避那些自己不熟悉、不擅长的领域。自己都不喜欢的东西或者自己根本一无所知的东西要去推销给别人怎么能成功呢？

比如对于很多女性来说，一般都会想要开一家服装店，这常常是兴趣使然，但是还存在几个问题：是否具备一定的眼光？是否有时尚的敏感度？是否接近时下的潮流？这也许是服装店铺能否成功的原因之一。兴趣谁都有，但是能力和眼光不一定谁都具备，这也就不难解释这么多的服装店铺为什么有的店红火，有的店却冷冷清清了。

还有一些比较专业的商品，比如乐器、古玩、软件等这类专业性比较强的商品，都是需要具备一定的专业能力才能去做的，所以兴趣和能力仅仅是选择货品的最初条件。

另外，商品的获取途径也很重要。仅仅对某种产品有兴趣，也具备专业能力，可是没有途径得到货源，那也是没有办法做的。

最后一点是可行性。兴趣、能力、途径都具备了，你还要考虑这种产品在网上有没有市场，需求有多大，可行性有多少。开店的最终目的是赢利，如果不能实现这个目的，店铺就不能算是成功的。

③ 创意的货源

并非所有商品一定要看得见，摸得着的。有没有想过卖点子、卖建议、卖笑话、卖婚庆服务、卖西点制作工具及技巧等这些东西呢？

5.3　进货渠道

前面提到在确定店铺要经营的商品时进货渠道很重要，它直接关系到一个店铺能否成功地开起来。现在具体来讲讲进货的渠道究竟有哪些。

(1) 厂家货源

优点：货源充足、价格较低

缺点：要求量大、容易压货；换货麻烦、服务滞后

厂家货源最大的优势是进价较低，由于没有经过批发商的环节，所以进货价格较低。但是，针对刚起步的卖家来说，从厂家直接拿到货的机会并不多。因为多数厂家不屑于与小规模的卖家打交道，他们面对的主要是进货需求量很大的一级经销商。厂家要求的起批量非常高，以服装为例，厂家要求的批发数量至少要近百件甚至上千件，达不到这个数量不但拿不到最低的价格，甚至可能连基本的合作都争取不到。这样做资金压力太大，而且容易造成货品积压，风险很大，因此不适合刚起步的小量批发的客户。所以，厂家货源这种途径可能更适合自己是办厂的，或者亲戚朋友有开厂的，有现成的条件的人。另外如果有足够的资金储备，并且不会有压货的风险或不怕压货，大家可以去找厂家进货，这样可以拥有进价优势。

(2) 批发市场

优点：品种丰富、服务周到

缺点：价格偏高、信用不明

对于初开店的卖家来说，批发市场是比较好、比较实用的进货渠道，因为它包容性大，要求低。正如一些淘友发帖说的那样，只要你扛个黑袋子去，不怕批不到货。全国各地都有自己的批发市场，不同种类的商品基本上也都有自己特定的批发市场。批发市场产品种类繁多，选择的范围较大，货品起批数量的要求也比较低，而且因为批发商也要争取属于自己的客户，所以他们的售后服务也比较到位，提供包括退换货等服务，这对于刚起步的卖家来说都是比较有利的条件。

但是因为批发市场铺位多、品种多、货品多，而且批发商的诚信及货物质量也良莠不齐，这要求初进入市场的创业者在进货的过程中需要有一个摸索的过程，慢慢找到商品质量、价格、信用等方面都比较适合的供货商。因此，一开始最好能通过小批量合作摸清情况，待了解清楚各方面情况之后，再进行大规模的合作。

在批发市场进货需要注意的一些要点：

① 多逛，多看，心中有数(对批发市场的整体分布有大致了解，对同类货品店铺的不同特点有所掌握)；

② 批发商的态度和服务比价格更重要(价格差别不大时可以忽略价格因素，选择态度诚恳、正直守信的批发商；注重能否退换货，因为这关系到是否能长期合作以及能否合作愉快)；

③ 批发商的推荐可以参考，自己的主见更要坚持；

④ 新的货品可以小量进货(没必要同款大量购入)，根据销售情况决定二次进货；

⑤ 选择货源稳定的批发商，建立长期稳定的合作关系。

(3) 阿里巴巴进货

优点：途径便捷，货品丰富，可用支付宝，信用上有保证

缺点：有进货量的要求，货品质量存在不可把握性

关键点：推广、洽谈

作为在淘宝创业的会员来说，有一个得天独厚的货源渠道，就是阿里巴巴。在阿里巴巴进货的主要优势在于其便捷性，不需要奔波劳累，在家中便可进货。注册阿里巴巴，搜索选择货品，用贸易通(交流工具)与供货商洽谈、付款、进货，整个过程足不出户即可完成。阿里巴巴上面大量的厂家、公司，给我们提供了足够丰富的货品选择余地；而且在阿里进货一样可以用支付宝，货款安全有保障；另外，可以选择与阿里巴巴的诚信通会员合作，使得交易更有保证；另外，大部分供货商都可以提供商品图片，这也解决了部分创业者不会处理图片的问题。

而且淘宝也支持大家通过阿里巴巴进货，不定期都会有针对在阿里巴巴进货的淘宝会员的推广活动，比如前段时间刚进行的："当阿里进货王，免费获得推荐位"的活动，以及在某段时间内进货满一定数额可以获得相应数量的推荐位等活动。这些推广活动对于初开店的人来说是非常有帮助的。

(4) 品牌代理商、经销商

优点：商品的品牌价值，商品销售有保证，店铺的专业形象

缺点：进货途径少，商品较难获得

目前在网上有品牌的商品，特别是有一定品牌知名度的商品，其在销售中还是比较有优势的。如果能获取某个品牌的商品的代理销售权，对于经营网店来说是一个先天优势。但是这种机会可遇而不可求，需要天时、地利、人和。如果有这样的机会，千万别错过！

5.4　货品选择

明确了经营方向，也确定了进货渠道，接下来要做的就是进货！在具体的货品选择上也有一些需要把握的细节，这关系到生意的好坏。

(1) 价位

根据店铺商品的价格定位来选择货品。商品的价格定位可以分为低价平价的跑量式、中档大众式、高档精品式三个层次，同类的商品都会有不同的价位，相应地在质量或其他因素上存在一些区别。我们可以根据自己的定位来选择究竟是要做哪个档次的商品，那么在进货选择货品的时候就相应地选择那个价位的货品。不同合作模式对应不同的进货价格，协商价格时，要适当议价，最忌死缠烂打，保持给供货方的良好印象是合作基础。关注点要灵活多样，如可协商根据销量变动折扣，要求销售返点等。

(2) 数量

初期适宜款式多，数量少。初期进货的时候，应该尽量款式多，每种款式的货数量可以少一些。商品款式多有利于使你的店铺看起来货品丰富，顾客来了觉得有挑选的余地，也有挑选的兴趣。零零落落的几件商品挂在店铺里，会让顾客觉得商家不专业，从而影响店铺的销售。同时，因为刚开店，对顾客的需要并没有很大的把握，所以避免同一种商品进货太多，这样容易造成积压，也不利于及时更新新货，容易造成恶性循环。

(3) 市场需求

在进货的时候还要考虑市场的需要，即要考虑我们要进的货品是不是目前流行的、热门的，是不是适合目前的季节的，是不是网上的消费群体有需求的等。因为进货的最终目的是销售，而不是凭自己的兴趣想进什么就进什么，所以需要对市场全面了解和分析后有根据地进行进货。

(4) 质量

在进货的时候，货品质量的把关是一个非常重要的环节，商品质量的好坏在经营中起着决定性的影响。如果在进货的时候挑选的商品在质量上不过关，在销售当中会带来很多麻烦。因为开店并不是把东西卖出去就可以了，还存在很多后续的工作，包括售后服务等。顾客对他所购买的商品的质量是非常挑剔的，顾客若对你提供的商品质量不满意，有权要求退换，那么也许我们会因为一款质量有问题的商品，而陷入无休止的退换纠纷当中，这对生意是极其不利的。所以，在进货的时候就把好质量关，防患于未然。也可能在进货的时候自己觉得

这款商品还不错，但是在销售过程中，如果从顾客那里不断反馈回对于这款商品质量上的质疑，或者不断有退换情况出现，那么我们应及时地将这款商品下架，停止销售。

> **小贴士**
>
> 提交货单：尽量通过正规方式提交，提交时保留存根和记录。
> 批发进货：保留好进货单，做好进销存管理，商谈好进货和退货方式。
> 对账打款：不赖一天账，不拖一天款，尽量做好账目记录工作。

(5) 持续优化

在与进货商交往的过程中，要注意持续优化双方的合作关系。发现问题，及时解决，让关系不断融洽、升级。

开店当掌柜的不是一件容易的事情，在妥善处理完自己分内的事情后，我们应该多考虑一下店铺的经营模式和运营情况，多做分析、多思考，要有远见、有耐心、有技巧、有行动。

5.5　定价的技巧

商品定价在网店销售中也是很重要的一环，在淘宝开店，同类商品价格基本上是透明的，顾客轻松一搜就能搜出他想要买的商品的全部价格，谁高谁低，一目了然。定价忌过高也忌过低。定价过高，不具有市场竞争力，在淘宝商品价格基本透明的条件下，过高的价格对于销售比较不利，妄想通过暴利来经营，不具可行性。定价过低，是很多新卖家的通病，只追求售出，甚至忽略利润，这不是长期的销售行为，没有利润点的生意没有存在的意义，对于生意的正常有序发展比较不利。以下是几种定价的基本方法以及一些定价的技巧的介绍。

(1) 成本导向定价法

成本+利润=价格

这里的成本不仅是商品的进货价，还包括运营成本，即以进货成本为依据，加上期望得到的利润来确定所卖商品的价格。比如件商品成本是 30 元，你想赚 10 元，那么定价就为 40 元。

(2) 竞争导向定价法

竞争导向定价法即参考同类商品的定价来确定你的定价。比如：你卖瑞士军刀，通过搜索发现相同型号的别人卖 90~110 元，那么你卖 85 元就相对具有竞争力。当然，这里还要考虑到个人成本以及售后服务、运费等因素的影响。

(3) 需求导向定价法

需求导向定价法即按照想买你东西的买家们的承受能力来确定价格。

小贴士

(1) 同价销售法。例如，2 元店、50 元专柜、100 元专柜……统一价位吸引顾客，避免讨价还价。
(2) 分割法。例如，茶叶每公斤 10 元报成每 50 克 0.5 元，大米每吨 1000 元报成每公斤 1 元，价格分割是一种心理策略，能造成买方心理上的价格便宜感。
(3) 非整数法。例如，9.9 元、98 元等，这是一种极能激发消费者购买欲望的价格，消费者在心理上总是存在零头价格比整数价格低的感觉。

(4) 弧形数字法

据研究发现，在生意兴隆的商场中商品定价时所用的数字，按其使用的频率排序，先后依次是 5、8、0、3、6、9、2、4、7、1。这种现象不是偶然出现的，究其根源是顾客消费心理的作用。带有弧形线条的数字，如 5、8、0、6 等易为顾客接受；而不带有弧形线条的数字，如 1、7、4 等比较而言就不大受欢迎。

结合我国国情，很多人喜欢 8 这个数字，并认为它会给自己带来发财的好运；4 字因为与"死"同音，被人忌讳。

(5) 拍卖

在淘宝上你能看见有个宝贝店家定的是"一口价"，有的却是"拍卖"。你也可以尝试一下拍卖。用一元起拍的价格来吸引买家。但是这样做的前提是你要有心理准备，因为很可能这个宝贝如果没人继续叫价的话，就会被一元拍走了。所以，拍卖的主要目的是吸引人气，让买家来光顾你的店铺。

课后思考

(1) 回顾开店前要做哪些准备工作？
(2) 对你来说，网店前期准备工作中什么是重点？什么是难点？讨论对难点的解决方案。

第3篇 网店开张的基本知识

　　在了解了网上开店的一些基本内容以后，相信大家对网上开店的前期准备都有了一定的了解，接下来，我们开始一步步操作，手把手地教你如何在淘宝网逐步建立起一个店铺。

　　网上开店并不是简单的货物堆砌，这中间涉及的许多问题是比较复杂的，比如，如何吸引更多的人光临，如何取店名，如何描述、摆放货物，如何利用其他帮手来打理你的店铺，以及你需要下载哪些必要的工具等。这些内容，我们将在这一章节里逐步展开介绍。

第6课时　注册开店的流程

网上做生意的过程是不是很有意思呢？想要享受在淘宝上交易的乐趣，你需要先注册成为淘宝的会员。所谓会员，就是你在淘宝上的名字，会员注册的步骤具体如下(见图3-1)。

图 3-1　会员注册流程图

登录淘宝首页(http://www.taobao.com)，单击页面左上方的"免费注册"(见图3-2)，进入到注册方式选择页面，首先填写要注册的账户信息(见图3-3)，单击"同意协议并注册"，进入下一个页面"验证账户信息"，这里我们可以通过"手机验证"，也可以单击下面的"邮箱验证"来验证我们的账户信息，并单击"提交"。单击"邮箱注册"版块下方的"点击进入"按钮，就会出现填写信息的页面。填写邮箱或手机号，并进行验证，就完成了用户注册。

安全小提示：为了保证交易的安全性，密码不要设置得太过简单，最好使用"英文字母+数字+符号"的组合密码。

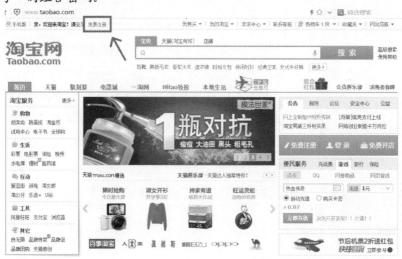

图 3-2　淘宝首页会员注册页面

图 3-3　账户信息注册页面

在这里有两种验证方式可以选择，选择任何一种都是可以成功注册的。选择手机验证，或者单击下方的"使用邮箱验证"，都可以验证成功(见图 3-4、图 3-5)。

图 3-4　账户信息注册页面

图 3-5　会员注册成功页面

注册完成后，淘宝网就会免费为你开通一个支付宝账户，即你注册时填写的手机号(见图 3-6)。

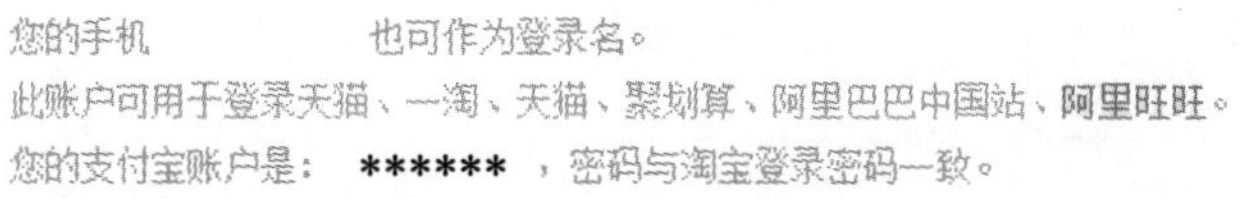

您的手机　　　　　　也可作为登录名。
此账户可用于登录天猫、一淘、天猫、聚划算、阿里巴巴中国站、阿里旺旺。
您的支付宝账户是：　******，密码与淘宝登录密码一致。

图 3-6　会员注册成功提示

成为淘宝会员后，你可以开始享受在淘宝网购物的乐趣了，可否立即卖东西呢？现在还不行，必须通过支付宝认证，才可以在淘宝上发布宝贝、开设店铺。

支付宝具有诸多好处，具体如下：

(1) 买卖双方都有保证；

(2) 安全、放心；

(3) 不需要手续费；

(4) 所有的淘宝交易都必须支持支付宝。

6.1 淘宝店铺实名认证

(1) 店铺实名认证

注册淘宝用户后，要想在淘宝上卖东西、开店，必须通过支付宝实名认证，也就是说，要想成功开网店，支付宝实名认证是必需的一步。

Step 登录淘宝网，单击淘宝网首页右上角的"卖家中心"(见图 3-7)。

图 3-7 新用户卖家中心首页

Step 在"卖家中心"页面中单击"免费开店"(见图 3-8)，进入下一级页面后，页面中会有提示，完成 3 步即可开店成功。因此，我们按照提示，一步一步地完成任务。首先，先进行开店认证，单击"开始认证"。

图 3-8 开店认证步骤首页

Step 开始实名认证，根据页面提示进行，如图 3-9 所示。

图 3-9　开始实名认证

如果您的资料不齐全，则需要补全资料才能够继续进行认证，单击"补全"将信息补全
(见图 3-10、图 3-11、图 3-12)。

支付宝版权所有 2004-2013 ICP证：浙B2-20100257

图 3-10　补全实名认证信息(1)

账户名：	您的账户信息不完整，补全后可使用提现、退款到支付宝等功能。

登录密码 登录时需验证，保护账户信息

登录密码　与注册淘宝的密码相同　修改

支付密码 付款时需验证，保护资金安全

支付密码　●●●●●●●●●●●　◎ 密码安全程度：中

再输入一次　●●●●●●●●●●●　◎

您的身份信息 请输入真实的个人资料

真实姓名

身份证号码

职业　- - - - - - 请选择 - - - ▼

常用地址　请选择 ▼　请选择 ▼　请选择 ▼

▼ 选填内容

确　定

图 3-11　补全实名认证信息(2)

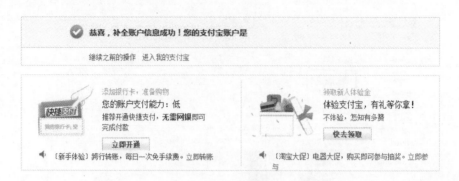

图 3-12　补全信息成功

接下来，我们将进入实名认证的页面。首先要阅读"支付宝实名认证协议"，如图 3-13 所示，如有问题，还可以观看右侧的视频教程，然后单击"立即申请"。如果你不同意协议内容，恐怕你就不能在淘宝网上卖东西了(你不会这样偏执吧，呵呵)。

图 3-13　申请实名认证

Step 选择认证方式，这里有两种认证方式，快捷认证和普通认证(见图 3-14)，选择其中一种认证方式认证即可，可以单击"查看教程"来查看各自的认证流程(见图 3-15、图 3-16)，选择其中一种，单击"立即申请"，还需要上传身份证的正反面以及本人持身份证的照片，并按照提示步骤完成实名认证(见图 3-17、图 3-18、图 3-19、图 3-20)。

图 3-14　实名认证方式

图 3-15　快捷认证流程

图 3-16　普通认证流程

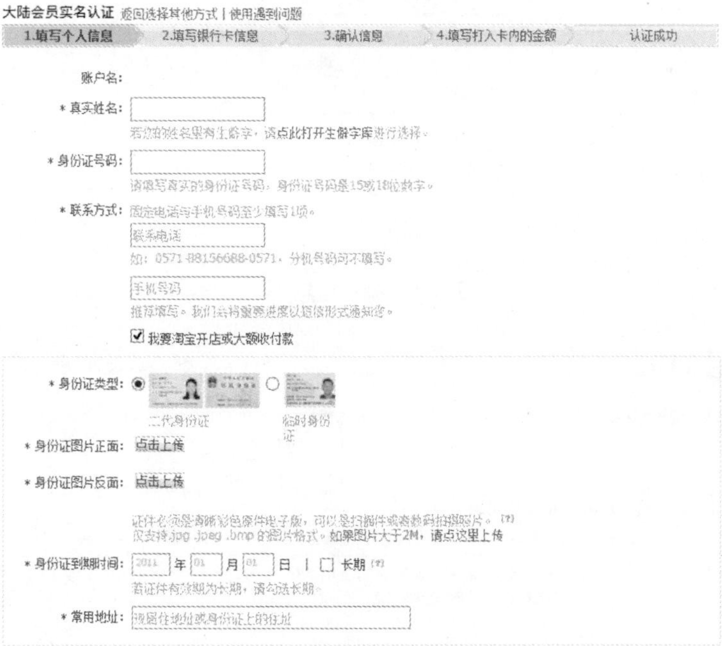

图 3-17　填写个人信息

手机号码：

请至少填写固定电话和手机号码中的其中一项。

您的银行账户信息 ～ 该银行账户仅用于认证您的身份，您仍可以使用其它银行账户进行充值和提现！

银行开户名：

🛈 必须使用以 为开户名的银行账户进行认证。

如您没有合适的银行账户，**修改身份信息**

开户银行名称：

开户银行所在省份：

在下列城市的工商银行开户的用户请在本栏中选择：宁波/大连/青岛/厦门/深圳/三峡

开户银行所在城市：

个人银行账号：

您提交后支付宝会给该账户注入一笔"确认资金"，您需要正确输入这笔资金的数量才

请再输入一遍：

▶ 提交

图 3-18 填写银行信息

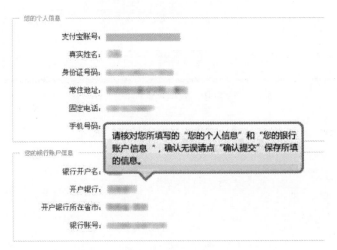

图 3-19 确认信息

支付宝｜实名认证   您好，████ [退出]｜帮助中心

支付宝实名认证

特别注意

✅ **认证申请成功提交！**

请1-2个工作日到银行柜台或网上银行查看您的 **招商银行** 账户（********2150）汇入一笔确认资金。

- 查询到您银行账户内的确认资金后，请登录支付宝网站，在"**我的支付宝**"的右上角，点击"申请认证"
- 查看"**确认汇款金额**"的有关帮助。

图 3-20 认证成功

Step 等待1～2个工作日。记得到银行柜台或者通过网上查询你的相关银行账户。

Step 查询到你银行内的确认资金后，请登录支付宝网站，在"我的支付宝"右上角，单击"申请认证"。然后，正确输入支付宝公司汇入你银行账户的具体金额并确认。

至此，支付宝实名认证成功。

只要你拥有一个银行账户，就可以成功通过支付宝实名认证。你唯一需要的是一点点耐心，因为它需要你等待 1～2 个工作日。

(2) 在线考试

在实名认证成功之后，我们进行第二步，在线考试，其主要目的是让我们在开店之前了解淘宝网店的基本规则。因此，我们需要先进行学习。单击"淘宝规则"开始学习，这个步骤是十分重要的，因为开店最重诚信，虚假广告、欺骗消费者的行为都是不允许的，会受到相应的惩罚。我们十分有必要了解掌握淘宝的销售规则，这样才能够开符合规则要求的店铺，不违规，长久地经营下去。

单击"开始考试"，进入考试页面，单击"立即考试"(见图 3-21、图 3-22)。

图 3-21　开始考试

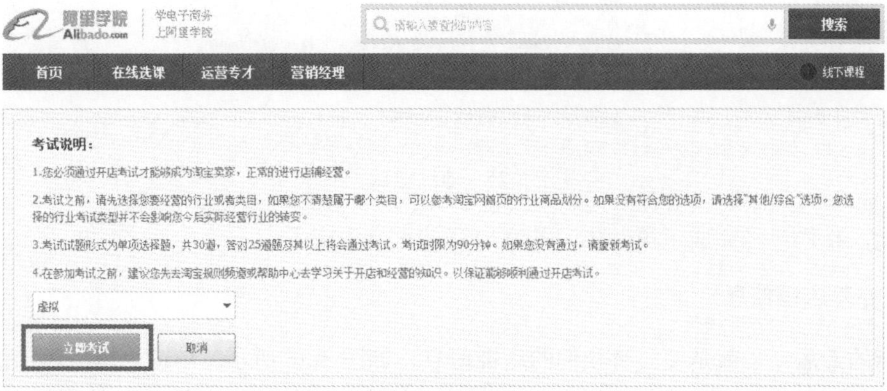

图 3-22　考试页面

接下来要阅读考试说明和考场规则，然后开始考试，将 30 道题全部答完，提交试卷(见图 3-23、图 3-24、图 3-25)。

图 3-23　考试说明

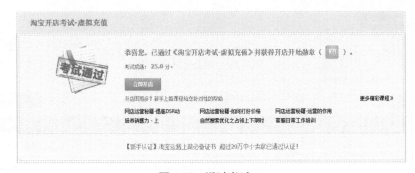

图 3-24　试卷

图 3-25　通过考试

至此，我们已经完成了第二步，基本上算是大功告成了。

(3) 完善店铺信息

开店的最后一步就是要完善我们的店铺信息，如图 3-26 所示。单击"填写店铺信息"，首先要同意诚信经营承诺书，然后将店铺信息填写完整(见图 3-27、图 3-28、图 3-29)。

图 3-26　单击"填写店铺信息"按钮

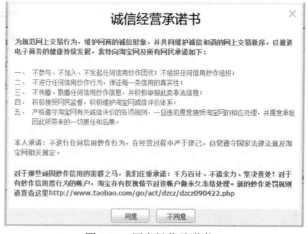

图 3-27　同意经营承诺书

图 3-28　填写店铺信息

经营类型：　◉个人全职 ○个人兼职 ○公司开店

*联系地址：　[_____]

*邮政编码：　[_____]

*店铺介绍：　[工具栏]

*主要货源：　◉线下批发市场　○实体店拿货　○阿里巴巴批发　○分销/代销
　　　　　　　○自己生产　　　○代工生产　　　○自由公司渠道　　○货源还未确定

是否有实体店：　○是 ◉否

是否有工厂或仓库：　○是 ◉否

☐ 我同意并遵守淘宝网的商品发布规则 及淘宝规则。诚信经营，抵制炒作！

☐ 我已经阅读并同意签署消费者保证服务协议，为消费者提供更优秀的服务查看协议详情>>

[保存]

图 3-29　填写完整后保存

6.2　发布宝贝

通过实名认证之后，店铺已经开起来了，我们接下来要做的就是发布商品了。于是，在整理好商品资料、图片后，你要开始发布第一个宝贝，请单击"卖家中心"、"发布宝贝"(见图 3-30)。

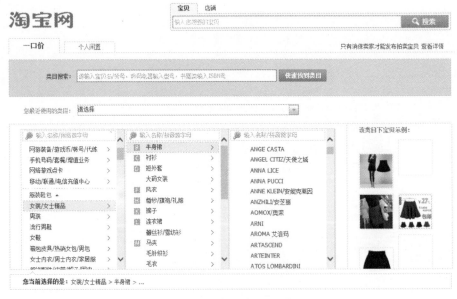

图 3-30　商品发布类目选择页面

在打开的页面中，可以选择"一口价"或"个人闲置"两种发布方式，这里 "一口价"为默认方式。"一口价"有固定价格，买家可以立即购买，你也可以选择"个人闲置"来发售自己无用的二手物品。

接下来要选择类目(见图 3-31)，根据自己的商品选择合适的类目。如果不清楚你的商品在哪个类目里，可以通过搜索来寻找。单击"我已阅读以下规则，现在发布宝贝"按钮，继续下一步。

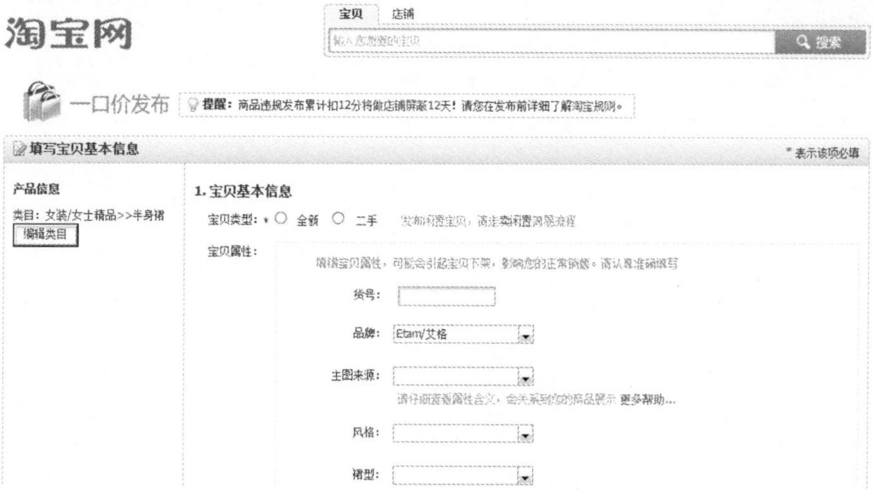

图 3-31　商品发布页面

接下来要填写宝贝信息了。这一步非常重要。首先，在"宝贝标题"区域取一个好的标题，单击"浏览"按钮来上传宝贝图片，输入宝贝描述信息、宝贝数量、开始时间、有效期等；接着，在其他空白框中输入宝贝的售价、所在地、运费、付款方式等内容；其他信息保持默认设置即可，比如默认"自动重发"等。最后，单击底部的"发布"按钮来发布该宝贝(见图 3-32、图 3-33)。

图 3-32　填写宝贝信息页面(1)

3. 售后保障信息

发票: ● 无 ○ 有

保修: ● 无 ○ 有

退换货承诺: ☑ 凡使用支付宝服务付款购买本店商品, 若存在质量问题或与描述不符, 本店将主动提供退换货服务并承担来回邮费!

售后说明: [添加说明] 填写售后说明, 让买家更清楚售后保障, 减少纠纷

4. 其他信息

库存计数: ○ 拍下减库存 买家拍下商品即减少库存, 存在恶拍风险。秒杀、超低价等热销商品, 如需避免超卖可选此方式

● 付款减库存 买家拍下并完成付款方减少库存, 存在超卖风险。如需减少恶拍、提高回款效率, 可选此方式

有效期: ● 7天 💡 即日起全网一口价宝贝的有效期统一为7天

开始时间: ● 立刻

○ 设定 2013年2月26日 ∨ 19 ∨ 时 10 ∨ 分 您可以设定宝贝的正式开始销售时间

○ 放入仓库

秒杀商品: □ 电脑用户 □ 手机用户 💡 若此商品参加秒杀活动, 在此期间内必须设为秒杀商品, 以防止作弊

橱窗推荐: □ 是 您当前共有15个橱窗位, 使用了1个。橱窗位是免费的哦~

[发布] [预览]

图 3-33 填写宝贝信息页面(2)

如果发布成功, 下面会出现一个成功页面(见图 3-34)。单击"出售中的宝贝"可以查看发布的宝贝页面, 单击"继续发布宝贝"可以继续发布宝贝。

图 3-34 宝贝发布成功页面

如果要修改发布的宝贝信息, 可以到"卖家中心—出售中的宝贝"中进行编辑、修改。

6.3 推荐宝贝

淘宝上的商品种类繁多, 你的商品如何才能从中"跳"出来呢? 使用好"橱窗推荐"和"掌柜推荐"是很重要的。

"橱窗推荐"的宝贝将会出现在淘宝店铺首页的显要位置(见图 3-35、图 3-36、图 3-37)。

图 3-35　橱窗推荐宝贝的展现

图 3-36　使用橱窗推荐示意图

图 3-37　使用掌柜推荐

(1) 如何更好地利用"推荐宝贝"栏

- 如果店铺宝贝品种丰富，则可以在每个种类中选取一件新款、折扣最低或最特别的商品来推荐；
- 如果品种单一则可以把特价、新款或数量最多，需要促销的商品拿出来做推荐；
- 最好每两天更新一次，这样会给人店铺一直有新品在更新的感觉。

(2) 宝贝发布的小技巧

- 给宝贝起一个好标题，可以加上适当的关键词、符号；
- 使用吸引眼球的宝贝图片，展现详细的宝贝描述信息；
- 宝贝定价要合理，可以取同类商品价格的一个中低价；
- 运费邮资标准要合理，可以参考其他同类商品(一般 500g 以内，平邮 6 元，快递 10 元，EMS 特快专递 22 元，这是 500g 起步的设置，更为具体的还要参看距离远近和商品重量，可以在买家拍下商品后，付款到支付宝之前修改邮费，淘宝专门提供了运费模板，可以根据不同地区的顾客设置不一样的邮费，比如到江浙的邮费要便宜一些，到西藏、新疆等贵一些)。

第7课时　正　式　开　店

　　淘宝为所有人提供了免费开店的机会，只要通过了淘宝的实名认证，就可以拥有一家属于自己的店铺和一个独立网址。在这个网页上你可以放上所有的宝贝，并且根据自己的风格进行布置。

　　在此之前，我们已经填写过店铺的信息了，但如果此后店铺经营的宝贝有所改变的话，我们还可以通过"卖家中心—店铺基本设置"来修改店铺的基本信息，如"店铺类目"、"店铺标志"、"店铺名称"等，最后单击"保存"按钮(见图3-38、图3-39)。

图 3-38　店铺基本信息页面

图 3-39　店铺成功保存页面

7.1　起店名有讲究

　　名不正则言不顺，言不顺则事不成。我们中国人向来很注重名字的选择，店铺名称对网店生意有着重大的影响，并直接表现在经营业绩上。店铺名称必须达到两个目标：识别性和传达性。识别性是买家可以通过店铺名称进行区别。传达性就是指店铺必须直接表达自己的开店构想，让买家可以通过店铺名称理解你店铺经营的商品以及相关信息。店铺名称就是店铺的商号，是店铺识别的基本要素。

　　开好一个小店铺不仅要注重产品质量与服务水平，还应该让自己的店名具有一定的文化内涵与宣传效果，以达到不"名"则已，一"名"惊人的目的！

淘宝上的注册名是不能修改的，所以你在取名字的时候最好仔细斟酌一下。如果你在注册的时候没有过多考虑，那么在后面给店铺取名字的时候还有一次机会。当然，最理想的是你的注册名和店铺名是有关联的，比如你的注册名字叫"秋秋"，那么你的店铺可以叫"秋秋的小铺子"或者"秋之美铺"。

另外，店铺的名字是可以修改的，你可以根据自己经营状况来更换店铺名字。在大家给自己注册和为店铺起名时，可以将以下几条作为参考。

① 简洁通俗、朗朗上口。在命名时要尽量通俗易懂，切莫咬文嚼字，不要因为想着与众不同就用生僻、冷僻字，这样即便你在服务质量等方面做得不错，但由于很多买家不易辨认你的店铺名称，会影响买家的口碑传播，对其他潜在买家未能达到有效地宣传。

② 别具一格，独具特色。网店有千千万万，用与众不同的字眼，使自己的小店在名字上就体现出一种特别，体现出一种独立的品位和风格，以吸引浏览者的注意。

③ 与自己的经营商品相关。要能体现小店的消费特征，包括经营项目、经营风格等方面。店铺名一定要结合你所经营服务的项目和所面临的买家群体，而不能随意称呼。

④ 用字吉祥，给人美感。用一些符合中国人审美观的字样，使店名让人看起来就有一种美感，不要剑走偏锋，为吸引人而注意使用一些阴晦低俗、惹人反感的名字，否则只会适得其反。

⑤ 避免雷同，不要跟风。切勿别人取什么名字你随便改个字就拿过来自己用。店铺的名字一定要有自己独特的个性与内涵，才能有效吸引顾客的注意力。

7.2　宝贝图片拍摄

网上开店，图片的好坏是关键中的关键。用"一张好图胜千言"来形容也不为过。图片的好坏直接影响买家的购买决策，图片是吸引买家的关键"武器"。因为，在面对成千上万张宝贝图片的时候，买家没有直接看货的机会，那么他挑选宝贝时除了价格外，是什么在吸引他呢？对，就是好的图片！好图不仅能够充分表现出宝贝的品质，还能够提高卖家的声誉，说明你开店的时候花了心思。所以，具备一定的摄影技巧也是掌柜必须要"修炼"的内功。看看下面的这两张网卡，如果你是买家的话，你对哪张有"好感"(见图3-40、图3-41)？

图 3-40　商品示意图

图 3-41　商品示意图

总的来说，拍摄图片的时候有两个阶段。

(1) 照片要清晰

背景一定要简单，最好是选择白色的背景墙，这样一来宝贝就比较突出了，而且从颜色上可以区分主次。如果你的宝贝是白色的，那么你可以用红色或者绿色的背景墙来衬托。

光线一定要充足，但是要避免强光直射。相机的光圈可以开大，这样能有充足的光线(数字越小，光圈越大)。另外要提高 ISO，高 ISO 和大光圈一样，都是为了有充足的光线。一般来说，ISO 的值可以设置在 100，如果光线暗的话可以调整到 200 或者 400。如果光线非常好，就不要设置过高的 ISO。

前面说的都是为了保证在安全快门内进行拍摄，快门的时间越短，越不容易模糊或者抖动。

最后，拍摄姿势也是非常重要的。一般的相机都有三脚架，如果有三脚架就没有问题了。如果没有三脚架，拍摄者可以找个地方靠一下，给胳膊找一个支点，防止因为细微的抖动而影响照片的质量。

(2) 拍摄有美感的照片

要拍摄有美感的照片，略微懂得一些基础的摄影技巧与知识是必需的。从最简单的来说，照片可以多一点创意。比如在旁边加点小小的装饰品，一朵小花，一片绿色的叶子等，只要花了心思，都能拍出有美感的照片。

一幅好的静物照片，无论它是一幅艺术习作还是一幅商业产品照片，看上去都是一种纯粹美的享受。但是拍摄起来却有许多麻烦。静物照片要求对每一寸的画面都精心推敲，为了取得完美结果，拍摄的时候需要精心布光、构图和曝光。

在取景和构图时，需要注意突出主体、视觉平衡、虚实相映。在拍摄之前，要像绘画前那样首先"立意"，考虑照片画面中，主要表现什么，被摄主体安排在什么地方。然后通过光线、色彩、线条、形态等造型手段，达到突出主体的目的。

一幅构图达到视觉平衡的照片，能给人以稳定、协调的感觉。平衡有对称平衡及非对称平衡两种，非对称平衡的构图，往往比对称平衡的构图更富有动感。景物的大小、形状、重量和方向，以及色彩等都对视觉平衡有重要影响。

虚实是指被摄主体与空间前、后景的清晰、模糊的程度。其目的是突出主体，渲染气氛，增强空间纵深感。实，主要是表现被摄对象的主体；虚，主要是表现被摄对象的陪体，以衬托主体，它是构成画面意境的重要环节。

另外，摄影的成功与否在很大的程度上取决于对光线的运用。光线直接影响色彩和影调，影响线条和形态。因此，在同一景点，拍摄同一景物，如果光线不同，就会产生不同的构图意境和不同气氛的照片。

线条是构图的骨架。任何形象化的作品，都离不开线条。不同的线条能给人以不同的视觉形象，如水平线能表示稳定和宁静，垂直线能表示庄重和力量，斜行线则具有生气、活力和动感，曲线和波浪线显得柔弱、悠闲，富有吸引力；浓线重，淡线轻，粗线强，细线弱，实线静，虚线动，构图时可灵活地加以运用。

下面来看一下我们做的一个小小的统计，大家就能明白图片好的确能提高被浏览的概率(见图 3-42)。

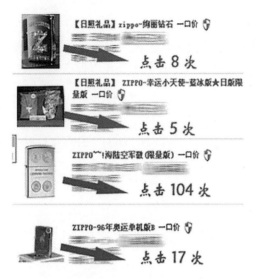

图 3-42　商品流量示意图

7.3　店铺管理

店铺设置有 7 项功能：基本设置、宝贝分类、推荐宝贝、友情链接、店铺留言、店铺风格、店铺介绍。

在免费开店之后，卖家可以获得一个属于自己的空间。和传统店铺一样，为了能正常营业、吸引顾客，需要对店铺进行相应的"美化装修"，主要涉及店标设计、宝贝分类、推荐宝贝、店铺风格等。

(1) 基本设置

登录淘宝，单击"卖家中心"左侧导航栏中的"查看淘宝店铺"，便可看到自己店铺的首页了(见图 3-43)。

图 3-43　店铺首页

在"卖家中心"左侧的导航栏里，单击"店铺基本设置"，在打开的页面中可以修改店铺名称、店铺类目；店铺简介要手动输入；在"店铺标志"区域单击"上传图标"按钮选择已经设计好的店标图片；最后单击"保存"按钮可以保存已经设置好的内容(见图3-44)。

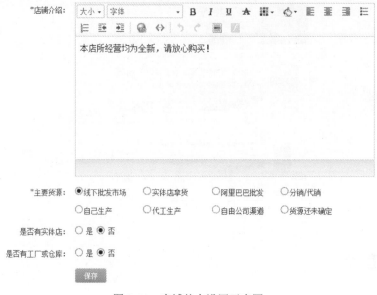

图 3-44   店铺基本设置示意图

(2) 宝贝分类管理

给宝贝进行分类，是为了方便买家查找。在打开的"卖家中心"页面中左侧的导航栏中，选择导航栏"店铺管理"下的"宝贝分类管理"，单击进入宝贝分类管理页面；接着单击"添加手工分类"按钮，输入新分类名称，比如"外套"，还可添加子分类，然后单击底部的"保存"按钮即可添加(见图3-45、图3-46)。

在添加好分类后，可以在宝贝归类页面中把没有分类的宝贝归类到相应的分类中(见图3-47)。

① 如何取好宝贝名称

淘宝上有搜索功能。很多买家在面对巨大的商品数量时，都会选择搜索这一功能。大家需要知道的是，淘宝目前的搜索是针对标题的，所以我们在写宝贝描述的时候，别忘了在标题上花点心思，选择适合的关键词才容易被搜索到。

我们可以站在买家的角度来考虑，如果自己是买家，想买一条雪纺面料的连衣裙，我会在搜索页面上怎么设定关键词？是不是会打上"雪纺 连衣裙"？明白了买家的心态，我们就知道自己的宝贝标题该如何写了。

比如，卖照相机的卖家可以这样写标题："全新索尼 600 万像素数码相机 单反"。如果我们想让买家知道自己的店铺是 3 钻的，有优质的信誉，那么宝贝标题可以这么写："××店铺 3 钻 100%好评……"的要素，当然也要注意标题长度的限制。

所以宝贝的标题一定要准确、简明。

62

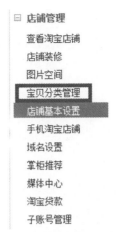

图 3-45　店铺管理平台

图 3-46　宝贝归类管理页面

书 籍	女 装	外套	所有分类
计算机类 管理类	连衣裙 衬 衫 裤 子	毛呢 羽绒	

图 3-47　宝贝归类页面

② 如何描述宝贝

作为买家,通常都想多了解一些宝贝的信息,所以我们在描述的时候不妨多写一些内容。对于所出售的宝贝,除了最基本的信息,如:规格、数量、价格、尺码、颜色、材质、用途、保养、维修等内容进行具体的描述和讲解,还可以增加一些有特色的描述,如:历史背景、民族文化等。不同类别的商品有不同的描述事项。如果是服装类商品,要写明面料、尺码、颜色、洗涤方式;如果是书籍,要写明作者、出版社、内容简介、目录等;如果是数码产品,就要写明颜色、型号、像素和功能等。

适当而详尽的宝贝描述可以加强买家对宝贝的兴趣程度,从而提高成交率(见图 3-48)。

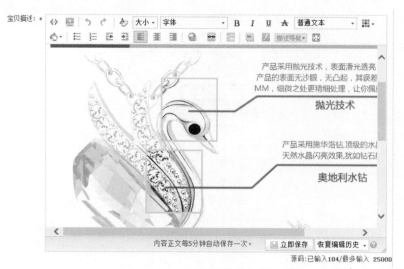

图 3-48　商品描述信息填写

(3) 推荐宝贝

淘宝提供的"推荐宝贝"功能可以将你最好的 15 件宝贝拿出来推荐，在店铺的明显位置进行展示。只要打开"卖家中心"页面，选择导航栏"店铺管理"下的"掌柜推荐"，单击进入掌柜推荐宝贝页面，单击左侧宝贝的"推荐"按钮即可，推荐好的宝贝将显示在右侧的宝贝列表中(见图 3-49)。

图 3-49　掌柜推荐宝贝页面

淘宝提供的"橱窗推荐"功能是为卖家提供的特色功能，当买家选择搜索或单击"我要买"时，橱窗推荐宝贝就会出现在搜索结果页面中。设置"橱窗推荐"功能时，可以打开"卖家中心—出售中的宝贝"，选择要推荐到橱窗中的宝贝，单击"橱窗推荐"按钮即可。

橱窗推荐是把好的宝贝推荐到淘宝网，获得更多的浏览量及点击率，掌柜推荐是把宝贝推荐到店铺首页的推荐位上。橱窗推荐位数量是根据你的宝贝数、每月的信用度以及交易额度等内容来定的，新店铺默认为 15 个。

推荐小技巧: 为了提高宝贝被搜索到的概率，可以定期查看淘宝网热门搜索关键词。如果和你的宝贝类别相关。比如"韩版"、"瘦身"等,你不妨把宝贝的标题改成含有热门关键词的内容。

(4) 友情链接

在开店初期,为了提升人气,可以和热门的店铺交换链接,这样可以利用不花钱的广告宣传自己的小店。添加的方法很简单:首先,通过淘宝的搜索功能,搜索所有的店铺,记下热门店铺的掌柜名称。如果答应交换,打开"卖家中心—店铺装修",在店铺装修页面中选择左侧导航栏"本店搜索"下的"添加模块"(见图 3-50),单击进入,在跳出的选项框中找到"友情链接"模块(见图 3-51),接下来在新建的模块中单击"编辑"按钮(见图 3-52、图 3-53、图 3-54),为新模块添加友情链接。

图 3-50 添加模块页面

图 3-51 添加友情链接

图 3-52 添加模块

图 3-53 编辑新链接

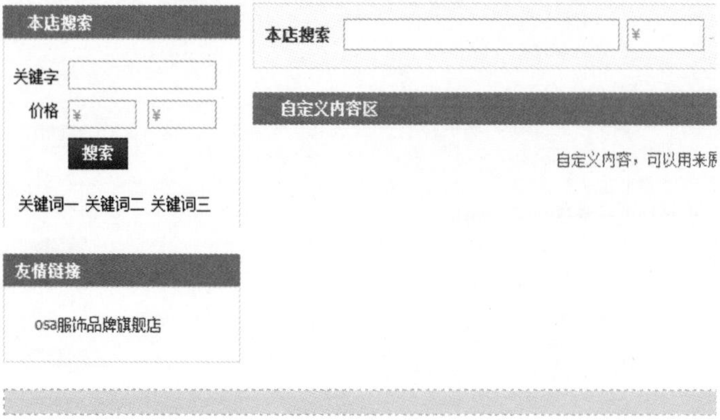

图 3-54 新链接页面

(5) 店铺模板

不同的店铺模板适合不同的宝贝，给买家的感觉也不一样，一般选择色彩淡雅、看起来舒适的风格即可。如果选择了其中一种风格的模板，会显示预览画面，单击"应用"按钮就可以应用这个模板。在对店铺进行基本的装修之后，一个焕然一新的页面将出现在面前(见图 3-55)。

在开店成功后，最好进行定期更新、添加，以免店铺被系统删除，所以要多多关注你的淘宝店铺。

图 3-55　店铺风格设置示意图

(6) 店铺介绍

为了让更多的客户了解我们的店铺，可以在"卖家中心—店铺管理—店铺基本设置—店铺介绍里"写上更多的信息，比如店铺经营的产品介绍、联系方式、最新活动等(见图 3-56)。

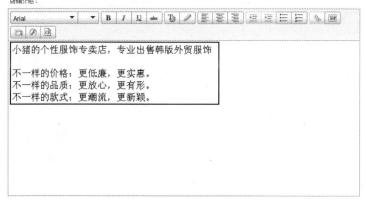

图 3-56　店铺介绍设置示意图

7.4　阿里旺旺

店铺建立好后，建议立即下载阿里旺旺，阿里旺旺是淘宝买家和卖家的沟通交流工具。下载阿里旺旺地址：http://www.taobao.com/wangwang。

阿里旺旺特点：

- 买卖双方及时沟通，省时省力；
- 交易状态提醒功能，让生意更顺畅；
- 与卖家的沟通信息看得到，也听得到；
- 动态酷炫表情，交流起来更容易；
- 购物、资讯等信息及时知晓；
- 旺旺群，朋友聚集的私人会所；
- 聊天记录，交易纠纷的证据保存。

7.5 安全的支付宝

支付宝是淘宝网安全网络交易的核心保障。交易过程中，支付宝作为诚信中立的第三方机构，充分保障货款安全及买卖双方利益。

买家确定购物后，先将货款汇到支付宝，支付宝确认收款后通知卖家发货，买家收货并确认满意后，支付宝打款给卖家完成交易(见图 3-57)，主动权在手，无后顾之忧。

为了更好地保障用户的支付宝账户安全，防止意外事件发生，支付宝公司还开发了基于支付宝账户资金情况的安全检查系统——安全中心。

只要登录支付宝安全中心，系统将在几秒钟内为你的账户资金安全做出评估，并推荐个性化的安全防范措施。

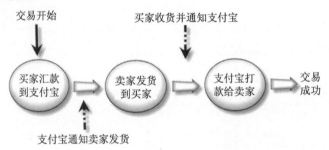

图 3-57 支付宝交易示意图

对卖家来说，支付宝省心省力省时，即时确认付款，可以立刻发货，缩短资金流动时间；账目分明，交易管理帮我们清晰地记录每一笔交易的交易状态；获得更多的信用评价，并用高信誉吸引更多买家来提升交易额。

(1) 支付宝个人实名认证

为了营造一个诚信的网络交易环境，淘宝为买家和卖家开设了淘宝账户和支付宝的实名认证程序，在注册淘宝账户之后，我们就拥有了一个支付宝账户，并且在此之前我们已经进行了个人实名认证(见第 6.1 节)。

(2) 支付宝的充值和查询

在进行淘宝注册、支付宝认证之后，账户是没有金额的，我们该怎么办？我们可以登录
http://www.alipay.com/通过网上银行进行账户充值，其实就是将银行卡上的一定资金划拨到
支付宝账户中。

① 进入支付宝主页，然后使用注册淘宝的账户和支付宝登录密码登录支付宝。登录之
后，在页面中间单击"充值"，然后选择用来充值的网上银行，在页面底部充值金额框中输
入充值金额，单击"下一步"按钮继续。

② 在打开的页面中查看你的充值信息 (包括充值金额和网上银行)，单击"去网上银行
充值"按钮。在打开的网上银行支付页面中，输入支付卡号、支付密码及附加码，单击"确
定"按钮。最后，页面会显示，银行已经成功处理该订单，5 秒后跳出成功充值的信息页面。

③ 充值完毕后，可以在"我的支付宝页面"中查看到账户的"可用余额"。如果在充
值之后发现账户余额没有变，可能是由于网络数据传输过程中的意外造成的，可以在第二天
再进行余额查询。

7.6　双方买卖流程简介

(1) 买家拍下产品

首先，买家在淘宝首页的搜索引擎中搜索想要购买的宝贝，可以看到有哪些店铺在销售
(见图 3-58)。

图 3-58　填写要购买的宝贝名称

看好宝贝决定购买了，如果店家的宝贝是一口价的，那么可以直接单击"立刻购买"，
然后根据系统的提示进行宝贝购买(见图 3-59)。

图 3-59　买家拍下中意产品

(2) 卖家修改交易价格

卖家在"卖家中心—已卖出的宝贝"中可以看到已经被拍下来的宝贝订单。如果在交易中，买卖双方达成一个新的价格，就需要通过修改价格的功能来实现(见图3-60、图3-61)。

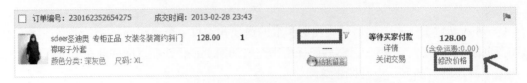

图 3-60　单击"修改价格"按钮

图 3-61　卖家修改价格

(3) 买家确认付款

在价格修改好之后，买家在"我的淘宝—已买到的宝贝"中可以看到修改价格后的订单。确认价格后，单击"付款"按钮，进入到支付页面，选择你所使用的银行，单击"下一步"进行相应的输入操作，单击"登录到网上银行付款"，输入账号和密码，确认后即完成付款操作(见图3-62)。

图 3-62　买家确认付款

(4) 卖家发货

接下来卖家联系快递发货，在快递收货后，留下快递单。重新打开订单页面，单击此宝贝订单的"发货"按钮，在发货页面中输入自己联系的快递公司的快递单号(见图3-63、图3-64)。

图 3-63　单击"发货"按钮

图 3-64　填写发货单号

(5) 买家收货付款

几天后，买家收到货之后，将重新进入到之前购买的订单页面，单击此宝贝订单的"确认收货"按钮，在打开的支付页面中，输入支付密码，单击底部的"确定"按钮，完成收货付款(见图 3-65、图 3-66)。

图 3-65　买家确认收货

图 3-66　输入支付密码

(6) 双方评价

交易完成后，双方还需要进行最后一步的评价工作。在各自的订单页面中，单击此宝贝订单最右侧的"评价"按钮。在评价页面中选择评价级别和写上评语，单击底部的"确认提交"按钮，完成评价工作。这样买卖双方所有的交易流程就完成了(见图 3-67、图 3-68)。

图 3-67　双方评价

韩版BBQ 波点樱桃 棉
布短袖套/护袖/防污套
袖
颜色分类:紫色

店铺动态评分

宝贝与描述相符　☆☆☆☆☆　5分 - 质量非常好，与卖家描述的完全一致，非常满意

卖家的服务态度　☆☆☆☆☆　4分 - 卖家服务挺好的，沟通挺顺畅的，总体满意

卖家发货的速度　☆☆☆☆☆　3分 - 卖家发货速度一般，提醒后才发货的

物流发货的速度　☆☆☆☆☆　2分 - 物流公司服务态度挺差，运送速度太慢

图 3-68　评价页面

第 8 课时　阿里旺旺和淘宝助理

阿里旺旺是淘宝网上交易过程中不可缺少的交流工具。淘宝助理则能帮助我们对宝贝进行上传、批量修改等。

8.1　下载阿里旺旺沟通软件

在淘宝网上，单击页面上方的"阿里旺旺"链接，进入下载页面(见图 3-69)。

图 3-69　淘宝首页

在下载页面中可以看到两个版本的阿里旺旺软件，即买家版和卖家版，这里我们需要选择卖家版，单击入口按钮，就可以把软件下载到你的电脑上。下载完毕后，可以直接进行安装(见图 3-70)。

图 3-70　阿里旺旺下载页

安装结束后，电脑系统桌面上就会出现快捷图标。双击打开，阿里旺旺的会员名和密码就是我们在淘宝上注册的会员名和密码，输入后即可登录。

8.2　阿里旺旺的各项功能

(1) 广交好友

淘宝网、阿里巴巴以及其他行业网站，有上亿的会员，我们可以通过阿里旺旺，从中寻

找感兴趣的人交朋友、谈买卖。为了方便你快速添加好友，你可以选择以下两种查找方式。

- 按会员名查找

如果想添加某人为好友，并已知道对方的会员名，可以直接输入会员名查找。

- 按关键字查找

可以进行高级查找，如果想要添加同一个省份的人，或者找某个职业的人，可以输入相关词查找，如：计算机、会计等。

每个人都可修改自己的关键字，便于其他人找到自己。当然，如果你不想有太多陌生人骚扰，可以设置好友验证。只有通过你的验证，才能加你为好友开始交谈(见图 3-71)。

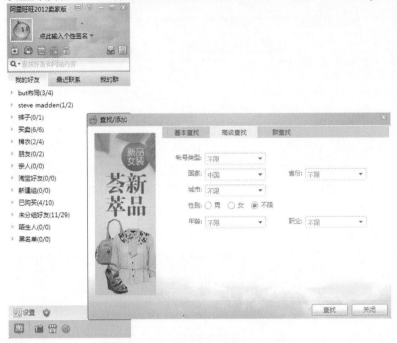

图 3-71　阿里旺旺添加联系人界面图

(2) 买卖沟通

- 即时文字交流

直接发送即时消息，就能立刻得到对方回答，了解买卖交易细节。

- 语音聊天

打字太慢，电话太贵。阿里旺旺有免费语音聊天功能。想和对方自由交谈，只需拥有一个麦克风和一个耳机。

- 视频聊天

耳听为虚，眼见为实。想亲眼看看要买的宝贝，只需拥有一个摄像头。

免费视频影像功能，让我们安安心心买到心仪的宝贝。

74

(3) 阿里旺旺群

阿里旺旺群，就像是朋友聚集的私人会所。它是一个多人交流空间。大家有相同的趣味，交朋友、聊生意、分享快乐。

- 可以扩大你的关系圈，和相同爱好的朋友群聊。
- 如果你是卖家：

  可以建立自己的店铺群，通过群公告及时推广最新宝贝信息等。
- 如果你是买家：

  • 倘若你加入了卖家群，可以迅速获得感兴趣的宝贝信息。

  • 向群里的其他朋友取经，了解到更多的好店铺，买到价廉物美的宝贝。

  • 可以和群里的朋友，一起发起团购。
- 无论是买家还是卖家，都可以互相交流生活、工作的经验(见图 3-72)。

图 3-72　旺旺群界面图

(4) 交易工具

当收到留言评价时，阿里旺旺会及时提醒店主。此外，还有"淘宝消息、移动旺旺、每日焦点、雅虎邮箱"等工具，为你提供全面的服务。只要你的阿里旺旺在线，所有你收到的留言、评价、成交和投诉，阿里旺旺都将即时给你提示。

- 留言：页面留言和店铺留言提示。
- 评价：交易对方对你的评价提示。
- 成交：宝贝买入和卖出信息提示。
- 投诉：收到的投诉举报提示。

(5) 文件传输

平时，如果你有"图片和超大容量文件"想要传输，一定会担心是否传不了，或要传很久。阿里旺旺可以传输超大文件，速度快，而且很安全(见图 3-73)。

图 3-73　文件传输界面图

8.3　淘宝助理

(1) 淘宝助理的作用

淘宝助理可以大批量修改、发布宝贝，在宝贝上传后能保存已发送宝贝的详细资料；可以建立模板，用于发布类似宝贝；能够下载数据库、保存和转移，通过转移数据库可以实现多个网店同时使用一个数据库，实现网店加盟连锁，甚至还可以打印发货单，批量发货及做出好评。

(2) 下载助理

- 在浏览器地址栏中输入网址 http://zhuli.taobao.com/，然后回车进入淘宝助理官方网站，在主页中，选择相应的版本进行下载，即可下载淘宝助理软件。
- 单击后，选择一个地址来保存，随即显示下载进度。

(3) 安装淘宝助理

- 下载完成后，在电脑中找到该文件，双击打开。
- 一路单击"下一步"，出现安装进度。
- 当进度结束时，单击完成。

(4) 助理的使用

- 安装好的淘宝助理可依次单击：开始→所有程序→淘宝网→淘宝助理。
- 打开后输入用户名和密码，单击登录。
- 第一次登录时会更新网站数据，时间比较长，请耐心等待。
- 建立宝贝。

(5) 上传宝贝

- 在库存宝贝中找到并选中你要上传的宝贝，复制到待上传目录(见图 3-74)。
- 在待上传目录里找到并选中该宝贝，单击上传。
- 当出现图 3-75 所示页面时，表示这个宝贝上传成功。我们可以用同样的方法上传其他宝贝。

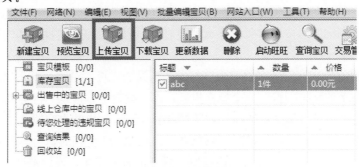

图 3-74　上传宝贝

图 3-75　上传目录及上传完成页面

(6) 淘宝助理的功能

① 创建新宝贝：淘宝助理让您能够轻松简单地编辑宝贝，只需三步就可创建完成。

- 提供资料：新建或导入宝贝名称、出售方式并选择分类。

- 设计宝贝：选择设计格式并新增宝贝描述和图片。
- 宝贝详情：新增价格、运费、付款信息以及其他细节。

② 批量上传：准备好等待上传的物品时，单击"上传所有宝贝"，系统会在传送完成时提醒你，并移动到"已上传宝贝"文件夹中，而你的宝贝也将自动登录。

③ 模板：为了让自己的小店看起来更专业，卖家要用心做每件事。在发布宝贝的时候，对每件宝贝的描述要做到全面详细。在版式上也要保持一致，这样才会给买家留下好的印象。有些卖家会找专业的设计公司制作模板，格式统一而且漂亮。在淘宝助理中使用这种专业的模板更是事半功倍。

你可以把当前的信息存储为模板，即将可选信息保存在"模板"中，从而更快、更容易地创建新的宝贝。

单击"宝贝模板"，然后单击新建宝贝。编辑单个宝贝，逐项填写，单击"选类目"可以选择宝贝类目。宝贝类目和店内类目相同的宝贝可以用相同的模板发布，也就是说，如果您想很方便地使用淘宝助理发布宝贝，那么就要对不同的"类目和属性"和"店铺内类目"编辑不同的模板。

除了上面提到的方法外，店家也可也制作一个简易的模板。首先，单击"宝贝模板"，使其变成蓝色反白字的状态，打开一个空白模板，再"编辑基本信息"将宝贝的基本信息填好，单击"编辑宝贝描述"将宝贝的描述和其他希望让买家知道的内容输入并排版保存。也可以事先在 Word 文档编辑好内容，直接粘贴上去。在 Word 文档编辑内容可能在版式编辑上更方便。编辑好后可以单击"宝贝描述预览"看一下版面安排，没问题就可以保存了。

这样，一个简易的模板就建好了。如果想将下载的宝贝或其他文件夹中现成的宝贝设置成为模板，只要将其拖到"宝贝模板"即可。

模板建好后，单击"新建宝贝"，除了空白模板外还可以看到你新建的宝贝模板。如果需要更改模板，只要双击打开即可更改。

④ 备份宝贝：备份文件可以保护你的档案和宝贝。利用备份功能，您可以为宝贝建立副本，包括图片、宝贝描述以及预填的宝贝资料。

⑤ 下载宝贝：按照弹出的提示框，选择你需要下载的宝贝状态和时间，并将数据保存在个人电脑中，这样就可以对下载的宝贝进行编辑了。

⑥ 恢复宝贝：如果想恢复某个现有的备份文档，请选择"工具—导入数据库"。

- 覆盖现有的宝贝：删除现有宝贝并以备份宝贝取代。用户可以利用这个选项，删除现有的宝贝，替换为备份宝贝。
- 合并到现有的宝贝：这个选项可以将备份宝贝合并到现有宝贝中，包括宝贝的图片、宝贝详情以及文件夹结构等资料。如出现相同的宝贝资料，系统默认保存现有宝贝。

课后思考

(1) 对于起什么样的店铺名称你有什么好的建议？

(2) 印象中最让你心动的店名叫什么？

第4篇 网店管理

　　网店的管理基本上分为"线上管理"和"线下管理"两个部分。"线上管理"主要是对店铺留言、旺旺留言的回复和留言设置，宝贝的推荐、分类等方面的管理。"线下管理"包括对进货商维护，库存货物的管理，以及发货、包装、邮寄、快递等事务的管理。我们在这章会教你许多既方便又安全的发货方式，以及如何寻找好的快递公司，发现问题如何与快递公司交涉，如何填写包裹单等比较实用的内容。

第9课时 线上管理"卖家中心"

在淘宝卖家店铺线上管理中，"卖家中心"是主要功能集散地，对店铺进行的各项管理都需要在这里做相应操作(见图4-1、图4-2)。

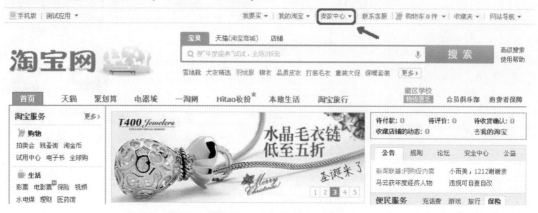

图4-1 淘宝首页"卖家中心"示意图

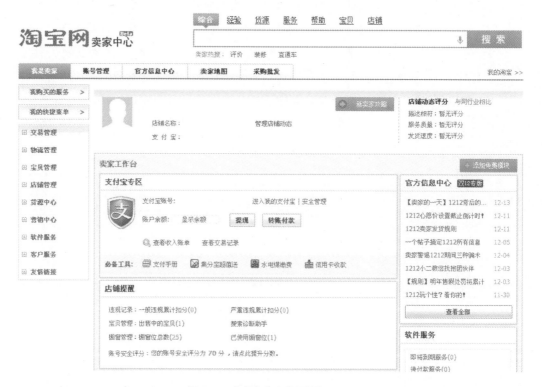

图4-2 "卖家中心"页面

最常用的线上卖家店铺管理主要有9个方面(见左侧导航)：交易管理、物流管理、宝贝管理、店铺管理、资源中心、营销中心、软件服务、客户服务、友情链接。

9.1　交易管理

(1) 已卖出的宝贝

登录"卖家中心"以后，单击左侧树型导航栏中"交易管理"，里面有一栏是"已卖出的宝贝"，单击进入以后，卖家能够清楚地看到已售出宝贝的名称、买家昵称和买家对此宝贝的评价、交易的状态和发货的形式(见图4-3)。

这样一来，卖家就可以清楚地了解自己的营业和销售状况，能根据客户的评价做出及时调整。注意：切勿忽视客户的每一条评价。

图 4-3　可以进行买家留言的回复

(2) 评价管理

曾经有一个掌柜的感叹，他店铺里的第一个评价，让他很快就升到了钻石。到淘宝上买东西，首先要看的就是店铺评价，评价好的商品顾客才会考虑买。如此看来，评价是多么重要。

在完成了和一位买家的交易后，可以在这里看到最终的交易状态，以及买家最后做出的评价(见图4-4)。

	宝贝	单价(元)	数量	售后	买家	交易状态	实收款(元)	评价
近三个月订单	等待买家付款	等待发货	已发货	退款中	需要评价	成功的订单	关闭的订单	三个月前订单

全选　批量发货　批量备忘　批量免运费　☐ 不显示已关闭的订单　◀上一页　下一页▶

☐ 订单编号: 183639332004275　成交时间: 2012-12-24 10:47

sdeer圣迪奥 专柜正品 女装冬装简约斜门襟呢子外套　128.00　1　　　　----　给我留言　交易成功 详情　0.14 (含免运费:0.01) 查看物流　对方已评 评价
颜色分类:深灰色 尺码:XL

图 4-4　交易状况

有时候店铺生意红火,容易一下子想不起来有哪些评价还没有查看或者做出回复,那么只要单击进入"交易管理"中的"评价管理"就能查看所有的项目评价(见图 4-5、图 4-6、图 4-7)。系统会提示你已经产生的评价、尚未做出评价的商品及已经售出的宝贝数量。

图 4-5　单击"评价管理"

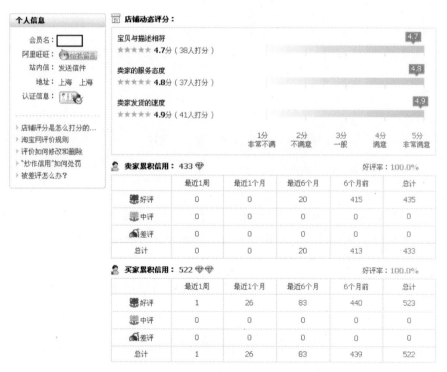

图 4-6　评价管理

82

图 4-7　评价列表

对于买家做出的评价内容，无论好或者不好你都可以进行解释。如果买家给出了好评价，那么你也应该及时做出相应的回评(见图 4-8、图 4-9)。

图 4-8　回复显示及发布按钮

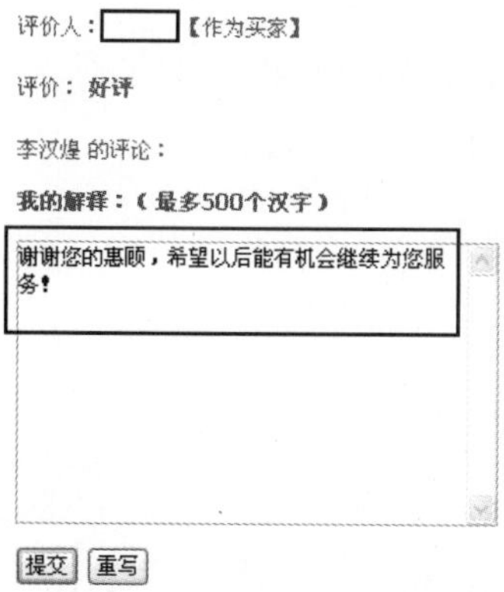

图 4-9　回复提交

9.2　物流管理

(1) 发货

当有买家购买商品并付款以后，你第一时间要做的就是"发货"。单击"物流管理"中

的"发货"，可以查看到所有未发货的商品信息，也可以搜索其他未发货信息。在"发货"界面中，如有打印设备，还可以进行"批量打印发货单"和"批量打印运单"的操作，这样会节省大量时间(见图4-10)。

图4-10 发货界面

接下来需要按照买家地址信息，填写快递单。然后，单击"发货"按钮，并将快递单号填写到发货信息中(见图4-11、图4-12、图4-13)。

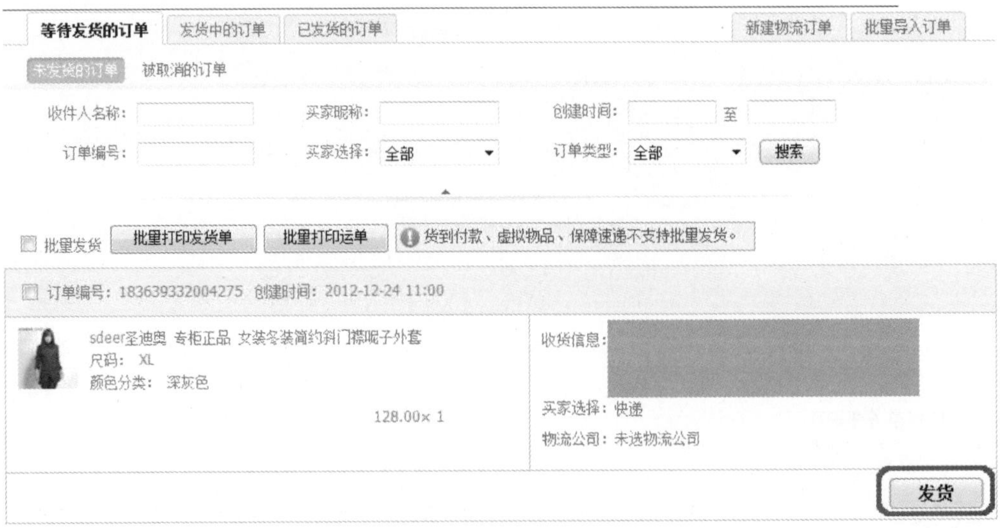

图4-11 开始发货

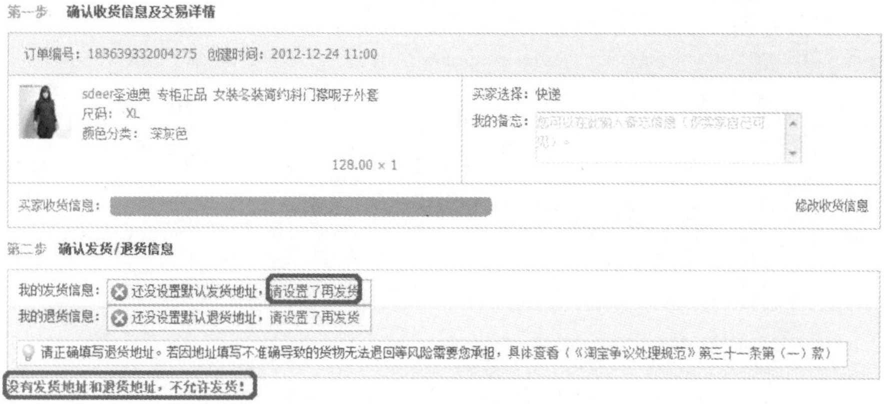

图 4-12　设置发货地址

按照淘宝提示，需先设置发货地址，没有设置发货地址和退货地址之前，不允许发货。设置好发货地址以后，填写物流运单号。当然，你还可以在线下单。如买家自取，则选择无需物流。

图 4-13　填写订单号

(2) 物流工具

运用"物流管理"中"物流工具"，可以设置发货地址、退货地址，选择常用的物流公司等(见图 4-14)。

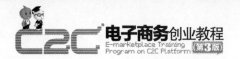

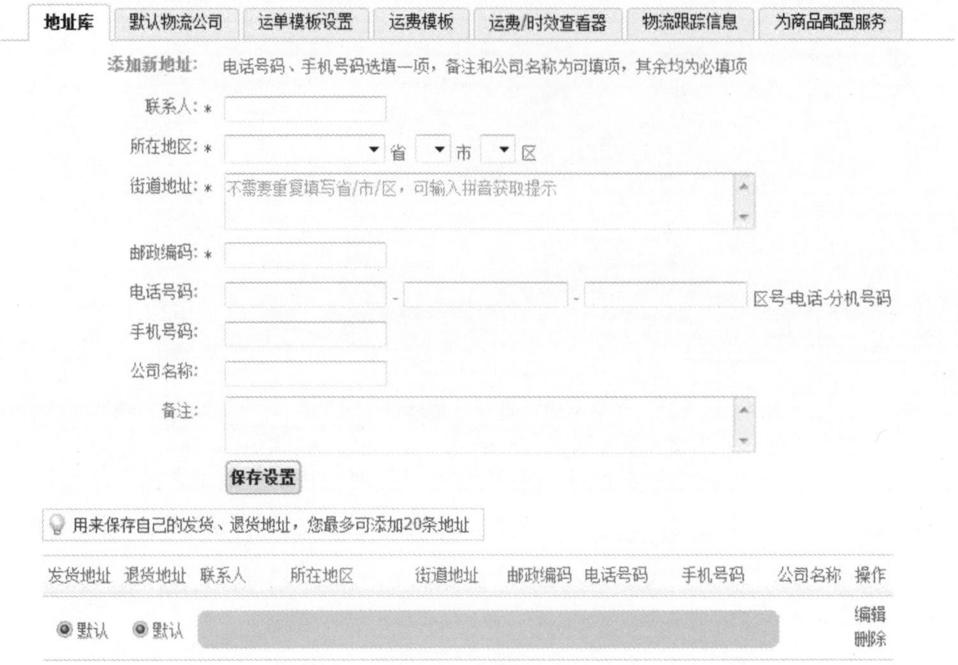

地址库
默认物流公司
运单模板设置
运费模板
运费/时效查看器
物流跟踪信息
为商品配置服务
添加新地址：电话号码、手机号码选填一项，备注和公司名称为可填项，其余均为必填项
联系人：*
所在地区：*
省
市
区
街道地址：*
不需要重复填写省/市/区，可输入拼音获取提示
邮政编码：*
电话号码：
区号-电话-分机号码
手机号码：
公司名称：
备注：
保存设置
用来保存自己的发货、退货地址，您最多可添加20条地址
发货地址 退货地址 联系人 所在地区 街道地址 邮政编码 电话号码 手机号码 公司名称 操作
默认
默认
编辑
删除

图 4-14　物流工具

9.3　宝贝管理

(1) 发布宝贝

开网店的第一件事就是要把宝贝发布到网上，尽早让大家看到，赶快单击“宝贝管理”中的“发布宝贝”(见图 4-15)，把宝贝都挂到网上去吧！

宝贝管理
发布宝贝
出售中的宝贝
橱窗推荐
仓库中的宝贝
宝贝体检中心

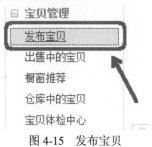

图 4-15　发布宝贝

Step 选择宝贝的分类(见图 4-16)，然后开始发布。注意哦，有的种类的宝贝只能发二手，要想发为全新宝贝，则需要交纳 1000 元保证金。

图 4-16　选择宝贝分类

Step 将宝贝内容填入，越详细越好，还要注意，红色的*为必填项哦(见图 4-17)！

图 4-17　填写宝贝信息

Step 全填好之后，单击最下面的"发布"按钮(见图 4-18)。

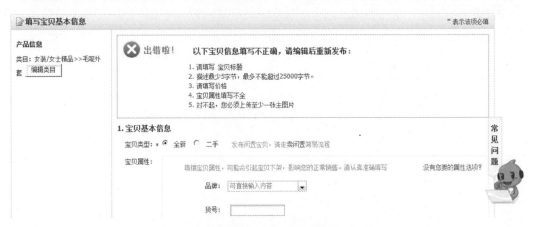

图4-18　发布宝贝

Step 🖐 如果有错误，参看上面的提示，按其要求修改后再"发布"(见图4-19)。

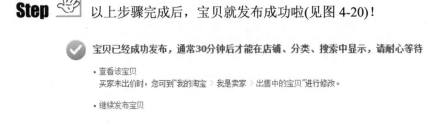

图4-19　根据错误提示修改后重新发布宝贝

Step ✋ 以上步骤完成后，宝贝就发布成功啦(见图4-20)！

图4-20　发布成功

(2) 出售中的宝贝

宝贝发布成功之后，就可以通过"宝贝管理"中"出售中的宝贝"来查看有哪些宝贝正在出售(见图4-21、图4-22)。

图 4-21　单击"出售中的宝贝"

图 4-22　出售中的宝贝

(3) 橱窗推荐

网店也如实体店一样，客人首先只能看到摆在橱窗里的一部分宝贝，我们要靠这些宝贝把顾客吸引到店铺里来。

简单来说，假如你有100件宝贝，那么在浏览的类别里只有小部分能被展示出来，而买家如果想看你店里更多的宝贝，则需要进入你的店铺。所以充分利用橱窗，是增加店铺浏览次数的关键。

橱窗推荐操作很简单，在"出售中的宝贝—橱窗推荐"里，根据规则你会知道你有几个橱窗位，选中你挑选出来的宝贝，然后单击下面的"橱窗推荐"按钮，这个时候你会看到宝

贝图片的上边有红色"已推荐"字样(见图4-23、图4-24),说明你的宝贝已经被成功推荐!

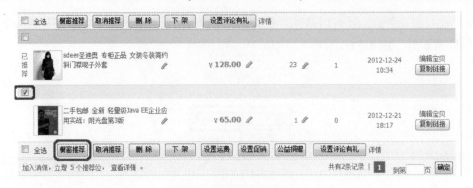

图 4-23　设置橱窗推荐

图 4-24　橱窗已推荐宝贝

橱窗推荐发布后,单击"店铺管理—橱窗推荐",然后到"橱窗推荐宝贝"类目去查找,默认的就是橱窗推荐的商品(见图4-25)。在这里,你同样可以取消推荐。

图 4-25　查看橱窗已推荐宝贝

下面我们介绍几个橱窗推荐位的使用方法:

● 如果店铺宝贝品种丰富,则可以每个种类选取一件新款、折扣最低或最特别的商品来推荐;

● 如果品种单一,则可以把特价商品、新款商品或者数量最多需要促销的商品拿出来做推荐;

- 最好每两天更新一次,这样会给人店铺一直有新品在更新的感觉。

橱窗推荐的时间选择要合理,网上流量比较大的时间段一般在 10:00—12:00；15:00—17:00；20:00—22:00,所以淘友们要尽量推荐在这些时间段结束交易的宝贝(淘友们也可以在这个时间段内发布宝贝),这样推荐的宝贝才会出现在淘宝首页查询结果靠前的位置。

其实,当你选择将某物品进行橱窗推荐后,真正能显示在淘宝搜索结果前几页的时间仅短短几分钟,如何利用好这几分钟,会直接影响店铺的生意,特别是对推荐位不多的卖家尤为重要。如何做好,这其中就有奥妙。

- 尽量将要推荐宝贝的上架时间定在和你在线时间一致,这是你店铺浏览量最高的时候,如果你没有在线不能及时解答顾客提问,很可能错失商机。
- 尽量不要将推荐的物品上架时间设置在凌晨等客流量最低的时段,因为这段时间即使你的宝贝显示在前面,但受到浏览人数等因素影响,效果也会大打折扣。看到这里,有人也许会说,那么我将宝贝上架时间设置为黄金段 20:00 应该效果最好。其实不然,根据观察,20:00—21:00 是宝贝上架高峰段,如果你在此时间段上架的话,显示在前几页的推荐时间很可能仅短短 1~2 分钟,一闪而过,同样达不到应有的效果。建议大家有时间了解一下各时间段的宝贝上架情况,这一点非常重要,知己知彼,百战百胜,用好推荐位是成功的关键。
- 经常发现很多卖家将自己的宝贝同时间全部上架,这种做法是非常错误的,所产生的后果很可能会是一星期仅 1~2 天有生意上门。大家应该根据自己的宝贝数量,合理安排上架时间。
- 所有的橱窗推荐位都用在即将下架的宝贝上。相信大家都会有这样的体会: “我的宝贝太多了,但是橱窗位只有那么几个,如何分配才好啊?”最后再教你一招,那就是把所有的橱窗推荐位都用在即将下架的宝贝上。如果安排得合理,推荐位就会发挥巨大的威力哦!

小贴士

商品在线时间最好选择 7 天,可以争取到更多的露面机会;
只推荐交易时间将要结束的商品,这样可以让宝贝更快地展示在前面几页;
如果商品数量够多的话,建议分批发布商品,推荐位的使用会更充分。

---

(4) 仓库中的宝贝

我们在组织商品进货时,进货的次数、进货批量与进货费用之间存在着一定的数量关系。采购一次商品,就要花费一次采购费用(包括采购差旅费、手续费等)。当一定时间内的采购数量一定时,每次采购的批量大,采购的次数越少,采购费用越少;反之,每次的采购批量小,采购的次数越多,采购费用越大。所以,采购批量与采购费用成反比例关系。由于每次的采购批量大,平均库存量也大,因而付出的费用就大,如保管费、存货占用资金的利息、商品损耗等费用;反之,采购批量小,平均库存量小,保管费就少,所以采购批量与保管

费用呈正比例关系。经济订货批量策略就是要采用经济计量方法，在分析进货批量、进货费用、储存费用三者之间的内在联系中，找出最合理、费用最节约的进货批量和进货次数。

"营业额－成本－费用=利润"是每个商店获利的基本公式，增加营业额是开源，降低成本与费用是节流，制定一套合理的开源节流控制方法，二者结合才能有效保证利润最大化。

存货是成本中最重要的部分，对店铺经营的好坏有着举足轻重的影响。存货是指在日常活动中持有以备出售的产成品或商品、处在生产过程中的在产品、在生产过程或提供劳务过程中耗用的材料和物料等。存货应当按照成本进行初始计量。存货成本包括采购成本、加工成本和其他成本。存货的采购成本，包括购买价款、相关税费、运输费、装卸费、保险费以及其他可直接归属于存货采购成本的费用。

总而言之，这项工作是相对复杂的。

在店铺管理中，有专门一块内容帮助我们管理自己的库存宝贝(见图4-26)，只要我们勤做记录，就会比较了解库存情况，做到心中有数(见图4-27)。

图4-26　单击"仓库中的宝贝"

图4-27　仓库产品详情及上架

--- 小贴士 ---

成交无货的商品需及时下架；
手动上货时应仔细检查仓库里的所有分类；
全部卖完的线上商品如在线下还有货，直接修改数量即可以上架销售。

9.4　店铺管理

若想把店铺开得有声有色，可不是一件容易的事情，除了每天候在电脑旁发货外，还需要及时下架售罄商品，发布应季商品，对宝贝进行分类，处理大量宝贝图片，以及装修店铺，这些都需要精心地操作，店铺装修格外重要，能否吸引顾客眼球，图片的运用及颜色的搭配非常关键。

(1)　查看淘宝店铺

在店铺管理中，可以通过"查看淘宝店铺"来浏览我们的店铺，这和所有买家进入我们的店铺时看到的一样，因此店铺首页要保持最新。我们来看几个装修的比较不错的店铺吧(见图 4-28、图 4-29)！

图 4-28　店铺(1)

图 4-29　店铺(2)

(2) 店铺装修

单击"店铺管理－店铺装修",进入店铺装修界面(见图4-30),在这里,可以编辑主页中的各个模块(增加、删除模块),还可以从左边的页面管理树型导航中对局部模块进行编辑,最后单击右上角的"预览"按钮,观看效果。

亲,装修好的店铺记得要"发布",否则会前功尽弃哦!

图4-30 装修店铺

(3) 图片空间

通过"店铺管理－图片空间"进入店铺的图片管理空间,在这里可以管理我们店铺中宝贝的图片,如分类、上传、查看等,既节省了电脑空间,同时对图片进行了有效的管理(见图4-31、图4-32、图4-33)。

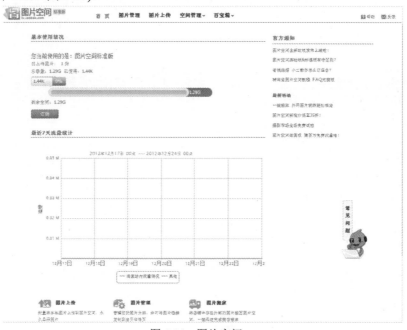

图4-31 图片空间

图 4-32　上传图片

图 4-33　图片分类

(4) 宝贝分类管理

登录"卖家中心"后，进入"店铺管理－宝贝分类管理"，进行宝贝的分类管理工作。

Step 在打开的"商品分类"页面中，单击左侧导航栏中的"分类管理"，进入店铺经营宝贝分类管理页面(见图 4-34)。在这里，我们可以给店铺宝贝添加分类。

图 4-34　分类管理

Step 在添加宝贝分类后，一定要记得保存哦(见图 4-35)！当然，这些分类都可以进行移动、删除、修改等操作。

图 4-35　添加分类并保存

Step 单击左侧树型导航中的宝贝分类，我们就可以把已经发布的宝贝做分类了(见图 4-36)。与此同时，我们还能够编辑我们的宝贝，下架售罄的宝贝。

图 4-36　给宝贝添加分类

宝贝分类有很多方式，下面就介绍几种网上常见的分类方式以及案例。

① 按照商品的种类划分(见图 4-37)

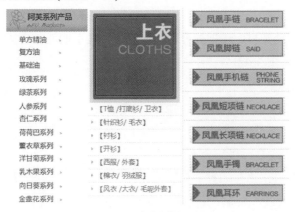

图 4-37 案例图(1)

② 按照规格尺寸划分(见图 4-38)

③ 按照商品更新时间划分(见图 4-39)

图 4-38 案例图(2)   图 4-39 案例图(3)

④ 按照商品品牌划分(见图 4-40)

☐【布 冈】2012冬装

☐【艾德贝那】2012冬装

☐【佳人Y】2012 冬装

☐【琪纳纹】2012冬装

☐【亦秋】2012冬装

☐【诺兰贝尔】2012冬装

☐【比 茵】2012 冬装

☐【妆 宜】2012 冬装

☐【百 笛】2012 冬装

☐【迪思兰柏】2012冬装

☐【似水年华】2012冬装

☐【千黛百合】2012 冬装

图 4-40 案例图(4)

—— 小贴士 ——

新品和特价商品的分类尽量放在靠前的位置;

促销活动类的名称要时常更新;

商品分类的名称要方便顾客挑选商品;

如果有必要的话，可以用符号分隔来做二级类目;

类目序号可按10、20、30编排，便于以后调整顺序。

(5) 店铺基本设置

单击"店铺管理-店铺基本设置",进入店铺的基本设置界面,这里可以设置及修改店铺名称、店铺标志、店铺类目、店铺简介、经营类型、联系地址、店铺介绍等信息,一定要记得保存哦(见图 4-41、图 4-42)!

图 4-41　店铺基本设置(1)

图 4-42　店铺基本设置(2)

9.5　其他操作

(1) 支付宝管理

支付宝的管理主要是管理账户信息，包括：进款项和出款项，所要交易的地址，交易的时间等，能够帮助卖家更好地了解每一笔款项的来龙去脉。

在这里，可以显示在一定时间里的所有交易、进行中的交易、支付宝交易和即时到账交易等，以便对账户进行管理，同时支付宝的功能也比以前有很大的提高，现在支付宝还可以缴纳水电费、手机充值、转账等。

单击左侧树型导航中"友情链接－支付宝"进入"我的支付宝"界面，你就可以清楚地看到这些栏目的具体情况(见图 4-43、图 4-44)。

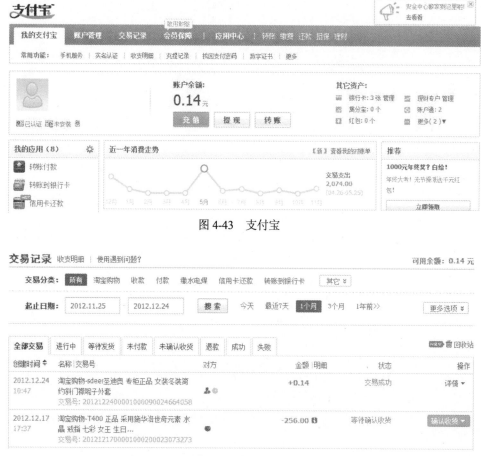

图 4-43　支付宝

图 4-44　交易查询

(2) 投诉、举报

不可能所有的买家都给出好的评价，不少买家会给卖家做出差评，甚至投诉。这个时候

首先要自我检查,看是否是自己的问题,如果不是,那么可以进行解释。万一遇到刁蛮或故意捣乱的买家,卖家也能对其进行投诉举报。

单击"客户服务-投诉管理"(见图 4-45)或"举报管理"(见图 4-46),查看相关投诉、举报的具体内容和受理状态。在进行解释和投诉的时候,尽量简明扼要,抓住问题的关键。

图 4-45 投诉入口

图 4-46 举报页面

(3) 咨询回复

登录"卖家中心"以后,进入"客户服务-咨询回复"回复买家的留言(见图 4-47)。

图 4-47 咨询回复页面

┌─ 留言管理小贴士 ─────────────────────────────
│ (1) 及时回复，注意礼貌用语，善用表情符号；
│ (2) 遇到表扬要谦虚；
│ (3) 善于发布有关商品促销等活动信息。
└──

9.6 软件服务

登录"卖家中心"后，进入"软件服务－我要定购"，这里为你提供许多应用软件，比如：营销推广类软件、店铺管理类软件、装修模版类软件等，让你的店铺有声有色，但亲要注意哦，部分软件是要收费的(见图4-48、图4-49)。

图 4-48　卖家软件服务

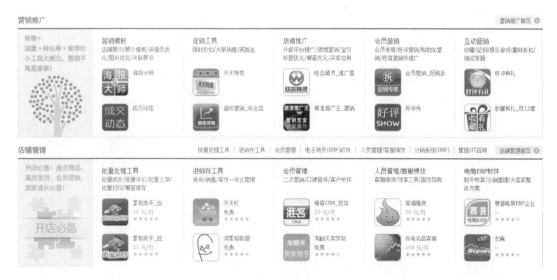

图 4-49　其他类软件服务

9.7 账号管理

进入"卖家中心"后，单击上方的"账号管理"即可进入到个人"账号管理"默认首页。在账号管理页面中可进行的操作如图 4-50、图 4-51 所示。

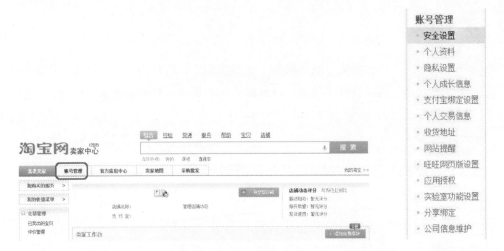

图 4-50 账号管理　　　　　　　　　　　图 4-51 账号管理的其他功能

其中"网站提醒"功能有比较强大的用途。有时候卖家所要掌握的信息量太大，而卖家又不常在线，该如何即时掌握情况呢？卖家可以根据自己的实际情况，灵活设置各种信息传递给卖家的方式，比如，通过电子邮件的方式、手机短消息的方式、站内信的方式等。希望获得哪些消息提醒，通过哪种方式获得，在相应的选框内打勾即可。其中"*"标志表示该项信息接收方式是必需的，不能取消。设置完成后保存即可(见图 4-52)。

图 4-52 网站提醒

在淘宝开店，宝贝上架的时机选择同样很有技巧。做足这些细节，能为我们的店铺带来更大的流量，为宝贝赢得更有利的推荐机会，最终达到事半功倍的效果。

9.8 网店管理经验

(1) 经常增加新货

经常增加新货可以让新老客户总有惊喜。货品多了，买家的选择也多，如果新货多的话就分批上传，一天传几样，这样不但买家天天有惊喜，也不会出现宝贝时间到了全部下架的情况。

(2) 做库存单

以电子表格的形式记录宝贝名称、规格、数量、进价和销售价格等，每隔一段时间更新检查一下自己的库存量，随时了解自己的商品变化。

(3) 使用支付宝

尽管使用支付宝没有买家直接汇款那么快，但是给了买家很大的信心。用支付宝安全，自己也放心，还能给买家节省汇款中产生的手续费，因为支付宝是不需要任何手续费的。

(4) 服务态度要热情有理

在开店之前要对自己所售的商品做深入的了解，掌握专业知识，这样交易时才能让买家放心。卖出去的宝贝，买家满意给了好评，但买家在使用商品时有没有问题呢？卖家可以在宝贝卖出一星期后对买家做一个回访，听取买家的意见，有很多买家的意见是非常中肯的。了解了买家的心思，对小店以后的服务和经营调整也十分有益。

第10课时　线下管理我的淘宝店铺

介绍完线上管理内容，接下来我们看看日常的线下管理有哪些。

店铺线下日常事务管理大致上包括：进货补货、图片的拍摄及制作、宝贝描述准备、物流发货等。

不能把宝贝往店铺上一放就完事了，要想生意做得好，及时地补充货物也是很重要的。哪些货物卖得最快，需要及时补货，哪些货物已经卖完，哪些货物卖得不好，这些都要及时掌握。

新的货品到了以后，要及时做统计工作。对商品进行图片拍摄，对商品的样式、品牌、尺寸和面料做尽量详细的描述。方方面面的工作安排妥当以后，你就可以将宝贝上架了。

10.1　卖家如何备货

(1) 库存宝贝管理

对于每个店家来说，最好每天都卖东西卖到断货，如果每天生意不好，货物一天天积累下来，真是叫人心都凉半截啊！库存是关系到店铺发展的重要问题，几乎所有的店铺都会受到库存问题的困扰。当库存的商品出现积压时，一定要想办法清理库存，轻装前进。清理库存最常用的方法是：拍卖、特价、买赠等促销活动，以此达到清理库存、盘活资金的目的(见图4-53)。

图 4-53　宝贝数量的统计

> ── 小贴士 ──
>
> 店铺商品数量最好不少于 50 件；
> 单件商品的库存数量最好不少于 3 件。

(2) 清仓促销活动的种类

● 拍卖：用竞拍方式，由买家按自己的心理价位来出价，以此吸引更多的人踊跃参加。这种促销方式存在一定的风险，因为你的宝贝很有可能被买家用非常便宜的价格拍下，造成你的亏本，所以在使用这类促销手段前应该做好承受亏损的心理准备。

- 折价：即打折，是所有卖家目前最常用的一种促销方式。当打折幅度比较大的时候，将能促使买家购买。
- 服务：是指在不提高商品价格的前提下，以增加服务的促销方式，如"包邮"等，这样会让顾客感到物有所值。
- 赠品：当买家购买一件商品时，赠送其他的礼物，多买多赠，送完即止。如"买一送一"等，其可以刺激顾客再次消费，加强促销的效果。
- 积分：如"会员积分"活动等，积分促销一般会设置对买家比较有吸引力的礼品，促使顾客通过多次购买来增加积分以兑换礼品。

另外，卖家还可以参加团购销售，特别是小商品、服装和生活必需品，这些商品都有较大的团购市场，而团购能产生批量销售，很容易吸引老顾客参与；或者参加网站组织的促销活动，如限时抢购、周末疯狂购等对于清理库存很有帮助。

(3) 清仓促销方案设计的原则

- 要抓住顾客的消费特点，但不能增加顾客的购买压力。
- 快速、有效地吸引顾客购买自己的商品。
- 竞争对手难以跟进，否则很难达到清理库存的目的。
- 方法灵活简单，易于操作。
- 有利于店铺在旺季来临前的销售策略调整，不只是为了清理库存而促销。
- 促销价格不能超过自己的承受能力，且易于核算。

10.2　包装与发货

除了整理自己的商品，对已经成交的商品还要按时发送到买家手中。这一环节就涉及物流这一环节。关于物流，值得研究的内容很多。

(1) 包装

一般的卖家往往只注重在商品售价上动脑筋，千方百计打"价格战"，而忽视运费对商品竞争力的影响。其实在网上，商品的售价是非常透明的，同一件商品不同的卖家确定的价格相差并不大，也不宜太大——过高无人问津，过低容易给买家以"水货"的感觉。对于买家而言，购买一件商品，不仅需要支付商品售价对应的金额，还要支付运费，因此精明的买家往往不会单纯地以售价的高低来决定购买与否，而会综合考虑售价和运费之后再做决策。运费首先涉及包装费，而且不同的包装方式对运费也有不同的影响。一件包装精美且成本低廉的物品对卖家来说无疑是一次极好的宣传(见图 4-54)，常用的包装材料如下。

- 纸箱：这是使用比较普遍的一种包装，其优点是安全性强，可以有效地保护物品。发货时，一般都要塞一些填充物，缺点是大大增加了重量——当然也就增加了运费。除

了大家所熟知的邮政专用纸箱以外(这种纸箱不仅邮局有售,网上也有不少卖家在出售,价格比邮局的便宜),还可以自制纸箱。有人说自制纸箱麻烦,这是自然的,但是自制纸箱也有其独特的优点:一是成本低,可以充分发挥废旧纸箱、纸板的再利用价值,替自己省钱,也替社会节约资源;二是适应性强,可以制作符合物品外形的任意尺寸的纸箱,突破了邮政纸箱固定尺寸的限制(见图4-54)。

● 布袋:其优点一是成本低,可以从市场上批发到比较便宜的白布,或者用家中不用的白布缝制即可;二是重量轻,可以节省不少运费。其缺点是对物品的保护性比较差。因此,布袋适用于包装衣物、布娃娃等柔软性较强的物品。

● 泡泡袋:其优点除了价格相对较低、重量轻之外,还可以比较好地防止挤压,对物品的保护性相对较强,适用于包装那些本身有硬质外包装(如礼盒、光盘盒)、体积较小、扁平形状的物品。

● 牛皮纸:其优点和泡泡袋相似,但是防挤压性较差,适用于包装那些本身有硬质外包装(如礼盒、鞋盒)、体积不是特别大的物品以及比较厚重的书籍。

图4-54 包装的顺序

● 小工具

贴心小气囊:自己用塑料袋做一个安全小气囊,可以保护容易破碎的物品,不用花费什么成本,简简单单就可以做好(见图4-55)。

自制胶带座(见图4-56、图4-57):简单给胶带加一个胶带座,就能使胶带使用起来更方便。

防盗装置(见图4-58):箱子的边边角角都要进行密封。

书籍包装(见图4-59):目前,书籍的包装普遍采用硬纸箱或者使用泡沫塑料制品进行防护,这样能保证书籍在运送过程中保持平整。

图4-55 安全气囊

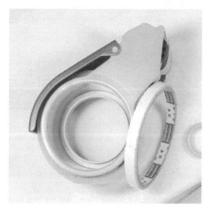

图4-56 例图(1)

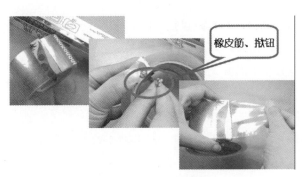

图 4-57　例图(2)　　　　　　　　　　　　　　图 4-58　例图(3)

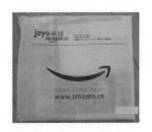

图 4-59　书籍包装范例图

(2) 发货

① 快递

快递是以时间、递送质量区别于其他运输方式，它的高效运转是建立在完善的网络基础之上的，且网络具有相当强的整合能力。从内容上来说，快递主要可以分成文件和包裹。

EMS(Express Mail Service，邮政特快专递服务)是中国邮政的一个服务产品，主要是采取空运方式，加快递送速度，一般来说，根据地区远近，1~4 天到达。

而淘宝网里所说的快递，是指目前国内市场上除了邮政之外的其他快递公司，他们也是运用自己的网络进行快递服务。市面上的公司主要有：宅急送、大田、顺丰、申通等，全国有 1000 多家快递公司在开展业务。他们之间的服务性质是一样的，都是为你派送物品，区别在于，一个是国有公司，一个是民营企业，各有优势。下面我们介绍一下快递的特点。

a. 对收件的最大重量和最大体积的限制

● 每件包裹最大重量不得大于 30 公斤。

● 每件包裹最大长度不得大于 1.2 米。

● 计费重量以包裹实际重量(毛重)和体积重量相比，取二者较大者。当体积重量大于实际重量时包裹的运费标准按照其体积重量予以收取。体积重量是根据国际航空运输协会(IATA)的体积标准而确定的。

● 单件物品最大重量不得大于 70 公斤。具体计算公式为：长×宽×高÷6000＝体积重量。

b. 对交寄物品的限制

任何法律、法规和规章制度所禁运的全部商品和材料，包括易燃、易爆、易腐、有压缩气体、有毒等危险品或液态类易泄露物品，淫秽物品，盗版知识产权物品(仿冒名牌产品等)，古董，不明粉末状物品，化工产品，有价证券，中国海关明文规定禁止进出口的物品及进口国海关禁止进口的物品等。

c. 服务层次

快递因设有专人负责，减少了内部交接环节，缩短了衔接时间，因而运送速度快于其他的运输方式。

d. 服务质量

快件在整个运输过程中都处于电脑的监控之下，其每一个动态(提货、转运、报关)都可进行查询。

没有最好的快递公司，只有最适合你的快递公司。做生意以诚信为首，赚钱为次，你首先要找信得过的物流公司，其次就是价格公道，最后就是运送速度快，安全可靠。这样长期合作下来，你省心也省事，到时候运送量大了，还能打折。

② 邮递

有时候买家不急着拿货，或者想节省运费，这时卖家可以选择邮局寄送的方式。一般来说，去邮局基本就是发平邮(7~15天到，也许更慢)和邮局快递(7天到)。这里简单讲一下去邮局邮递的注意事项：

- 在柜台买一个箱子(最好自己带包装箱子，可以省下箱子购买费用)，不要封箱，因为邮局的人员还要拆开检查。
- 自己准备好胶带(邮局封箱要收取1.5元左右的人工费用)封口。

③ 发货单填写时的注意事项

- 不要漏写收件人详细地址、电话等。
- 注明收件人要求的到货时间。
- 要写明商品编号、物流过程中需注意的方面。
- 选择是否保价，填写申报价值。
- 写上签收提醒以及备注栏内容(见图4-60)。

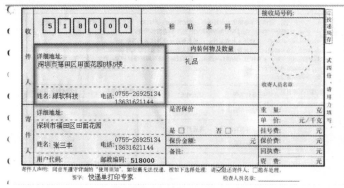

图4-60　包裹单填写范例

④ 国际包裹

● 航空包裹：计费单位是千克，邮程 10 天左右。

● 水陆路包裹：计费单位是千克，邮程 2 个月左右。

● 国际 EMS：计费单位是 500 克，邮程 5～7 天。

--- 小贴士 ---

商品能否出口：打电话到当地 11185 或上网查询。

邮费问题：先了解清楚再通知顾客付款。

货物重量：预先称好，留足误差值。

提供相关证明：保健食品、技术产品等要提供产品相关证明。

⑤ 汽运及铁路发货

这两种发货方式是大宗发货的重要方式。汽运，一般送货上门或要收货方到指定地方自提(时间为 3～7 天不等)；铁路发货分铁路快件、快包、铁路慢件等，你可以通过网络查到其收费标准以及到各大城市的运输时间(见图 4-61)。

铁路货运的收费标准

区段里程 (km)	费　率 (元/kg)	区段里程 (km)	费　率 (元/kg)	区段里程 (km)	费　率 (元/kg)
0－200	￥0.80	2001－2250	￥4.70	4001－4250	￥7.40
201－500	￥1.30	2251－2500	￥5.10	4251－4500	￥7.70
501－750	￥1.80	2501－2750	￥5.50	4501－4750	￥8.00
751－1000	￥2.30	2751－3000	￥5.90	4751－5000	￥8.30
1001－1250	￥2.80	3001－3250	￥6.20	5001－5250	￥8.60
1251－1500	￥3.30	3251－3500	￥6.50	5251－5500	￥8.90
1501－1750	￥3.80	3501－3750	￥6.80	5501－5750	￥9.20
1751－2000	￥4.30	3751－4000	￥7.10	5750－6000	￥9.50

图 4-61　铁路收费标准

另外，在给买家发货的时候，可以随货赠送一点小礼物，比如优惠券、钥匙扣等，让买家感受到贴心而又真诚的服务。

或者，另附一封感谢函给买家，对他表示感谢；或者在其中放一张自己店铺的名片、会员卡。换了你是买家，在收到宝贝的同时又收到这样的东西，会不会觉得卖家是一个有心人呢？

如果有额外的礼物要送给买家，那么在填写包裹单的时候不妨一并写进去，以免遗漏。细微之处才能彰显服务品质。

许多卖家常常不知道如何推广自己的店铺，其实物流过程就是一个非常好的推广过程。比如在包装盒外印上自己店铺的名字和 LOGO，就连封口用的胶带纸上都可以做文章(见图 4-62)。

外包装上的宣传　　　　　　　　　胶带纸上的宣传

图 4-62　包装上的宣传

10.3　各种宝贝的包装法

(1) 首饰类

首饰类商品一定要用纸箱来包装。可以在淘宝上买到 0.5 元/只甚至 0.2 元/只的纸箱。一定要有填充物，这样能够固定住首饰盒在纸箱里不胡乱晃动。需要注意的是，纸箱的四个角一定要用胶带贴好，一来防止碰撞，二来防止在不慎遇水时出现洒漏。

如果邮局要另外收取包装费，可以带上胶带和剪刀等包装工具自己解决。

(2) 服装类

如果是衣服，就可以用布袋装。淘宝上有专卖布袋的店，大小不一，价格也不一。如果家里有废弃无用的布料，也可以自己制作布袋。

在包装的时候，一定要在布袋里包一层塑料袋，因为布袋容易进水和损坏，万一弄脏了宝贝，影响宝贝的质量就不好了。

(3) 香水、化妆品类

这一类产品的检查比较严格，所以在包装上一定要更完善些。最好是先找一些棉花来把瓶子瓶口处包严，用胶带扎紧，用泡泡袋将瓶子的全身包起来，防止洒漏。当然，在拆开宝贝的包装后，应该把外包装纸折好，一并邮寄，并跟买家说明原因：是为了保证宝贝安全到达，所以拆开包装。

要注意的是，这一类货物在邮寄的时候很可能被邮局拒绝交寄，所以事先要和买家说清楚，最好先去邮局了解是否可以交寄此类商品，如果不行，可以多跑几家问问或与买家商议换一种发货方式。

(4) 数码产品

这类产品最需要多层"严密保护"。包装时一定要用泡泡袋包裹结实，再在外面多套几层纸箱，多放填充物。买家收到宝贝后，一定要当面查看，确定完好再签收。因为数码产品的价格一般比较高，如果出现差错将是比较麻烦的事情。

另外，由于这类宝贝的价值比较高，所以在邮寄的时候，最好不要省保价费，以免在运送途中出现破损而得不到应有的赔偿。

(5) 光盘

淘宝上有出售专门用来包装光盘的纸箱。如果寄几张没有外包装的光盘，最好用邮局的12 号纸箱，直接把光盘放入，用报纸包装好，再用胶带包裹好。

(6) 书籍

邮局有牛皮纸信封，纸质比较厚，能够很好地防止书籍破损。在邮寄的时候在柜台办理挂号印刷品，重量一般是每 500 克 0.8 元。

(7) 食品

在邮寄食品之前一定要确认买家的具体位置、联系方式，了解运送到达所需的时间。因为食品有保质期，而且其与温度和包装等因素有关系，为防止食品运送时间过长导致变质，发送食品一般使用快递。

(8) 大件物品

大件物品一般可以请供应商事先包装好，或者请供货商提供外包装，然后自己进行包裹。由于大件物品在运送时多半是走铁路或公路，大箱子多半会被压在最下面放置，所以一定要包结实，密封好。

10.4 各种发货方式应该注意的问题

(1) 保留收、发货单据

给买家发送货物的时候，一来二去难免有错误发生。如果问题出在自己身上，应及时想办法补救；如果问题出在运送途中，该追究责任的就得追究责任，该补偿的就要做好补偿，该讨回公道的就该讨回公道。下面几点补充请卖家注意：

- 保留和收集货物丢失或损坏的证据；
- 在规定期限内向物流公司提出书面索赔文件；
- 提供货物价值证明；
- 协商赔付金额、支付周期及方式；
- 索赔未果之前，可继续发货，但建议暂不结算邮资。

(2) 如何选择好的快递

在选择快递公司时，建议尽量使用通过总公司开设分公司方式拓展网络的快递公司。

我们这里所说的物流，主要是针对快递而言的。那么要选择正确正规的物流公司，哪几点是需要注意的呢？

① 尽量使用本地经过正规注册的规模较大的快递公司。

因为本地的公司索赔比较容易，比较注重其公司在本地的信誉，同时比较容易进行实地考察，而且取件效率也比较高。正规注册过的大公司各方面都比较有保障，出现问题也容易得到解决。

② 尽量了解业内哪些快递公司的口碑较好。

可以通过各种渠道从使用过某些快递公司的服务的公司或个人那里了解那些快递公司的口碑如何，群众的眼睛是雪亮的，一个人说这个公司差可能只是偶然的，如果很多人都说这个公司差，那肯定存在一定的必然性，不是公司的问题就是收件员的问题，当然，归根结底，收件员的问题也是公司的问题。

③ 尽量使用网点比较多的快递公司。

开网店做生意，买家遍布五湖四海，如果选择的快递公司网点不够多，很多偏一点的地方都送不了或要转到 EMS 和其他快递公司的话，会造成价格偏贵、送件延误和丢失等问题。

④ 尽量使用开着货车去你那里取件的快递公司。

快递公司的业务员去你那里取件主要是通过三种交通工具。一种是货车，我建议选择这类公司，因为一方面开着货车意味着其公司实力比较雄厚，管理比较规范；一方面货车能够装很多货，不容易使货物搞丢或变形；另一方面货车不容易使货物淋湿，特别是在雨季。一种是摩托车，这种工具的好处是成本低、机动性强，给我们带来的唯一的好处就是去你那里取件的速度普遍会比货车快(长途跋涉除外)。一种是自行车，通过这种交通工具来取件的快递公司是最不值得推荐的。

⑤ 尽量使用快递单上条形码的印刷质量比较好的快递公司。

如果快递公司的条形码印刷质量不好或条形码不专业，可能会出现以下问题。

a. 条码难以扫描。这问题不是很大，最多是降低效率。

b. 错码。即扫描出来的数字和印刷出来的数字不符合，这样有可能造成这一单的货物因为对不上号而丢失。

c. 重码。就是说有两套单甚至几套单的条形码是同一个号码，这样也是很危险的，极有可能造成货物发错地方或者弄丢。

⑥ 尽量使用快递单用纸质量比较好的快递公司。

快递单所用的纸是特殊纸，专业名称为无碳复写纸，由于纸上加了很多用以显色的微胶囊，因而带有复写功能。纸张的质量较差，意味着纸张的白度、光滑度和(最重要的)复写功能较差。一般来说，快递公司所用的快递单是五或六联，如果复写功能较差，则很有可能寄件人在第一联上写的字到了第五、第六联就显示得不清楚或显示不出来了，这样的话，就会给快递公司的管理造成很大的不方便，有可能造成货物寄错或者丢失的情况。如果是四联的快递单，那么用纸差一点也就无所谓了。

⑦ 尽量使用有胶袋包着快递单或快递单最后一联是不干胶的快递公司。

如果快递单有胶袋包着，那么在经常下雨的季节里，就不会担心快递单被雨淋湿了。如果快递单最后一联是不干胶，那么当写好快递单之后，就可以把最后一联的背书撕下来，直接把快递单贴到包裹上面，从而避免快递单和包裹配错对的情况出现。

⑧ 尽量选择赔偿金额或赔偿倍数高而且保价率低的快递公司。

寄快递有的时候可能会涉及赔偿的问题。尽管这个问题不是经常发生，如果宝贝的利润薄，10 件有 1 件丢失的话，那么其他 9 件的利润就要打水漂了。所以，我们要谨慎选择快递公司，尽量选择赔偿金额或赔偿倍数高而且保价率低的快递公司。

在价格方面，基本每个快递公司都有自己的网站，根据网点分布查询到自己所处范围内的快递点的电话号码。一般来说，每个快递公司在每个区都有一个负责接件的快递员，直接与他谈价格，例如：告诉他初期可能少一点，慢慢地会很多，目前想找一家长期合作的快递公司。一般接件的业务员都是按照件数或者业务金额提成的，态度都很好。他为了揽下你这个大客户，会给你一个他的价格底线。另外，结算选择月结比较好，省时省力。(切记：不要因为便宜，选择非管辖你所在地区的快递员，这样会在日后为你增添不必要的麻烦。比如，当你发件的时候，该快递员可能因为顾及不上你而不能及时接件。)

以下是使用快递需要注意的几个问题。

- 速度：尽量多找几家，先从大的下手，最后在多方面比较下决定选用哪个。因为全国各地每个地方都不同，他们网点都是独立核算的，所以服务态度、质量、速度、都参差不齐。
- 安全：例如丢件，易碎，破损等。如何避免呢？贵重物品建议走 EMS 直接保价，价格还是比较划算的，1 元=100 元。
- 易碎品：首先自己在包装时要小心。你可以先在宝贝外面裹一层保护膜(如泡泡袋、海绵、软泡沫等)，然后套一个盒子，使东西固定，这样即使掉在地上也不会破损。然后，贴上易碎品标签。最后，在快递单上注明：验货签收。这里不得不说一下，验货签收指的是先看货，确认货品完好后再签收，如果有损毁，要拒绝签收，快递公司要无条件赔偿。如果遇到快递公司拒绝先看货后签收，那么很简单，打消协投诉。

附：各物流公司网址(排名不分先后)

EMS 邮政特快专递：http://www.ems.com.cn/

中通速递：www.zto.cn

圆通速递：www.yto.net.cn

宅急送快递：www.zjs.com.cn

韵达快运：http://www.yundaex.com

天天快递：http://www.ttkdex.com/

联邦快递：www.fedex.com

汇通快运：www.htky365.com

德邦物流：http://www.deppon.com/

顺丰速运：http://www.sf-express.com/

CCES 智仁快递：cx.cces.com.cn/

申通 E 快递：www.sto.cn

10.5　设置运费

如果你有很多宝贝需要设置运费，可以单击"设置运费"，统一地设置运费，也可以逐个设置不同的运费(见图 4-63)。

☐						
	sdeer圣迪奥 专柜正品 女装冬装简约斜门襟呢子外套 ✎	¥128.00 ✎	23 ✎	1	2013-03-04 10:34	编辑宝贝 复制链接
☐						
	美丽胡宝贝壳 ✎	¥109.00 ✎	63 ✎	0	2013-02-26 19:15	编辑宝贝 复制链接
☐ 全选	橱窗推荐　取消推荐　删除　下架　设置运费　设置促销　公益捐赠　设置评论有礼　详情					

图 4-63　设置运费

(1) 新增运费模板

在"我的运费"这一项里，单击"新增运费的模板"，进入后可以更改新的模板，根据自己不同的情况设置适合自己的模板类型(见图 4-64)。

　　　　　　　　　　　　　　　　　　　　　　　　　　　　　　　使用帮助

参考范例：(以下模板仅供参考)

你可以按照宝贝的数量设置模板，一般适用于比较轻的宝贝：

小物件模板副本					
运送方式	运送到	首件(个)	运费(元)	续件(个)	运费(元)
快递公司	上海，江苏，浙江	999.00	999.00	999.00	999.00
快递公司	上海，江苏，浙江	999.00	999.00	999.00	999.00
快递公司	上海，江苏，浙江	999.00	999.00	999.00	999.00
快递公司	上海，江苏，浙江	999.00	999.00	999.00	999.00

图 4-64　新增运费的模板

(2) 设置平邮邮费

在"新增运费模板"里，设置不同的运送方式及不同发货地区的具体资费，并进行相关备注(见图 4-65、图 4-66)。

图 4-65　资费设置

图 4-66　运费说明

(3) 生成运费模板

当选择设置完平邮、快递和 EMS 等运送方式的运费和目的地后，"我的运费"模板就生成了(见图 4-67)。

图 4-67　模板设置成功

(4) 使用运费模板

如果你想使用自己已设置好的运费模板，就可以在上架产品时在宝贝基本信息页面中单击"使用运费模板"(见图 4-68)：

图 4-68　使用运费模板

10.6　供货商的选择与维护

(1) 了解自身的实力及经营状况

首先要对自己店铺的定位、理念、状况做到心里有数，然后了解对方的运作模式，最后经过协商来制定对双方都有利的合作模式。

(2) 选择适当的合作方式

在合作方式上，可以经销(购进货物)，也可以代销(赊进货物)。在发货方式上，可以自发货(自己做仓库，自己发货)，也可以代发货(不设库存，由供应商代发)。无论采用的是哪种方式，都要合理，在不损害他人利益的基础上，保证自己也有足够的利润空间。

应与供货商谈好换货政策，比如遇到运输损害、质量问题、发错型号等问题该如何调货；要讲明保修政策，比如保修范围、保修时间、维修地点、运费等由谁承担；要明确服务内容，比如是否上门、是否讲解、是否维护等。以上几点，无论哪一项，都要签订合同。

(3) 选择适当的供货商

选择供应商时可以做以下工作。

- 尽量找厂家。
- 根据个人经营规模和进货频率，建立相应的管理文档，简单的 EXCEL 表即可。
- 每种商品至少选择三家供货商，订货时可以要求供货商按你的格式报价。
- 制定采购计划，可以把当年的进货总额预算出来，对优秀的供货商做定货计划，根据每季度或每月的实际销售调整。
- 经常逛市场了解行情，除了价格外，还要关注是否有新产品，相同的产品还有不同的品质。
- 在供货商促销时订货。
- 每季度要对供货商做综合评估，优胜劣汰。

(4) 建立供货商资料档案库并定期维护

除了对自己店铺的日常管理，对买家资料的搜集管理外，对供货商的优化管理也是非常必要的。你可以自己简单制作一张表格，对供货商的名字、产品名字、型号、价格、规格、通讯地址、联系电话等做一个详细的记录(见图 4-69)。

序号	产品系列	供货商	阿里ID	淘宝ID	网站地址	联系人	联系电话	EMAIL	即时通讯	地址	发货时长	打款方式	备注
1													
2													
3													

图 4-69　管理表格

这样做的好处在于对供货商的情况一目了然，便于日常维护与管理。

管理好供货商有利于店铺的定位调整与扩展。如果一家供货商无法再进行合作了，你也能根据已备有的资料，及时更换供货商。当然，结识了新朋友，也不要忘记老朋友哦！多多保持联系，也就多了一个信息渠道。

总之，要一手抓货源、一手抓客源，两手都要硬！

10.7　阶段性财务管理

财务管理中最基本的是损益的管理，简单来说就是查看我们经营的结果到底是盈还是亏，赚了多少，亏在哪里，所以账目必须清清楚楚，做到心中有数。当然，我们不是专业的财务人员，不用做专业的"资产负债表"和"损益表"，但我们可以用一个最简单的公式来计算："利润＝收入－成本－费用"。很多店主往往只计算了成本这一项，却忽略了费用这一项，这样算得的利润只是毛利润，只有扣除了所有的成本后得出的数字才是纯利润。

(1) 财务管理的重要性

个人卖家在创业之初不大可能雇请专业的财务人员来帮助我们管理账目，那么自己就需要掌握简单的记账方法。当然，发展到一定的时候，雇用专业的财务人员记录的账目会更详细、更规范，也更精确。

网店初开之时，可能商品数量以及销售额都很小，我们可能觉得记不记账无关紧要，但是，我们从一开始要养成记账的习惯，知道该怎么记账，或者说应该记一些什么，一旦每天要面对店铺里成百上千的商品，每天成交几十上百笔交易时，就能从容应对了。所以，我们现在就要学会一些简单的记账方法。

我们店里每天卖了多少件商品，一个月总的销售量是多少，获得的利润又是多少，库存积压了多少资金，在赠品包装及邮费上的支出是多少，这些都可以体现在我们的库存统计单里。

(2) 财务管理的基本技巧

我们需要掌握一些基本的财务管理技巧，便于管理自己的店铺。这里讲的"财"的管理，也特指与商品有关的财务管理，主要指利润空间的管理，我们学会使用简单的记账方法，使店铺的盈亏从数字上就能看得清清楚楚。

你可以建立一个文件，把每次进货的数据输入进去，包括商品的品牌、名称、规格、进价及数量，有了这些数据，在 Excel 表中设定好计算公式，输入数据后其会自动生成一个最新的数据，库存情况就可以看得一清二楚。

① 销售利润统计

你可以自制一张销售利润统计表，记录每天销售了什么商品、销售了多少数量、进货的单价、销售的金额等，把这些数据输入进去以后，会自动生成利润，左边的进货数量和最新库存的数据也会产生相应的变化，我们从这里就能了解到这款商品现在的库存数量，是否需要马上补货。这样的销售详情要每天记录，一个月为一个统计周期，当我们逐日记录完整以后，就会看到我们本月的盈利。

② 成本、费用统计

成本包括进货成本、邮寄成本、人工成本等，费用包括赠品、宣传费用等。我们也要把成本及费用按天记录下来，分析成本是否合理，看看我们什么地方支出了什么费用，因为这些因素直接影响到收益。

③ 库存统计

每个月要把上月的库存数量转入下个月，当月的库存数量就会从这里累计，形成一个完整的库存记录，不用天天去查看商品，有这些数字提醒我们，我们大可以省时省心。

对销售额、成本、费用及库存的统计分析是为了发现问题，便于我们及时调整经营。

卖家现身说法

大家刚刚经营网店，往往会遇到这样那样的问题。最令人注目的当然要属怎样提高店铺浏览量的问题了，但是你有没有想过另一个不能被忽视的问题，那就是你店铺的经济管理呢？试想一下，如果你的店铺生意比较好，每天都有货要发，有钱要收，一个月下来要做的工作也是不少的，如果你的管理不规范，收支不及时登记，到月底你会发现账务上比较混乱，特别是收入、费用很笼统，这样你就无法掌握自己的实际收入。

很多卖家仅仅知道我手中剩余的商品就是我的库存，我本月支付宝和银行卡上的收款就是我当月的收入，这样是不够的。说到库存，我们不仅仅要知道我们手中剩了什么商品，还要知道缺什么，什么需要补货，在这个月当中哪种商品比较畅销。说到当月的收入，我们就不能不考虑相关的费用，包括这个月的销货成本、宽带费、电费、包装费等(人工费暂且不计)。说了这么多，你是不是觉得很麻烦、很复杂呀？其实一点都不复杂，我现在教你一个方法，可以减少很多的工作量。

准备两本账：库存商品明细分类账和销售明细分类账。一个是用来管理库存商品的，每种商品每月的进、销、存可以在这本账上反映出来，只要及时登记进、销货，月底一次结存，非常方便，并且哪种商品销得快、销得好也一目了然；另一个是用来管理当月销售收入、成本和费用的，也是及时登记，月底结出余额，此余额即是当月的销售收入。

课后思考

(1) 对你来说，网店管理中最难的是什么？讨论解决方案。

(2) 举例介绍管理心得。

第5篇 炉火纯青
——进阶技巧

　　如何给宝贝取一个好名字？如何拍摄和处理出漂亮、逼真的好照片？如何向顾客介绍我们的宝贝？这些看似基础的技能，对于网商进阶发展是非常重要的。

　　在本章中，我们将探讨通过宝贝标题、宝贝图片以及宝贝介绍三个方面的改进，使访问者能够通过关键词搜索更容易地找到我们的商品，通过宝贝标题吸引买家愿意进一步了解我们的商品，通过宝贝图片和详尽的宝贝描述引发买家的购买意向，最终使我们的宝贝赢得更多被顾客关注的机会，在琳琅满目的商品中脱颖而出。

第 11 课时　宝贝标题及图片的拍摄技巧

11.1　宝贝标题

(1) 充分利用宝贝标题

现在很多买家买东西，都是通过关键字搜索来查找自己所需要的商品。如果商品标题中尽可能多地包含关键词，那么就相当于增加了被搜索到的可能性。淘宝规定宝贝标题可以有30 个汉字，即 60 个字符，所以一定要充分利用这些字符来设定关键词。我们先来看下面的一个例子。

一件相同的 T 恤，不同的卖家会设定不同的关键词，得到的效果也不同。

A：betty's blue　短袖 TS~

B：2 钻特价包邮【酸梅子】热卖日单 BETTY'S BLUE 超有型 35 号 T 恤

A 卖家的宝贝标题中一共出现了两个关键词 "<betty's blue><短袖>"，而 B 卖家则有包括卖家信用、促销信息、商品英文品牌、产品名称、大小等 10 个关键词，如："2 钻"、"特价"、"包邮"、"【酸梅子】"、"热卖"、"日单"、"BETTY'S BLUE"、"超有型"、"35 号"、"T 恤"，很显然，B 卖家被搜索到的机会要比 A 卖家多得多。

(2) 如何设置宝贝标题

我们一般可以在宝贝标题中设定哪些关键词呢？这些关键词又可以进行怎样的组合呢？我们可以看看下面的例子：

- 品牌、型号 + 商品关键字
- 促销、特性、形容词 + 商品关键字
- 地域特点 + 品牌 + 商品关键字
- 店铺名称 + 品牌、型号 + 商品关键字
- 品牌 + 信用级别、好评率 + 商品关键字

除了上面提到的，卖家还可以根据自己产品的特性及顾客心理、购物习惯等演变出更多的组合方式。

另外，合理利用一些热门搜索关键词也可以帮助卖家增加曝光率，比如"大 S 推荐"、"韩剧《宫》"、"瑞丽"等。大家也可以有效地利用淘宝首页上推荐的热门搜索关键词(见图 5-1)。

图 5-1　淘宝首页推荐的热门搜索关键词

当然，宝贝标题的描述应该实事求是，不要夸大其词，甚至胡乱吹嘘，做一个诚信的好卖家必须从每一个小细节开始。

11.2　选购摄影器材

图片是网络销售的灵魂。一张清晰、真实且美观的图片能够帮助我们锁住顾客的视线，迈出成功销售的重要一步。

(1) 相机

再次强调数码相机选购中需要注意的几个问题。

● 不要迷信像素，200 万像素已经足够。

大家通常认为数码相机的像素越高越好，像素越高拍出的照片越清晰，其实这是一个严重的误区。网上开店根本不需要很高的像素，电脑显示器的屏幕分辨率一般都是 1280×800，大约相当于 100 万像素，而且实际图像尺寸更小。相机分辨率再高，拍出的图片还是要缩小到我们需要的尺寸，那么高的像素又有什么实际意义呢？所以，有 200 万像素足以满足我们的要求。

● 相机的手动功能。

很多低档自动相机，也就是我们常说的傻瓜相机，使用非常方便，拍摄时几乎不用进行调整，其在拍摄风景人物照片的时候，效果还是可以的；如果拍摄产品，就无法满足要求了。为了获得满意的照片，要求我们对相机的快门、光圈等参数进行手动设置。这时，就要求相机具有手动设置功能，也就是 M 档。不过，目前市场上的家用数码都具备手动功能，大家在选购时注意一下是否有图 5-2 中所显示的"M"即可。

图 5-2　相机的手动功能

● 微距功能

微距拍摄能力，表示相机所能拍摄的最近距离。这个功能对于我们拍摄小物体，比如首饰，或者大物体的局部细节，比如服装的标牌是很有用的，因此我们需要相机有足够的近拍能力。也不是说这微距能力越强越好，够用就行。比如一台相机的近拍能力是1厘米，假如我们真的在1厘米距离上拍摄，根本就没有办法给物体照明，拍摄的照片绝对无法获得良好的效果。所以只要照相机的微距拍摄能力在5cm以下就可以了。一般的相机中有图5-3中的标识即为微距功能。

图5-3　相机的微距功能

以上三点是我们在选购相机时尤其需要注意的因素。当然，每个人的具体情况都有可能不一样，所以在相机选购上我们可以"不选贵的，只选合适的"。

(2) 摄影辅助器材

● 三脚架

为了获得一个稳定的拍摄平台，三脚架是非常重要的。一般当快门速度低于1/60秒的时候，拍摄者手的抖动甚至心脏的跳动都会影响拍摄的清晰度，作为静物拍摄，给相机配三脚架，与相机自拍功能相配合，可以彻底消除抖动对拍摄质量的影响。

目前市场上三脚架的种类很多，对于商品拍摄而言，折叠三脚架是最合适的(见图5-4、图5-5)。选择时，一定要注意三脚架的牢固度，一般来讲，应该选择重量不少于1公斤的三脚架，并且重量大于相机重量5倍以上的三脚架，以上两个条件都满足，才可以称为合格的三脚架。另外，云台(固定相机的台面)可调整的角度范围越广越好。

图5-4　三脚架(1) 　　　　　　　　　　　图5-5　三脚架(2)

● 摄影棚、摄影台

摄影棚：对于小件商品，特别是高反光商品，摄影棚可以使光线得到柔化，使摄影灯的直射光变成散射光，以达到改善拍摄效果的目的。同时能够有效地隔离拍摄现场的光源色干扰，对商品的背光部位进行补光，让商品的暗部细节充分展露。常见摄影棚由迷你影棚箱体、无缝背景布、带镜头孔的前挡片等部件组成(见图 5-6)。

摄影台：这也是常用的一种摄影辅助器材，与摄影棚相比，更适合拍摄较大的物体，不过摄影台没有柔光功能，使用时要增购柔光板，以与摄影灯配合(见图 5-7)。

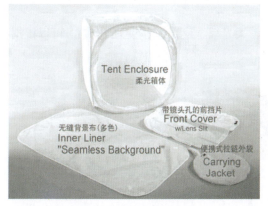

图 5-6 常见迷你摄影棚

图 5-7 常见的摄影台

● 灯光设备

不同的灯有色温的差异，对拍摄的色彩还原影响非常大。初级应用建议使用三基色的节能灯(见图 5-8)，色温选择 6500K，可以满足拍摄的需要。至于灯泡的功率，一般在允许的情况下选择大一些，如 125W 的产品。这样可以方便地通过调整灯泡与物体的距离来调整光线的强弱，便于布置光源。在使用灯光的时候，不同角度的拍摄会有不同的效果。

图 5-8 常见三基色节能灯

如果条件允许，也可以购买较专业的灯光设备，如持续光源及闪灯系统(见图 5-9、图 5-10)。

图 5-9　持续光源系统　　　　　　　　图 5-10　闪灯系统

● 其他摄影辅助设备

其他摄影设备有灯架、反光伞、背景布、柔光板、反光板等(见图 5-11)，可以根据自己的实际需要进行选择。

  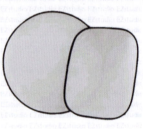

图 5-11　其他摄影辅助设备

11.3　玩转你的相机

要想玩转自己的相机就要先从看说明书开始。常常有人端着价值不菲、功能强大的相机，除了会按快门以外，不知道光圈、曝光补偿或白平衡为何物。其实，这些问题在说明书中都可以找到答案。

下面我们来介绍相机的几个基本功能。

(1) 微距

前面已经介绍过选购相机时最好能够具有微距功能。使用微距功能，我们可以在很近距离内(10 厘米甚至 5 厘米距离内)拍摄出清晰的照片，这对拍摄非常小的商品或商品的局部细节图片是非常重要的。普通距离内拍摄的照片，很难体现出近距离拍摄的效果，所以必须采用微距功能帮助我们清晰地还原商品的细节与质感(见图 5-12)。

一般数码相机的微距功能使用非常简便，只要在近距离拍摄照片前，打开微距功能即可。若未开启微距功能拍摄近距离照片，会发现拍摄的照片图像非常模糊，无法拍出清晰的照片。

图 5-12　拍摄物品的局部细节(微距功能拍摄)

(2) 白平衡

如果你在拍摄时发现颜色不对，那么很可能是你的白平衡设置有问题。设置白平衡最简单的方法就是在不同的光线下选择不同的设置，所有的数码相机都有白平衡预设功能(见图 5-13)。如果一开始你不知道应该怎么设置，可以先用"自动"，然后再进行调整。当然使用手动设置可以更真实地还原商品本身的色彩。

多数数码相机默认白平衡设置方式为自动调节白平衡，这样的设置只能满足基本拍摄的需要。由于背景色原因，可能会导致拍出的照片颜色严重失真，这时候需要手动调节白平衡。为了便于使用者选择，很多数码相机都会以光源形式来设置手动白平衡的模式，例如白炽灯、日光灯、太阳光等。如果选择这些模式后效果仍旧不够理想的话，可以选择单键结合设置白平衡的方法：在拍摄环境正中放置一张白纸，对准这张白纸并使其充满屏幕，然后按住单键结合按钮调节白平衡。经过这样调节后的白平衡就可以使拍摄出来的照片非常接近实物的原色。

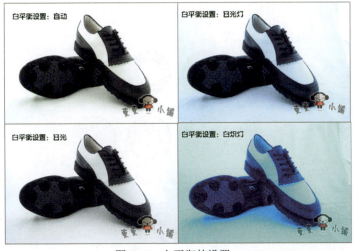

图 5-13　白平衡的设置

(3) 曝光补偿

经常有人发觉自己拍摄的照片不是偏暗就是偏亮，这是由曝光不足或者曝光过度造成的。此时若使用曝光补偿的功能就能较好地解决此问题。非专业级别相机的曝光范围通常为-2.0到+2.0(不同相机此数值略有不同，见图5-14)。那么何时调成负值，何时又应该是正值呢？

建议大家可以在白色产品拍摄时，向正数补偿两档；黑底拍摄曝光不足，向负数补偿。不建议使用自动曝光补偿。

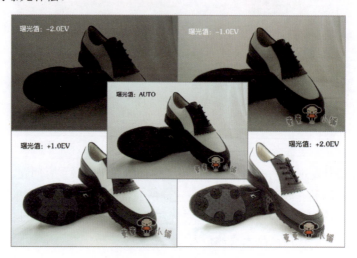

图 5-14　曝光补偿的使用

同时，曝光补偿也可作为光源不足时，提高照片亮度的一种方法，但此方法会损失照片的细节，因此需要慎重使用，亮度不足应尽量从增大光源的角度上解决问题。

(4) 光圈

光圈是照相机上用来控制镜头孔径大小的部件，用来控制景深、镜头成像质量以及和快门协同控制光量。我们用 F 值表示光圈大小，光圈 F 值=镜头的焦距/镜头口径的直径(见图5-15)。

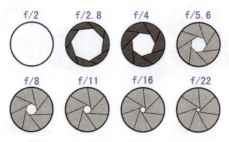

图 5-15　相机的光圈大小

我们需要记住一个规律：光圈越大，景深越小；光圈越小，景深越大。也就是说，光圈越小(F 值越大)，产品后面的背景越清晰；光圈越大(F 值越小)，产品后面的背景越模糊(见图5-16)。

小光圈，背景清楚 　　　　　大光圈，背景模糊

图 5-16　光圈与景深的关系

普通数码相机光圈较单反数码相机要小一些，所以，普通数码相机很难拍出高景深的效果，拍出的照片主要物体和背景的清晰度往往差距不大，而使用单反数码相机，应用大光圈，能够清楚地反映出被拍摄物与背景间的虚实效果。

11.4　如何拍出合格的商品图片

一张成功的商品照片，能够影响消费者对商品的印象，从而影响其购买决策。下面向大家介绍一些基本的商品照片拍摄技巧，以及商品照片的后期处理方法，帮助初学者充分发挥商品照片的功能，对网店经营起到有益的促进作用。

(1) 选择合适的光源

光源是照片拍摄中非常重要的因素，是保证图像清晰、色彩真实的必备条件之一。

① 光源的种类

在摄影中我们一般可以将光源分为：自然光、人工持续光源、闪光光源等。

● 自然光

在室外自然光的状态下拍摄是大部分人常用的方法，但在商品拍摄时应尽量避免阳光直接照射。建议在天气好的情况下，选择上午 9 点到下午 3 点的太阳光进行拍摄。

在日光拍摄下，有时会不可避免地出现杂乱光线或者反光物品。而摄影棚则可以帮助克服这些问题。摄影棚和日光的组合，可以让商品的硬反射减少，色泽柔和自然，对于网店卖家而言是性价比较高的一种拍摄组合(见图 5-17)。

阳光直射的效果　　　背光的效果　　　阳光下摄影棚内拍摄的效果

图 5-17　日光下拍摄的不同效果

● 人工持续光源及闪光光源

天气的不可控因素,导致很多人不得不选择在室内进行拍摄,这就要使用到人工持续光源,更专业一点的卖家会使用闪光光源。室内光源的使用和布光,我们会在后面向大家详细介绍。

② 色温

色温会直接影响一张照片的感觉。有时候你拍摄出来的照片,颜色不均匀甚至有偏差,很可能是因为拍摄现场有两种以上色温的光源,比如,既有日光灯,又有白炽灯。不管你选择使用哪种光源,必须保持色温一致。建议使用冷光源的节能灯,色温在 6500K 左右,在这样的灯光条件下拍摄,产品的颜色还原得比较真实。

③ 布光

光是摄影的灵魂,而摄影是光与影的魔术,能否拍出一张合格的好照片,很大程度上取决于摄影者对于光线的把握。即使装备再简陋,只要能够把握好光与影的效果,同样可以拍出不错的商品照片。

● 正面布光

正面布光是商品拍摄中最常用的布光方式,两盏相同色温的灯从商品的两侧左右打光,聚焦于商品的正面,令商品正面的光线全面而均衡,没有暗角(见图 5-18)。

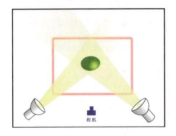

图 5-18　正面布光的拍摄效果

● 45 度角上方照射

将两盏相同色温的灯从商品顶部 45 度角向下打光,使得商品顶部受光,正面没有完全受光(见图 5-19)。此布光方式适合于平面的小商品拍摄,不适合立体感较强且有一定高度的商品。

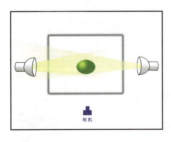

图 5-19　45 度角上方照射的拍摄效果

● 关闭侧灯不均衡布光

关闭一侧光源,只用另一侧布光(见图 5-20)。此方法可能导致产品一侧阴影严重,底部的投影很深，商品一半的细节无法表现。

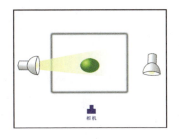

图 5-20　关闭侧灯不均衡布光的拍摄效果

● **产品后方布光**

两盏光源从产品的背后打光，使得商品正面没有光线(见图 5-21)。此法不利于买家查看商品全貌，除拍摄需要表现通透性的商品外，不建议使用这种布光方式。

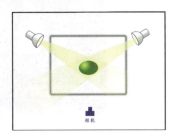

图 5-21　产品后方布光的拍摄效果

● **底部打光**

为了体现产品的通透性并使整体光线更均匀，可以采取底部加光的方式。办法很简单，找一块毛玻璃，底部用支撑物垫高，然后在毛玻璃下再放置一盏节能灯即可(见图 5-22)，如果不采用底部布光的方式，袋装黑木耳的形状与色泽就不能如此清晰地表现出来。

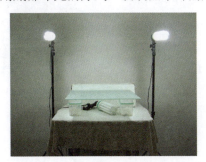

图 5-22　底部打光的拍摄效果

(2) 选择合适的背景和道具

我们在摄影棚或者自制摄影棚里拍摄的照片，背景纯粹，色彩还原真实，已经是一幅不错的商品照片了，不过也有卖家愿意添设一些背景或道具，让整个画面看上去更加灵动而富

有韵味。

专业摄影用的背景从材质上分为有背景布与背景纸两种。但是大家完全可以利用日常的一些生活材料来创造背景与道具，同样也有不错的效果。另外，淘宝上也有专门卖背景材料的店铺，大家可以去选购。

如图 5-23 所示深色的木质纹理背景，加以紫色小花的点缀，更为这块玉石挂件增添了几许古朴、雅致的神韵。而图 5-24 中纯色的背景布，角落中斜倚的小熊，为这款休闲的宝宝衫平添了青春、俏皮的气息。

合适的背景与道具可以为照片平添很多情趣与意蕴，但是拍摄时也需要注意切勿摆放太多太杂的布景，以免喧宾夺主。

图 5-23　背景及道具的选用(1)

图 5-24　背景及道具的选用(2)

(3) 拍摄构图

对摄影有一定了解的人，都明白准确构图的重要性。如：若不是拍摄特写，一般应把主体放在画面的 1/3 处，同时尽量避开杂乱的背景，从特别的视角来拍摄，尽量捕捉物体的细节与个性，利用一些斜线或曲线的背景构图会让整体画面看上去更为生动。

下面我们用对比的方式帮助大家学习如何进行拍摄构图。

问题案例如图 5-25 所示。

案例解析：该图片主体太大，占满了几乎整个画面。

优秀案例欣赏如图 5-26 所示。

图 5-25　问题案例(主体过大)

斜线构图

交叉构图

曲线构图

图 5-26　优秀案例欣赏

11.5　分类商品拍摄技巧

(1) 服饰类

服饰的拍摄可以分卧拍、穿拍、挂拍。卧拍(见图 5-27)能全方位展示宝贝的款式，是一种比较方便的拍摄方法。只要把宝贝平放好，然后进行拍摄，就可以真实、生动地反映出宝贝的层次和动感。注意使用这种方法拍摄一定要放在白色或者某一固定背景的上面。拍摄时，光线不要被遮挡住，保证光源充足，相机要垂直对准宝贝的中心。

穿拍(见图 5-28)是展示服饰理想状态的一种拍摄方法。通过模特穿着来展示服饰，就可以把服饰的特性表现得比较清楚。这种拍摄一定要注意寻找身材适合的模特，衣服一定要平整，背景要简单干净，光线要自然。

挂拍(见图 5-29)通常就是把服饰挂起来拍摄，要注意挂衣服的衣架不要太显眼，一定要表现出商品的质感。

另外，不同的服装面料需要用不同的拍摄方法进行拍摄。粗糙的面料用相对比较锐利的光线拍摄，就可以产生明显的凹凸感；柔顺的面料就要用柔光表现平滑柔顺；浅色和深色的服装还需要用不同的背景来表现。

因为网络销售的特殊性，顾客无法直接看到或者接触到商品，所以细节图的拍摄可以帮助顾客更全面地了解商品的全貌。细节部分可以选择拍摄服装的亮点部分，比如特殊的花纹、亮片、图案等，也可以拍摄产品的商标服装的接缝处，以增强消费者的信心(见图 5-30)。

图 5-27　卧拍　　　　　　　　图 5-28　穿拍　　　　　　　　图 5-29　挂拍

图 5-30　拍摄产品细节

拍好衣服照片的注意事项：

● 选择整洁的背景；

● 相机镜头和被摄物成 90 度，即平铺的衣服必须用 90 度的俯拍，拍摄垂直悬挂的衣服(或者立体模特)应保持相机在被摄物的正前方；

● 务必保证光源充足，光线均匀。

(2) 箱包配饰类

① 箱包类的拍摄

包包在拍摄前一定要注意里面最好放一些填充物，因为包包在没有填充物的情况下会比较瘪，给人变形的感觉。包包拍摄时可以平面拍摄，也可以让模特背着展示。另外，包包的细节比如拉链、LOGO、挂件等方面都需要进行具体拍摄。图 5-31 中这位 MM 站在小区的信箱前拍摄这只包包，很好地传达了这样的信息，即：这是一款休闲兼居家的包包。包包内胆的细节图片也可以让买家清楚地了解包包的内部构造(见图 5-31)。

模特展示　　　　　　　　整体展示　　　　　　　　内部或细节展示

图 5-31　背包的拍摄方法

② 领带、皮带类的拍摄

领带、皮带的拍摄，特别需要关注细节。因为领带的外形差异不明显，明显的差别在花样上，对于花样的拍摄需要非常精确地表现，另外因为皮带、领带之类的产品比较长，全部展开，画面的线条会很长，而且只能显示单面的花纹，所以可以尝试让产品自己"站"起来。下面的两个例子，很巧妙地向大家展现了皮带的全貌和细节，整个画面也显得很有立体感(见图 5-32、图 5-33)。

图 5-32　皮带的拍摄方法　　　　　图 5-33　领带的拍摄方法

③ 鞋类的拍摄

在鞋的拍摄中构图很重要。拍鞋有一个诀窍，就是把鞋子 45 度角摆放，而且两只鞋按不同的方式摆。如图 5-34 所示，左边的例子，将鞋子 45 度角摆放，一远一近，错落有致，使整个画面很饱满，同时张弛有度；右边的例子，将鞋子一正一反放置，也是一种不错的方式，对于很多网购鞋子的顾客而言，能够看到细致的鞋底与材质，的确会让人放心不少。

45 度角摆放拍摄　　　　　　　　　　　　　一正一反摆放拍摄

图 5-34　鞋类的拍摄

(3) 饰品

因为饰品大多比较小，买家在挑选的时候也会比较注重细节，比如上面的花纹、图案、篆刻等。最好的方法是把其放在室外或有充足阳光的条件下，放在凳子上或者用一块布当做背景，选择微距拍摄(见图 5-35)。

黄金、钻石类首饰的拍摄难点在反光的处理上，如果有摄影棚就比较好解决，如果没有摄影棚，可以用一张餐巾纸或白布把相机包裹起来，留下镜头够对焦拍摄即可。拍摄这类宝贝要注意最好用单纯的光线和背景，最好是白色的。可以适当利用光线加强闪光，以表现这类宝贝的耀眼度(见图 5-36)。

翡翠和玉的拍摄最重要的就是表现出宝贝的光泽、质感和晶莹度。要体现这类宝贝的古色古香，最好选择古色古香的背景与之相配(见图 5-37)。

图 5-35　普通饰品的拍摄　　　图 5-36　金、钻首饰的拍摄　　　图 5-37　翡翠和玉的拍摄

(4) 日用品

拍摄日用品的时候要注意表面的清洁。如果有条件，可以在底部加光拍摄，能够更好地反映出宝贝的质感和透感。相机最好和宝贝保持 45 度角的俯视拍摄。成套的产品也可以尝

试组合拍摄。拍摄圆柱形的产品时，可以让产品躺倒拍摄(见图 5-38)。

图 5-38 日用品的拍摄

(5) 数码电子类产品

这类宝贝可以用白色或者黑色来当背景。如果宝贝是黑色的，可以考虑利用颜色比较浅的背景；如果宝贝是白色的，可以考虑利用颜色比较深的背景来衬托。另外也可以用比较特殊的背景。在拍摄的时候一定要注意光线分布是否均匀，底部可以打光，颜色搭配要合理。尽量避免镜头和被拍摄物品放在同一垂直线方向，不要使用广角镜头，以免拍出很夸张的透视变形(见图 5-39)。

图 5-39 数码电子类产品的拍摄

(6) 食品

拍摄此类产品一定要保持商品的整洁，左右两盏灯布光，如有条件，可进行底部补光，如此可以增加产品的通透性，较好地体现产品的色泽和质感。可以采用 45 度角俯拍，同时可以在商品周围添加少许具有家庭气息的小道具(见图 5-40)。

图 5-40 食品的拍摄

第12课时　图片的美化及处理技巧

不是所有的人都可以拍摄出专业的商品照片，当拍摄的照片出现不同程度的缺陷时，后期的图片处理将成为必不可少的环节。

下面来看一下各种图片在处理前后的不同之处吧(见图 5-41、图 5-42)！

| 处理前 | 处理后 | 处理前 | 处理后 |

图 5-41　图片处理前后效果对比(1)　　　图 5-42　图片处理前后效果对比(2)

同样一件东西，经过图片处理后的和"随意拍"的感觉是不是大不一样呢？　那么，这些漂亮又精致的图片是怎么做成的呢？请看下面介绍的一些基本工具和技巧。

12.1　图片处理的基本工具

目前，图片处理工具有很多，其中比较常用的是 PHOTOSHOP 和"光影魔术手"。

PHOTOSHOP(后面简称为 PS)是世界上公认的最好、最全面的图片平面设计软件，该软件具有界面友好、图像处理功能强大等优点。但是这个工具操作较复杂，文件大，安装时间较长。

"光影魔术手"的优点在于它是绿色软件，简单、易用，不需要任何专业的图像技术。其不仅能够满足绝大部分照片后期处理的需要，而且批量处理功能非常强大，足够胜任淘宝商品图片的处理需要。缺点就是功能不够全面，部分图片处理仍需要借助 PHOTOSHOP 才能完成。

12.2　利用"光影魔术手"对图片进行基本处理

对于大部分的淘宝卖家而言，利用"光影魔术手"足以胜任日常的商品图片处理工作，接下来的大部分处理工作会由其来完成。

(1) 图片调整的基本步骤

① 给图片"减肥"

在处理图片时，我们首先要注意的是图片大小，然后是美观。图片处理首先要考虑的就是电脑分辨率的问题，有人盲目认为图片越大越好，其实不然。目前显示器主流设置都在 1024×768px 左右，如果图片过大，显示时图片会缺损一部分，这样的做法将得不偿失。建议在

处理图片的时候做 500×700px 左右的宽度就可以了。

Step ✌ 我们先打开光影魔术手这个软件(见图 5-43)。

图 5-43　打开软件"光影魔术手"

Step ✌ 单击工具栏中的"打开"按钮,挑选一张我们需要处理的产品图片(见图 5-44、图 5-45)。

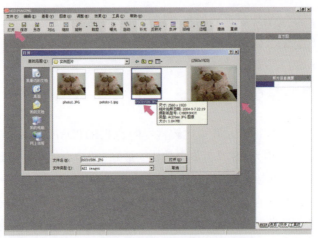

图 5-44　打开文件夹

图 5-45　选中需要处理的图片

138

Step 👐　单击软件工具栏上的缩放按钮，设置图片尺寸，我们这次举例的图片要做成 640px 的宽度，所以在"图片宽度(像素)"那里我们手动设置为 640(记得勾选一下"维持原图片长宽比例")，也可以单击旁边的快速设置按钮，选择其中内置的分辨率，再单击"开始缩放"就可以了(见图 5-46、图 5-47)。

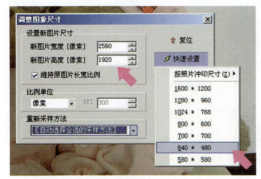

图 5-46　设置图片尺寸

图 5-47　单击"开始缩放"

② 让宝贝更亮丽清楚

● 曲线调整

图片缩小到合适的大小只是第一步，之后要对照片进行润色，因为刚拍好的照片可能在亮度等细节方面存在不足。如果觉得照片的亮度不够，可以先单击工具栏上的"补光"按钮，或"曝光"按钮，通常点一次就够了，尽量不要多点。如果觉得补光按钮达到的亮度效果不太理想，可以单击菜单栏上的"调整"按钮，选择"曲线"工具进行细调(见图 5-48、图 5-49、图 5-50)。

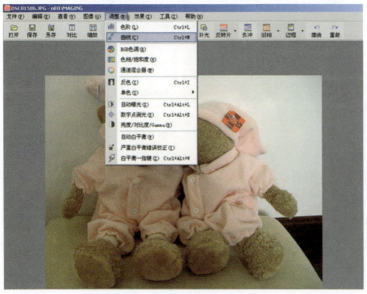

图 5-48　选择"曲线"工具

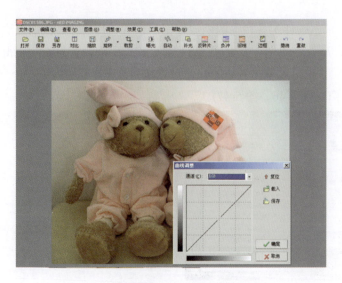

图 5-49　利用曲线工具进行调整(调整前)

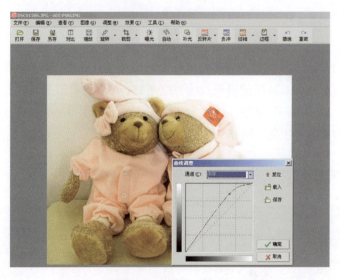

图 5-50　拖动鼠标，调整曲线弧度(调整后)

- 色阶调整

通常曲线调整和色阶调整搭配使用效果较好，色阶和曲线类似，先单击菜单栏上的"调整"按钮，然后调整"色阶"。

在调整色阶的时候，通常最左边的黑色箭头不用动，主要调整中间的灰色箭头和右边的白色箭头。如果颜色偏暗，只需要把灰色箭头和白色箭头都向左调到适当即可，我们可以边调整边通过预览窗口查看效果(见图 5-51)。

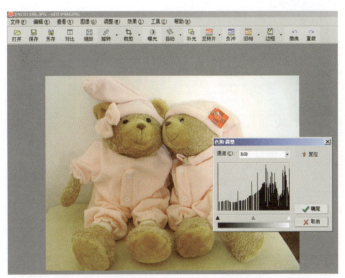

图 5-51　用鼠标拖动灰色和白色三角进行调整

● 亮度/对比度/Gamma

菜单栏上的"调整"菜单下有很多有用的选项，比如"亮度/对比度/Gamma"，做图的时候可以都尝试一下，然后选择一种自己最熟悉的亮度调整方式(见图 5-52)。

图 5-52　用鼠标拖动箭头进行"亮度/对比度/Gamma"调整

③ 调整图片的白平衡

有的商品图片在光线不够充足的情况下容易偏色，偏黄、偏红、偏蓝的情况经常可以看见，这里我们可以用光影魔术手的"白平衡一指键"功能，我们在调整菜单里面点取这个按钮(见图 5-53)。

白平衡的调整就是在图 5-54 上尽量用鼠标点选整个画面白色的部分，越白越好，右边就会显示自动调整好图片色差的效果。

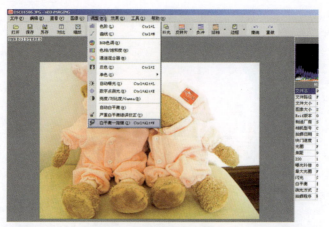

图 5-53　白平衡一指键

图 5-54　调整白平衡

④ 锐化图片，提高图片清晰度

最后我们可以锐化一下照片，这样能够有效地提高照片的清晰度(见图 5-55)。

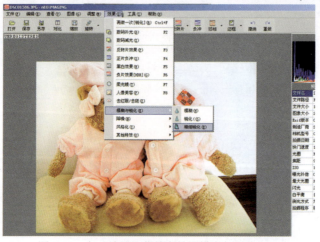

图 5-55　在"效果"菜单中的"模糊与锐化"

　　这里要提一下"精细锐化"功能。如果锐化过度，会使图片看起来不太真实。我们可以利用"精细锐化功能"调整锐化的强度(见图 5-56)。

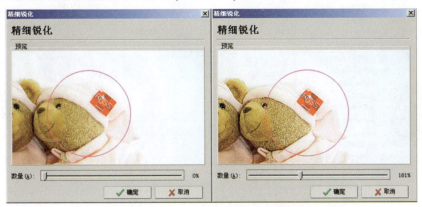

图 5-56　拖动鼠标可以调整锐化的强度

　　锐化之后，这张图片的亮度和色彩基本就调整完毕了，大家请看看处理前后的变化(见图 5-57)。

图 5-57　图片处理前后变化对比

　　⑤ 精心妆点，让图片焕发神采

　　● 加边框

　　图片处理就像绘画创作一样。一幅画做完之后，如果直接贴到墙上，效果会大打折扣。这时通常会有裱画的工序，就是给画加个框，挂在墙上，那样才会彰显品味，当然还少不了作者的签名盖章。画框就是我们这里要讲的给图片加边框，签名盖章就是要给图片加水印。

　　我们接着上面讲的图片亮度和色彩调整完后的状态来操作，选择"工具"菜单栏下的边框选项，里面有三种边框"轻松边框""花样边框""撕边边框"，点选进去，各自带的有不少的边框供选择，非常方便实用(见图 5-58、图 5-59)。

　　● 加水印

　　加完边框，接着就是加水印了，水印不仅有美观的作用，还可以防止图片被盗。选择"工具"菜单栏下的水印选项(见图 5-60)。

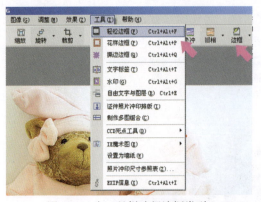

图 5-58　在工具栏选择边框类型

图 5-59　选择具体的边框

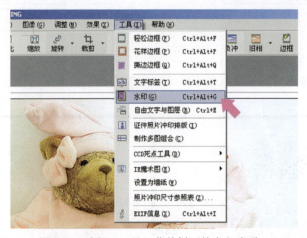

图 5-60　选择"工具"菜单栏下的水印选项

　　在弹出的窗口中，在"插入水印标签"处可以选择已经做好的水印文件(文件格式可以为 jpg，gif，png，如果要想水印有透明效果，需要选择透明背景的 gif 或者 png 图片)，并且可以对水印图像在图片中的显示效果进行透明度、大小、位置等数值的精细调整(见图 5-61)。

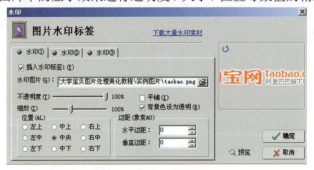

图 5-61　插入水印标签

　　下面展示的是不同位置不同效果的水印标签(见图 5-62)。

位于中央的水印　　　　　　　　　　　　　位于右上角的水印

图 5-62　不同的水印效果

下面再附上几张加了不同边框和水印的效果图，作为参考(见图 5-63)。

图 5-63　不同的边框及水印效果

水印效果做好后，最后一步是保存处理好的图片，使用"文件"菜单中的"另存为"进行保存即可。值得一提的是，这个软件可以在保存的时候设置图片文件大小，在这里我们最好是设置为淘宝规定的 120K。

(2) 批处理图片

当一位卖家面对几百上千张图片时，逐张处理是不太现实的，所以我们可以用到这个软件的批处理功能，可以大大减少使用者的工作量(见图 5-64)。

选择"文件"菜单中的"批处理"选项。

图 5-64　选择"文件"菜单中的"批处理"选项

在其中"照片列表"中添加待处理的多张照片(见图 5-65)。

图 5-65　将待处理图片添加到"照片列表"中

Step 再在"自动处理"中添加自动处理动作(见图 5-66)。

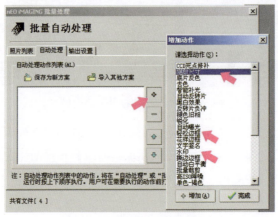

图 5-66　添加自动处理动作

Step 在实际照相过程中，每张图片的曝光程度和图片质量不尽相同，所以在这里我们只添加了三个最基本的步骤，分别是："缩放尺寸"、"水印"、"轻松边框"，如图 5-67 所示。

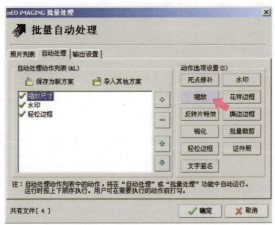

图 5-67　添加"缩放尺寸"、"水印"、"轻松边框"三个步骤

Step  添加完动作之后，还需对每个动作进行设置：单击动作选项设置内相对应的按钮(见图 5-68、图 5-69、图 5-70)。

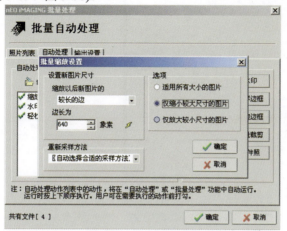

图 5-68 动作设置(1)

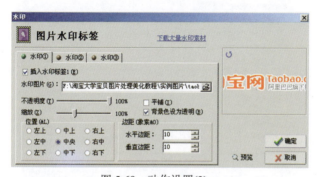

图 5-69 动作设置(2)

图 5-70 动作设置(3)

Step 设置完毕之后，最好先保存一下设置方案(见图 5-71)。

图 5-71　保存设置方案

Step 最后就是"输出设置"，设置如图 5-72 所示。

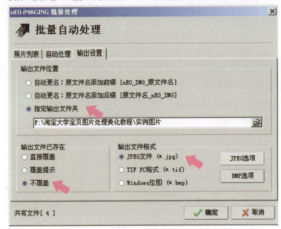

图 5-72　设置"输出设置"

Step 在"输出文件格式"右边的 JPEG 选项内，设置一下输出图片的文件大小(见图 5-73)。

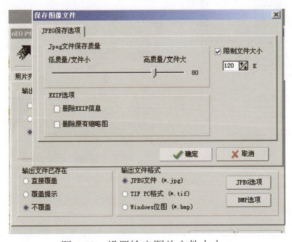

图 5-73　设置输出图片文件大小

Step 设置完毕以后，单击"确定"按钮即开始批处理。如果一次选中的图片较多，等待时间会较长(见图 5-74)。

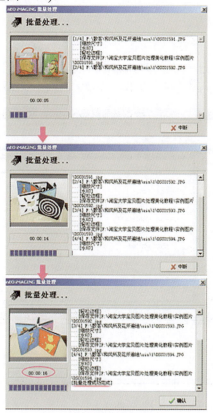

图 5-74　批处理的进度

这就是处理后的 4 张图，一致的图框，一致的水印位置，一致的图片尺寸，这样统一风格的照片放在店铺里面，会很清爽，不会有杂乱的感觉，能给顾客留下好印象(见图 5-75)。

图 5-75　批处理后的统一效果

12.3 利用"Photoshop"对图片做补充处理

(1) 图片水印的制作

Step 我们要用功能强大的 Photoshop 制作图片的水印。首先，我们打开 Photoshop 工具，新建一个文档(见图 5-76)。

图 5-76 打开 Photoshop 工具，新建一个文档

Step 打开一张自己喜欢的图片作为水印的装饰，当然也可以不需要这一步，直接用店铺名字做水印。先打开这张小房子的图片(gif 格式)，选取工具栏上虚线框按钮，框选需要的部分(见图 5-77)。

图 5-77 打开图片，用虚线框选取需要的部分

Step 单击箭头工具，把房子拖动到刚刚新建的文档中，这个步骤做完后，效果如图 5-78 所示。

图 5-78　单击箭头工具，把房子拖动到刚刚新建的文档中

Step 在小图旁录入店铺的名字、地址等，可以用工具栏上的"T"按钮，选择自己喜欢的字体和字号，效果如图 5-79 所示。

图 5-79　单击工具栏上的"T"按钮，选择自己喜欢的字体和字号

Step 为了更加美观，可以对字体的效果做一些处理。对准浪漫小屋文字图层，在图层面板上双击鼠标，弹出一个新的对话框图层样式面板，在预览框里面可以观看选择样式的效果，我们的例子中用到了描边和投影(见图 5-80、图 5-81)。设置好后单击"确认"按钮，可以看到"浪漫小屋"4 个字已经套印上已选择的效果了。

图 5-80　对准浪漫小屋文字图层，在图层面板上双击鼠标

图 5-81　选择涂层式样并预览效果

Step 把最终做好的水印存储成为 png 格式，并取好名字 fullhouse.png(见图 5-82)。

图 5-82　把最终做好的水印存储为 png 格式

Step 接下来就可以回到前面介绍的光影魔术手给图片加水印的步骤，导入刚刚做好的水印(见图 5-83)。

水印半透明的效果

水印不透明时的效果

图 5-83　在光影魔术手中导入做好的水印后的效果

(2) 基本的抠图及更换背景技巧

首先打开图片(见图 5-84)，大家可以看到图片背景是蓝色，上面有白色的云朵，还有绿色的草地白色的栅栏，而我们只想要房子这个主体怎么办呢？这里就要讲到如何在 PS 里面抠图。

常用的有三个方法，我们就以这张图作为例子来讲解。

通常我们在 PS 里面抠图会用到三个工具。

图 5-84　抠图图例

① 魔术棒工具抠图(见图 5-85)

它是快速选区的一种工具，主要是用来选择颜色相同或相近的区域，要求图片的颜色尽量为纯色，最好不要有渐进色，背景也比较简单。我们这次的目的就是把蓝色的背景去除。先单击"魔术棒"按钮，然后在这张小图蓝色的天空上单击一下，注意这里容差值的选择：容差值越小，所选取的颜色区域越小；容差越大，选的相似的区域越大，相近的颜色越容易被一次选中。我们比较一下不同容差值下图片选中的效果(见图 5-86、图 5-87)。所以，根据不同的图片，容差值的设置也不同。我们选好图片上全部有关天空的颜色后，按键盘上的Delete 键，即把这块颜色删除(见图 5-88)。

图 5-85 PS 中的"魔术棒"

图 5-86 选择容差值为 50 的效果

图 5-87 选择容差值为 10 的效果

图 5-88　选好图片上天空的颜色后，按键盘上的 Delete 键，把这块颜色删除

② 多边形套索工具抠直边图(见图 5-89)

同样再看看刚才的那张图，我们也可以使用套索工具来抠出房子，套索工具适用于直边图形。房子的边线都是比较直的，那么我们单击"多边形套索工具"按钮，在房子的一个边角处开始单击鼠标左键，我们看看下面图示的步骤(见图 5-90)。

图 5-89　PS 中的"多边套索工具"　　图 5-90　在房子的边角处单击鼠标左键，勾勒出房子的轮廓

每次单击的时候都是在变线的转角处，根据物体的形状移动工具的位置多次点击。我们用了 9 个步骤就把这个房子选取出来了。

③ 钢笔工具

这个工具抠出来的图片最精确，但是步骤要复杂一些，适合抠取带有弧线的物体，比如刚才那张图片上的云朵。选取工具栏上的"钢笔工具"按钮，从单击云朵的一端开始，钢笔工具每走到一个弧线转折处需点击一下，在图上形成一个节点，我们可用鼠标调节这个方向手柄，操作需要结合使用 Ctrl、Shift、Alt 三个按键(见图 5-91)。

154

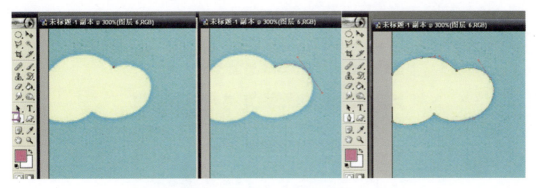

图 5-91　利用钢笔工具抠图的步骤

Ctrl： 是可以将描好的点任意摆放。按住 Ctrl 键，再在节点上单击鼠标左键，那么这个节点就可以随意移动了。比如勾选的路径和实图的路径相差太远，可用 Ctrl 帮助调节。

Shift： 和鼠标左键结合使用可以保持路径一直走直线。

Alt： 在勾点的同时按住它，会自动增加两个支点，以便勾完后更好地调节它的路径。

当用钢笔描出一个封闭的路径后，我们怎样才能把图片取出呢？

Step 先选择图层面板上路径选项，可以看到刚刚描的路径已经暂存在工作路径中，单击"工作路径"按钮，左边的云朵马上出现选好的虚线框(见图 5-92、图 5-93)。

图 5-92　选择工作路径

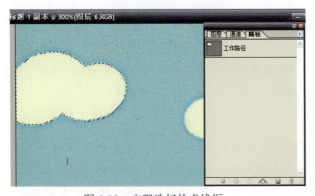

图 5-93　出现选好的虚线框

Step 接下来,可以用工具栏上的箭头移动工具把云朵移动到任何需要的图片上。比如我们新建一个文档,要蓝色到白色这样渐变效果(见图5-94、图5-95):

图 5-94　新建一个文档

图 5-95　选择渐变效果

Step 这里我们把前景色设为蓝色,背景色设为白色,然后单击工具栏上的"渐变"按钮,鼠标从上往下拖动就可以将新建立文档的背景色变成渐变色,然后继续选择工具栏上的移动工具按钮,将刚刚抠出的云向新建的文档里拖动,这样我们就把云抠取出来,并更改它的背景(见图5-96)。

小结:

- 魔术棒工具适合抠背景颜色单一的图片,并且要求主体和背景色有很大的反差对比;
- 多边套索工具适合抠边角为直线的东西,主体的线条幅度尽量不要太大;
- 钢笔工具是最精确的抠图工具,使用的时候要配合多个键(Shift、Ctrl、Alt)使用,掌握的难度较大。

图 5-96　更换背景

　　关于这三个方法，大家在使用的过程中可以先掌握简单的方法，再操作复杂一些的方法，搭配使用，多多实践，一般的抠图就难不倒大家了。

(3) 美化点缀——给图片加闪光效果

　　有时候我们看到一些商品图片特别地璀璨华丽，熠熠生辉，要怎样达到这样的效果呢？我们可以使用 PS 来进行点缀。

 首先打开一张图片(见图 5-97)。

图 5-97　打开图片

Step 选择工具栏上的笔刷工具。在笔刷效果下拉菜单里面查找是否有星光笔刷，如果没有，选择右边的三角形小箭头按钮(见图 5-98)。选择笔刷样式里面的"Assorted Brushes"笔刷，这是系统自带的笔刷，里面有星光笔刷的效果，然后单击按钮选择载入(见图 5-99、图 5-100)。

图 5-98　选择右边的三角形小箭头按钮

图 5-99　载入星光笔刷效果

158

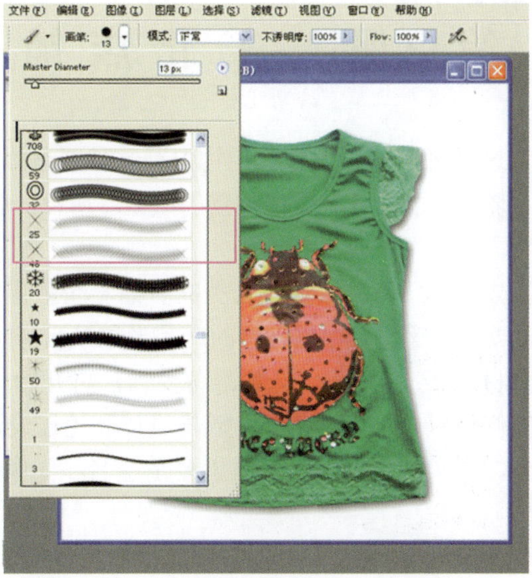

图 5-100　查看星光笔刷效果是否载入

Step 选择星光笔刷，单击图片上的亮点处，可以选择大小不同的笔刷多次单击(见图 5-101)。看看最后的效果吧，给图片加闪光就这样完成了(见图 5-102)。

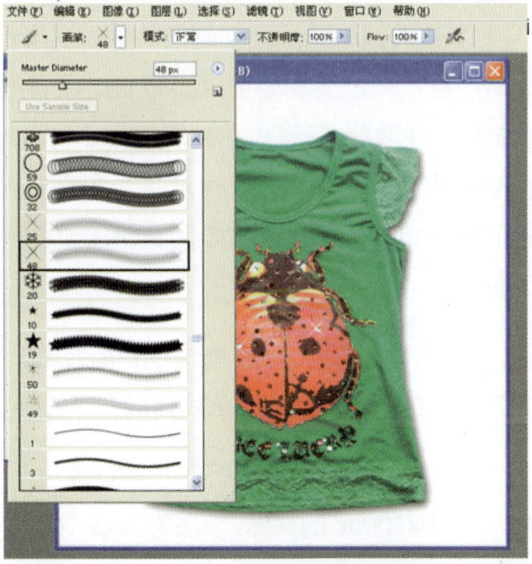

图 5-101　选择星光笔刷，单击图片上的亮点处

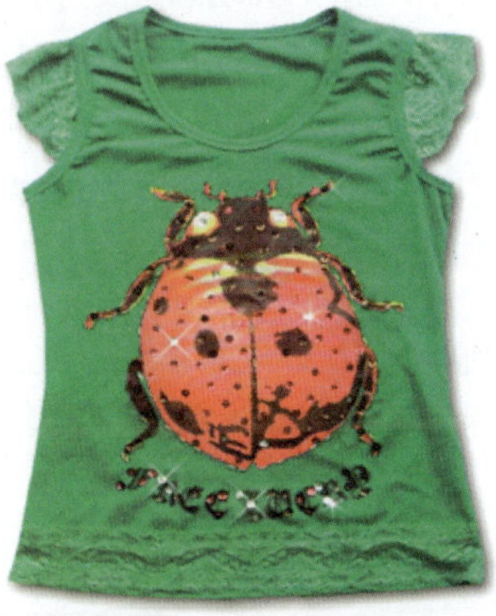

图 5-102　完成后的效果

(4) 保存图片

最后我们要将做好的图片进行保存，单击文件菜单栏里的下拉菜单，选择保存或另存为的按钮，或者按快捷键“Ctrl+S”，在弹出的对话框里面选择存储格式并给文件命名。一般来说，商品图片的存储为 jpg 格式比较适合。

为了保证存储出来的图片小于 120k，在图像品质这里要进行一些设置。

存储完毕后，一张图片的制作就大功告成啦！

第13课时 美化店铺

现实中的大商场会通过各种装修让顾客在购物中有一种舒适的感觉,让顾客喜欢到商场里购物。同样地,网店的装修也能给顾客带来购物的欲望。所以,店铺美化是提高宝贝附加值和店铺浏览量的重要手段。

装修店铺之前,可以先参观一下装修比较精美的店铺,注意它们的细节,例如:店标、宝贝模板、店铺公告、宝贝分类等。要根据自己的产品形象或自身想要得到的店铺形象来构思店铺装饰,然后准备素材(文字、图片)。一切准备妥当,再开始动手装修。

一般来说,常见的装修可以分为两大部分:店内设计和论坛设计。前者主要包括店标、宝贝描述模板、店铺公告、宝贝分类模板;后者主要是签名和头像。

13.1 个性动态店标

店标是店铺的第一张脸,而很多掌柜的店标都是在网上下载的图片,有没有想过拥有一个属于自己独特个性的店标,会让买家一下子就记住你的店铺。现在就来动手制作自己的个性店标吧!

大家都知道动态图标比静态图标漂亮,但大多数人并不熟悉做动画的软件。其实只要安装正式版的 PS,制作 gif 动画将变得非常容易。请注意:一定要安装正式版的 PS,否则将无法完成动画制作(正式版是比较完整的版本,比迷你版多一些功能,带有做动画用的 Imageready 软件)。

设计店标前,应该想好自己的店标是什么样子的。最简单的店标是几张图来回闪换。当然,也可以根据自己的喜好制作更为复杂的店标。在这里我们介绍如何制作比较简单的店标(签名档和个人头像的制作也可采用同样的方法)。

Step ☝ 首先制作你想放在店标里的各种样式的图片(店铺 logo 图片和产品图片等),图片尺寸为 100×100px,制作完毕后储存为 gif 或 jpg 格式,存放到同一个文件夹里(便于管理)。

Step ✌ 打开 Imageready 软件,新建一个 100×100px 的文件,取名为"logo"(见图 5-103)。

图 5-103　新建文件

Step 在 Imageready 软件中打开专门存放店标图片的文件夹，按"Ctrl+A"键将图片全部选中，单击"打开"(见图 5-104)。

图 5-104　选中所有图片

Step 将所有打开的图片按顺序拖动到 logo 文件中，注意：每拖动一张图片都要将图片的四个边界同 logo 文件的四个边界对齐，这样才不会出现不齐的情况。如何对齐呢？按住鼠标右键拖动图片到 logo 文件，直到 logo 文件有两个边界变为蓝色(见图 5-105)。

边界无变色，未对齐

左边界和上边界变蓝色，已对齐

图 5-105　确定边界是否对齐

Step 打开"窗口"下拉菜单中的"动画"，使其前面打勾，这样便启动了动画编辑框(见图 5-106)。

Step 动画编辑框刚启动时只有一个帧，复制当前帧，取消在其上面所有图片的可视性，调节图片之间过渡效果，设置每帧显示的秒数。接着再继续复制当前帧，如此重复以上步骤(见图 5-107)。

Step 单击"文件"下拉菜单中的"将优化结果存储为"，在弹出的对话框中将文件保存为 logo.gif。这样就大功告成了！

图 5-106　启动动画编辑框

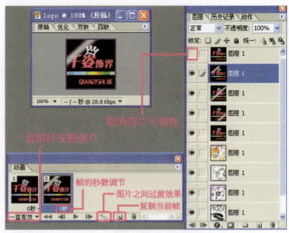

图 5-107　制作动画效果

13.2　宝贝分类模板

宝贝分类首先要和自己店铺风格配合，其次就是要控制图片大小保证网页速度。另外还有一点容易被大家忽略的就是控制好分类图片的数量。有人认为分类很漂亮，所以多多益善，其实不然。第一，图片多了会影响网页打开的速度，急性子的买家也许等不到分类显示或者因为网页显示太慢就关掉了浏览页面；第二，因为很多分类都是动态图片，太多看起来会很乱；第三，有的图片比较宽，会使整个店铺页面被拖得很长，如果买家看起来都觉得麻烦，怎么还能有好心情浏览呢？所以做分类模板也要适可而止。

其实做分类模板就和做店标差不多，只是图片的尺寸不同。

① 打开图片

在网上搜索可以找到许多图片素材，下载符合你店面风格的图片并打开(见图 5-108)。

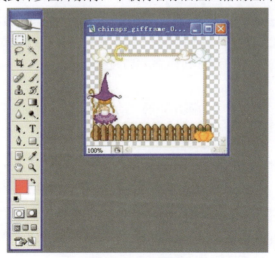

图 5-108　打开图片

② 修改图片大小

将刚才打开的图片在"图像—图像大小"中进行修改,将图片修改成需要的大小。图片不要太大,保证一屏最好能多显示几个分类模板,便于浏览。图片也不要太小,大小合适才能突出主题(见图 5-109)。

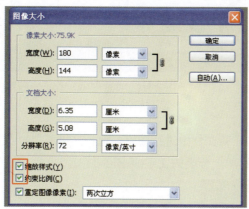

图 5-109　修改图片大小

注意:一定要选择"缩放样式"和"约束比",这样在调整图片大小的时候长宽比例才不会改变,图像不会变形。

③ 新建文件

新建一个文件,大小和调整大小后的图片保持一致(见图 5-110)。

图 5-110　新建一个文件夹

新文件的背景色设为透明。

④ 粘贴

选中原先的图片,用"Ctrl+A"全选,"Ctrl+C"复制,再选中新建的文件,将图层粘贴上去(见图 5-111)。

这样做是因为我们下载的许多图片无法直接进行编辑,所以复制后在新文件中进行编辑。

图 5-111　复制图层

⑤ 开始编辑

这时可以关闭原图，在新文件中进行编辑。选择文字工具，如图 5-112 所示。

⑥ 在图中合适的位置加上分类的文字(见图 5-113)。

图 5-112　选择文字工具　　　　　　　　图 5-113　添加分类文字

⑦ 选择有文字的图层，进行图层复制，共复制两个(见图 5-114、图 5-115、图 5-116)。

图 5-114　复制有文字的图层步骤(1)

图 5-115　复制有文字的图层步骤(2)

图 5-116　复制有文字的图层步骤(3)

⑧ 选择刚才复制的两个图层，将这两个图层的文本颜色分别改成黄色和蓝色(见图 5-117、图 5-118、图 5-119)。

这时可以把不相关的图层左边的"小眼睛"关掉，便于观察效果。

图 5-117　选择图层

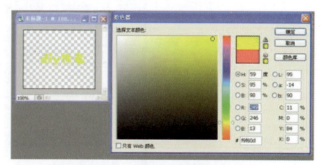

图 5-118　将一个图层的文本颜色改成黄色

图 5-119　将另一个图层的文本颜色改成蓝色

⑨ 接下来，我们要在 Imageready 中进行编辑(见图 5-120、图 5-121、图 5-122、图 5-123、图 5-124、图 5-125、图 5-126)。

图 5-120　打开 Imageready

图 5-121　进入 Imageready 打开动画窗口

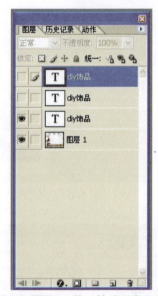

图 5-122　关掉图层 3 和图层 4，第一帧动画中只显示图层 1 和图层 2

图 5-123　设置延迟时间和次数

图 5-124　单击动画窗口中的这个小图标，复制帧

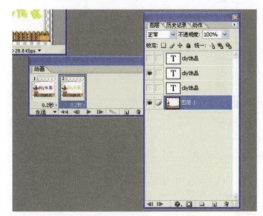

图 5-125　修改第 2 帧显示的图层，关掉第 2 层，打开第 3 层

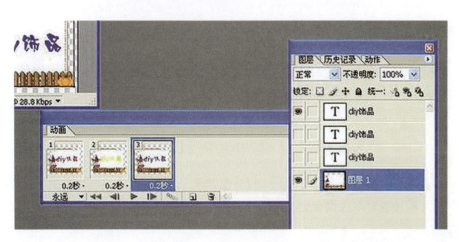

图 5-126　再次复制帧，关掉第 3 个图层，打开第 4 个图层

这个时候可以预览一下效果。

最后，将图片进行保存(见图 5-127)。

淘宝为我们的店铺提供了一个图片空间，我们可以将店铺、宝贝的图片上传到空间以供使用，单击"卖家中心—店铺管理下的图片空间"，将做好的分类模板上传到图片空间(见图 5-128)。

图 5-127　保存刚才制作的模板　　　　　图 5-128　上传图片到网络相册

　　然后，选中相应的宝贝分类模板，单击"图片"即可复制图片地址(见图 5-129)。
接着复制分类代码，单击代码即可复制代码(见图 5-130)。

图 5-129　单击复制图片地址　　　　　图 5-130　复制图像代码

　　然后打开"卖家中心—店铺管理—宝贝分类管理"，选择分类名称后面的添加图片，将
空间中的图片添加进去，并保存更改(见图 5-131)。

图 5-131　打开宝贝分类并修改

　　确认后打开店铺页面即可看到新设计的分类模板啦！

13.3　漂亮的宝贝描述页面

漂亮详细的 HTML 的宝贝描述页面让买家能更全面地了解商品，有助于提高成交率！还等什么，赶紧用上吧！

许多朋友对"HTML"的意思不太了解，以为是很高深的东西，其实非常简单，所有的步骤只要会粘贴就可以了，现在就向大家介绍怎么用好这个功能。

Step 👆 首先进入宝贝发布页面，直接在 HTML 页面中编辑宝贝介绍文字。商品介绍里的文字也可以事先在记事本写好(千万不要用 WORD 软件编辑，会出现丢失内容的情况)，然后粘贴进来就可以了(见图 5-132)。

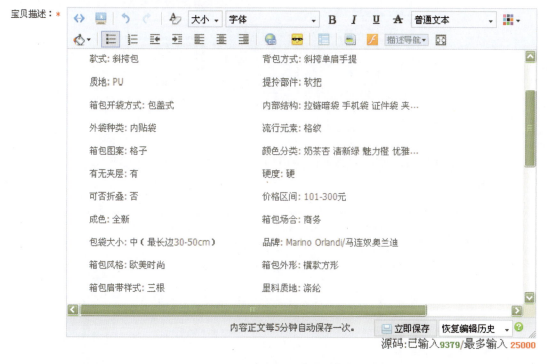

图 5-132　在 HTML 页面编辑

Step ✌ 如何加入图片呢？首先，非常重要的一个前提是：你的图片先要上传到互联网上，现在网上有许多免费的个人电子相册很好用，先把要用的图片放在你的电子相册里，也可以将图片放入空间中，之后就可以开始加图了。粘贴图片有两种方法，先说最简单的：打开上传好的电子相册中相关图片的网页，选中网页中的图片，鼠标右键单击后，选择"复制"(见图 5-133)。

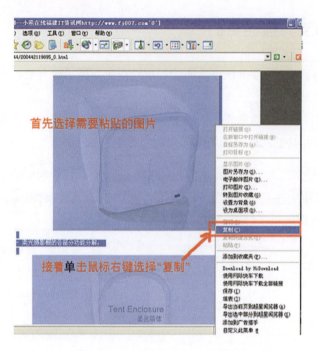

图 5-133　在图片网页上复制图片

　　回到淘宝的 HTML 页面，操作如图 5-134 所示，这样图片粘贴就完成了。一个简单的商品描述的页面也就完成了。

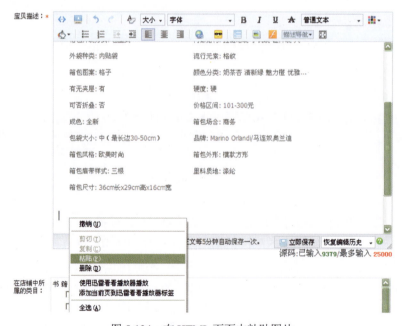

图 5-134　在 HTML 页面中粘贴图片

　　同样，我们还可以将空间中的图片插入宝贝描述中，只要单击插入图片图标即可（见图5-135）。

图 5-135 在 HTML 页面单击插入图片

在淘宝网发布宝贝，一般都会事先将图片处理好，上传到空间存储，然后再调用。

HTML 还有很多功能，可以根据具体的情况来使用。编辑完成之后务必再次单击预览，查看是否还有要修改的地方，主要看照片是否都能正常显示，如果图片显示的地方只有一个红叉，那么赶紧检查刚才的 URL 地址是否粘贴对了，如果还是不行，那么请换一个电子相册。

接下来，我们要输入商品的单价、件数等，填空完成以后单击"确认无误，提交"，就完成了商品描述的所有步骤。

第14课时　开通旺铺，打造独一无二店铺

淘宝旺铺是淘宝为卖家提供的一项增值服务。这个服务能够使卖家的店铺更加专业，更加个性化。对于塑造店铺形象，打造店铺品牌，吸引更多客户的目光等都起到重要的作用。淘宝旺铺可以帮助卖家轻松打造区别于淘宝任何一家店铺展现形式的、独一无二的专业店铺。

这项服务是需要付费的增值服务，因此要使用它首先需要订购、开通此项服务。

Step ☝ 登录淘宝网之后，进入"卖家中心"，在左侧的导航栏中单击软件服务中的"我要订购"。在新打开的"淘宝卖家服务"页面中，在店铺基础服务中找到淘宝旺铺的订购部分(见图5-136、图5-137)。

图 5-136　旺铺服务订购入口

图 5-137　服务订购页面

Step ✌ 进入到套餐购买页面中，用户可以根据自己店铺的实际情况选择不同的收费套餐。为了给刚开店的掌柜降低前期开店的成本，淘宝推出了新旺铺。目前新旺铺功能已对全体淘宝卖家开放。不管你是刚刚接触淘宝的新手店铺，还是已成为老手的淘宝行家，都可以订购旺铺功能。各种资费可以参考图5-138。

老旺铺状态
推荐新旺铺
原普通店铺　= 0元
旺铺基础版 = 0元（类原标准版）
原扶植版　= 0元
旺铺基础版 = 0元（类原标准版）
旺铺专业版 = 0元（类原拓展版）
原标准版　= 30元/月
旺铺基础版 = 0元（类原标准版）
旺铺专业版 = 50元/月（类原拓展版）
原拓展版　= 68元/月
旺铺专业版 = 50元/月（类原拓展版）
原旗舰版　= 2400元/年
旺铺专业版 = 50元/月（类原拓展版）
注：旺铺专业版还免费包含300M图片空间/装修分析/后院等更多新功能

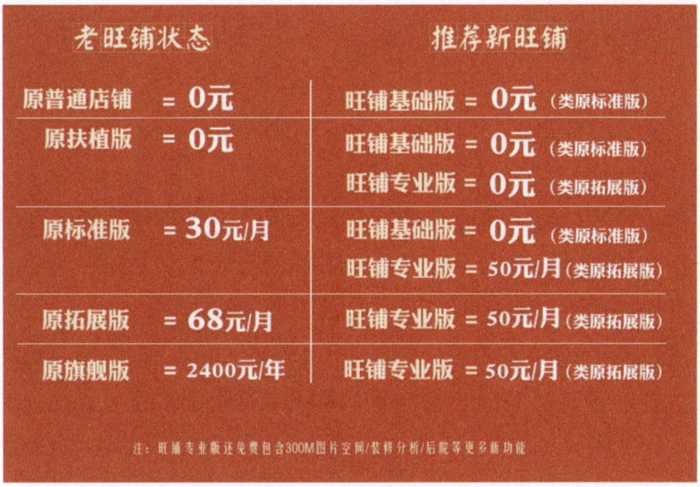

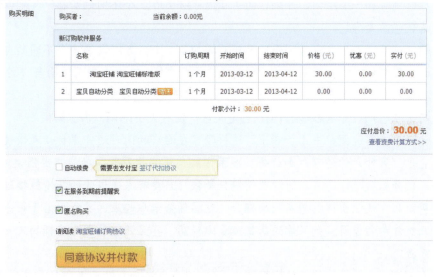

图 5-138　服务套餐购买页面

Step 选择合适的旺铺，确认购买信息，进入到付款页面，在支付完成后，旺铺功能就可以开通使用了(见图 5-139、图 5-140)。

购买明细
购买者：
当前余额：0.00元
新订购软件服务
名称
订购周期
开始时间
结束时间
价格（元）
优惠（元）
实付（元）
1
淘宝旺铺 淘宝旺铺标准版
1 个月
2013-03-12
2013-04-12
30.00
0.00
30.00
2
宝贝自动分类　宝贝自动分类 赠送
1 个月
2013-03-12
2013-04-12
0.00
0.00
0.00
付款小计：30.00 元
应付总价：30.00 元
查看资费计算方式>>
自动续费
需要去支付宝 签订代扣协议
在服务到期前提醒我
匿名购买
请阅读 淘宝旺铺订购协议
同意协议并付款

图 5-139　购买信息确认页面

订单已生成请确认已付款后点击立即使用
立即使用>>
如果没有弹出支付框请点我

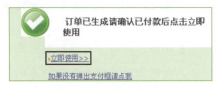

图 5-140　订单确认使用页面

14.1 开通旺铺的意义

在使用旺铺之前，需要知道开通旺铺对我们到底有哪些好处？旺铺是如何对我们的生意产生巨大帮助的？开通旺铺的有以下几点好处。

- 使用旺铺功能的店铺比普通店铺功能更加强大，其店铺装修方式完全开放，可随意拖动各个模块，进行完全的可视化编辑。同时，其内容也完全不受限制，你可以充分发挥想象力，打造一个个性化的个人店铺。

- 普通店铺的宝贝缩略图较小，固定大小为80×80px。而旺铺的宝贝缩略图默认为120×120 px，甚至可以设置成180×180px，让买家看得更直观。单一平白的普通店铺首页能改变的地方很少，很容易造成千篇一律的模式。而个性丰富的旺铺首页却能让你的店铺更加专业，更加靓丽，更好地刺激消费者购买。

- 通过所见即所得的编辑方式让你快速搞定旺铺设置，店铺装修从此变得很简单。对店铺做的任何设置都能马上看到，各个模块可以自由地上下移动。同时，其设有导入导出功能，可导出设置好的页面，亦可导入原来导出的文件。

- 原旺铺只有一个店招，升级后的新旺铺可以使用7个不同的店招。其可以让你的店铺华丽变身！

- 原旺铺只有5个自定义页面，升级后增加了1个，可以设置6个不同的自定义页面，用户可以随心所欲地展示产品或者添加文字，6个自定义页面与7个店招将助你打造淘宝豪华新旺铺。

- 店铺左边侧栏可以添加HTML自定义区，没有大小限制，内容随便添加。比如，你可以在左边侧栏中添加音乐，这样顾客在逛店的同时还能享受让人愉悦的背景音乐。另外，你还可以加公告、联系方式、商品推荐等，功能非常强大。

- 旺铺升级后，你还可以通过友情链接赚钱。只要有人通过你的友情链接进入并购买商品，就能获得意想不到的佣金，这些佣金累积起来，可能相当于帮你赚回了旺铺订购的费用。如果你的店铺流量比较高，甚至还可能成为店铺的又一大收入来源。

- 右侧模块除了保持原旺铺的促销栏，还可以自由添加自定义模块或是自动推广区、手动推荐区。每个区域最多可以放20个。比如你可以设置N个宝贝推广区，店铺首页就可以展示更多的宝贝，将店铺里最好的宝贝第一时间展示给你的买家，第一时间抓住了买家的眼球。

- 自动推荐功能会根据买家的购买行为，自动推荐与买家当前浏览宝贝最相关的宝贝，当然推荐的宝贝都是当前卖家店铺中自动推荐的。其带来的好处包括：第一时间给买家推荐感兴趣的宝贝，提升宝贝被访问的几率；增加买家在店铺内的停留时间，浏览更多的宝贝；增加店铺的访问量，从而提升店铺的销量。

14.2　旺铺基础应用

旺铺的操作非常方便，但是由于功能比较多，店铺改造的余地很大，因此需要介绍一下旺铺的基本应用功能。

进入卖家中心后，单击左侧导航栏中店铺管理中的"店铺装修"，进入旺铺页面，进入旺铺管理设置模式。

Step ☝　进入店铺装修页面后，单击"编辑"按钮，添加图片(见图 5-141)。

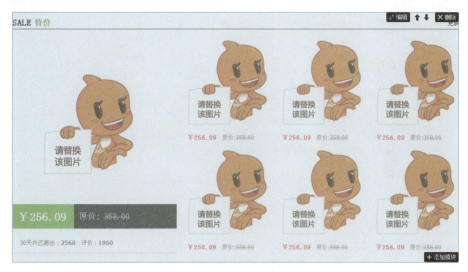

图 5-141　编辑图片轮换页面

Step ✌　我们先设置左侧大图宝贝。如图 5-142 所示，单击"选择宝贝"，选择想要添加的宝贝，把此模块填满。

图 5-142　选择宝贝页面(1)

Step 选择想要添加的宝贝，单击"选择"，注意，只可以选择一个宝贝(见图5-143)。

图5-143　选择宝贝页面(2)

Step 设置完成左侧大图宝贝以后，我们来设置右侧小图宝贝。同理，我们单击"选择宝贝"进行设置(见图5-144)。

图5-144　右侧小图设置页面

注意：旺铺的左侧大图宝贝为1个，右侧小图宝贝为6个。

店铺还可以设置"促销区"、"热卖推荐"等。单击进入各个大的类目中，还有很多二级类目显示在类目页中，方便买家选购(见图5-145、图5-146、图5-147)。

176

图 5-145　促销区

图 5-146　热卖推荐

图 5-147　类目页面

14.3 使用旺铺装修模块，深度美化

开通了旺铺的用户还将免费使用淘宝最新的旺铺装修服务，其免费提供各类店招和促销区的模块装修功能，并且具有强大而简单的修改功能，让卖家可以在完全没有一点网页技术的情况下轻松制作出独一无二、功能强大的淘宝旺铺。

这里介绍如何使用旺铺装修制作店铺导航。

Step 进入淘宝卖家中心，选择左侧导航中店铺管理中的装修店铺，进入旺铺装修设置页面，在上面导航处单击右上角处的"编辑"(见图 5-148)。

图 5-148　编辑选项

Step 在弹出的窗口中选择"添加"，添加宝贝分类至导航(见图 5-149、图 5-150)。

图 5-149　添加导航项页面

图 5-150　确定添加

Step 🖐 可以添加自定义页面,也可以进行更改及删除等操作,如图 5-151、图 5-152、图 5-153 所示。

图 5-151 添加页面

图 5-152 添加自定义链接

图 5-153 更改及删除

Step 🖐 下面,我们就可以看到我们添加的导航效果了,在前台的展示如图 5-154 所示。

图 5-154 导航效果

📝 课后思考

(1) 为什么要花大力气拍摄和处理图片?如何辨别产品图片的好坏?

(2) 花钱开通旺铺是否值得?如何利用好旺铺功能?

第6篇 名震江湖
——店铺推广

　　当我们成功地开起店铺，制作完精美的商品图后，下一步就要开始"招揽"客人了。

　　淘宝网上的店铺越来越多，如何让买家在众多店铺中找到我们的店铺呢？请跟我一起学习店铺推广吧！

第 15 课时　店铺推广技巧

买家能够接触到卖家店铺或商品信息的地方有很多，如：商品搜索列表、论坛、促销页面、淘宝页面广告位、别人的店铺等。我们要进行有针对性的推广，让更多的人记住我们的店铺，从而带动店铺的人气。下面我们将介绍多种店铺推广方式，大家可以根据自身的需要来选择和组合合适的推广方式。

15.1　设定好宝贝关键字

面对淘宝网上大量的商品，买家通常都会做的一件事情就是站内搜索，而搜索主要靠关键词来完成，所以在设置自己的商品关键词的时候，应该尽量地突出宝贝的特点、性能、型号和名称等要素。怎样才能简洁又鲜明地将宝贝描述清楚呢？

(1) 精准

买家在搜索商品的时候，大多只输入一个宝贝关键字(如品牌名称)进行搜索(见图 6-1)。所以在设置宝贝关键字的时候，要把宝贝的特性尽可能准确地展现在标题里面。

图 6-1　搜索"ONLY"

(2) 多样

我们总是希望买家在搜索不同的关键字的时候，自己的宝贝都可以被搜索到，从而提高商品的浏览量。在一件"ONLY"衬衫的商品标题中(见图 6-2)，卖家一共设置了 9 个宝贝关键字："2013"、"ONLY"、"春装"、"OL"、"通勤"、"雪纺"、"修身"、"韩版"、"白色"(见图 6-2)。"2013"体现了今年新款，"ONLY"是商品的品牌，"春装"表示商品是当季商品，"OL"、"通勤"、"雪纺"、"修身"、"韩版"、"白色"体现了商品的材质、款式、颜色等一系列特性，大大增加商品被搜索到的机会。

图 6-2 多样化商品名称

(3) 易找

易找就是符合买家的搜索习惯。现在大多数买家都是通过直接在各种搜索引擎上(见图 6-3)输入商品关键字的方法来搜索商品的。为了提高商品被搜索到的概率，我们要注意多用一些易找且热门的关键字，比如：925 银饰、瑞丽女装、ZIPPO 打火机、古董收藏等。在买家不知道你的店铺的情况下，使用这种关键字对提高商品及店铺的被浏览量非常有帮助(见图 6-3)。

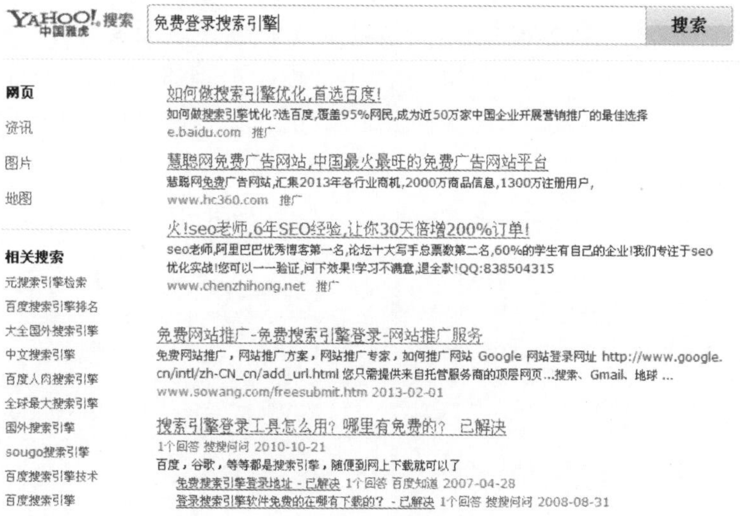

图 6-3 免费搜索引擎

所以，我们要让产品名称尽可能地丰富化，以起到推广的作用，但是也要注意淘宝的商品发布管理规则，不能乱用与商品无关的关键字。

15.2　论坛

淘宝网消费者社区是淘宝买家、卖家交流沟通的平台，这里有许多潜在买家，去社区里发帖子就等于给自己的店铺做隐性广告。

(1) 论坛发帖、回帖

淘宝论坛有很多分论坛(见图6-4)，销售不同类型商品的卖家可以到不同的分论坛去发帖、回帖，如招聘求职、经验畅谈等，可以到各自的论坛中与广大淘友交流经验。

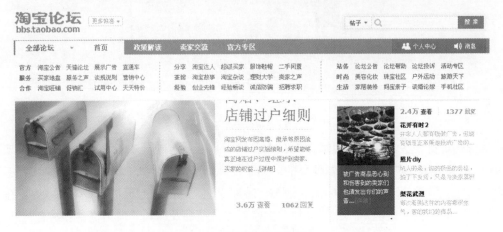

图 6-4　淘宝社区首页图

论坛里有很多点击量很高的精华帖，一般精华帖都是店家从切身体会中总结出来的经验。多去论坛发帖，不仅可以记录你在淘宝的成长历程，更重要的是宣传自己的小店。除了店铺经营方面的经验帖，凡是商品方面的专业知识，都可以去社区相关分论坛发帖，与大家分享这些知识(见图6-5)。如果帖子能被评定为精华帖，或者被掌门护法置顶，或者被"淘宝大学"选中做了推荐，那么店铺的浏览量会随着帖子点击量的增加而节节攀升。

主题	发表	回复/查看	最后回复
【服饰鞋帽】怎样发帖不被删答疑解惑帖	蓝家时尚铺子 2012-05-19	3873/81381	温暖一家亲 5小时19分钟前
服饰鞋帽论坛严正声明！	网易印象派文采 2012-05-08	2571/67727	新然花卉乐购园 5小时42分钟前
【服务公告】服饰鞋帽论坛资源位更新提交实况展示帖	网易印象派文采 2012-12-28	182/12629	天宝工作室 2013-03-12
女人爱美难道男人就不爱美吗！！！！	jiabao3999207! 2013-03-12	25/286	jiabao3999207 1分钟前
【服饰电商之家】服饰鞋包行业不容忽视的客服技巧	dolls1220 2013-03-07	379/4701	刘枞阳2012 1分钟前

图 6-5　经验主题帖图

很多店家说自己不会写帖子，不会写就到论坛里回帖吧，虽然是回帖，但是不能以"灌水"的方式去回帖，那样虽然也会留下你的"足迹"，但并不会给别人留下好印象，更不会把别人的眼球吸引到你的店铺里来。要认真地回帖，用词精辟，语言诙谐幽默，内容具有实用性，这样才能吸引别人的关注(见图 6-6)。

图 6-6　精彩回帖

(2) 利用好论坛头像

在论坛里不管是发帖还是回帖，你的论坛头像都会被人看到。拥有一个好的论坛头像是比较重要的。论坛头像最好与自己的经营方向一致，让别人看一眼就知道你的店铺主要销售什么，比如设计一个精美的鞋子的图片头像，可以让人一下子就知道你的店铺是销售鞋子的。

15.3　促销活动

淘宝网上有各种促销活动，这些促销活动会在不同的页面进行推广。淘宝首页和各个频道的绝大部分图片广告，都是一些特定主题的促销活动(见图 6-7、图 6-8、图 6-9)。

图 6-7　促销活动图(1)

图 6-8　促销活动图(2)

图 6-9　促销活动图(3)

如果能够成功地参加某个促销活动，店铺浏览量将会在短时间内得到很大的提高。卖家

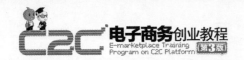

只要开店铺，并且店在正常的状态下，那么你在“卖家中心—营销中心—活动报名”(见图6-10、图6-11)这个路径就能看到淘宝推出的所有活动，并且可以根据自己的情况报名参加。当然这些报名都会经过淘宝工作人员的审核，通过后才能正式加入。

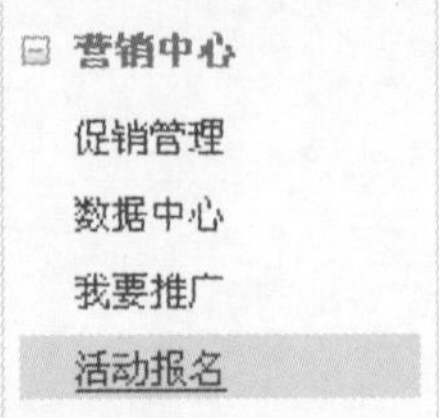

图 6-10　活动报名入口

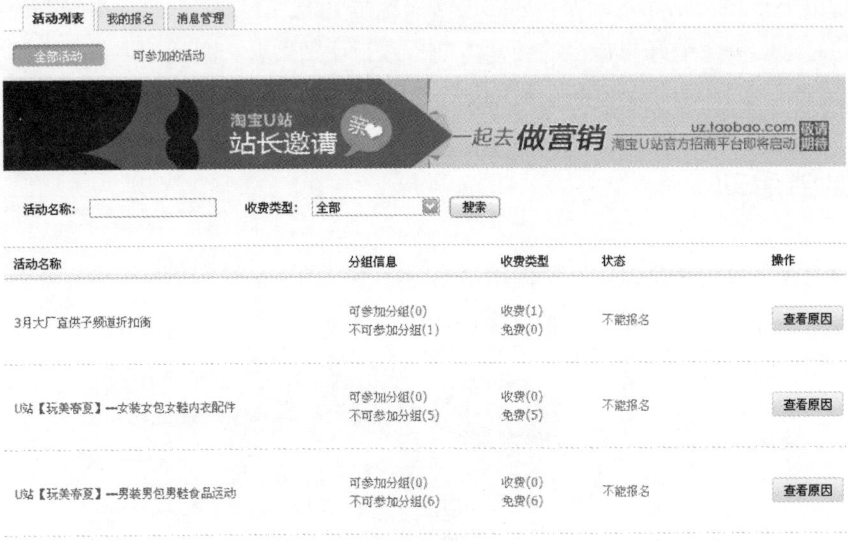

图 6-11　活动平台报名入口图

15.4　人脉关系

在人脉关系方面，要尽量维护好老客户。通常老客户购买量大，而且维护一个老客户的成本远远低于挖掘一个新客户的成本。此外，老客户还会帮你口碑传播，生意有时候靠的就是口碑。久而久之，你的店铺就“远近闻名”了。在淘宝开店铺，你的家人知道吗？你的同学，你的朋友知道吗？一定要在第一时间告诉他们，因为你告诉了 100 个人，每个人还会告诉更多的人。

说到人际关系，旺旺是一个不错的沟通方法。很多人生意好，都是因为旺旺常在线，因为有了这个便利的工具，非常利于沟通。当你不在电脑旁，请改变状态为离开或者其他，同时，记得设置一个自动回复。这样的好处是：如果对方给你留言，他会马上收到自动回复，就会知道你目前的状态，且暂时不会继续发消息给你，但如果你没有设置自动回复，旺旺却是在线的，买家可能以为你不爱理人或者服务态度不好，转而去找其他卖家了。所以，请记

得多利用状态和自动回复。

老客户是维持我们网店生意的根本，卖家一般都会在上新货后用旺旺群发小广告给老客户，以下是一个淘宝卖家给他的老客户们不定期发送的旺旺信息。

淘宝掌柜现身说法

大家好呀!!!又到××旺旺小精灵为您服务时间喽，本周新货已上架，推荐宝贝有：石榴石泪滴耳挂、福娃吊坠、可爱的笨笨熊吊坠等共计 6 件宝贝。目前已登录在本店铺的橱窗推荐位里哦！我们给 FANS 团队的折扣是 88 折哦！欢迎各位团员前来疯狂抢购喽！老规矩，所有 FANS 团员本周购物送好礼，礼物为彩陶手机挂链一件，由××便利店主×× 提供哦！小精灵再次感谢您抽出宝贵时间来看我们的 FANS 团信息哦！闪人喽，哈哈哈哈!!!

如果您不需要我们的 FANS 团信息请留言告诉我们，我们会将您移动到普通用户群里，这里是不会收到我们的 FANS 信息的！

在这个旺旺信息中说明"我"是谁，"我们"更新了什么，位置在哪里，给老客户的折扣是什么，有无赠品。这只是一个例子，希望我们更多的淘友学会的是一种沟通与推广自己的方式，培养属于自己店铺的老客户，这样你的生意才会有根基。请注意，给老客户一个合理的折扣率，才是这个技巧的根本。纯粹发广告是不会有点击量和成交量的。

小贴士

不要在节假日当天才记起老朋友，要在过节前三天左右就向老友发出祝福，既提醒即将到来的节日，与对方也有充足的交流时间。

15.5　友情链接

除上面介绍的途径外，别人的店铺也是我们做广告的好地方。这主要是通过在店铺左下角的友情链接实现的(见图 6-12)。

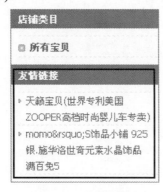

图 6-12　友情链接

淘宝店铺最多可以添加 35 个友情链接，做友情链接也要有针对性，做链接时要注意以下几条：

- 要与人气较旺的店铺进行链接交换；
- 要选择与你经营类目不同的店铺；
- 要选择信誉度较高的店家链接。

另外，联合促销也是获得双赢的好办法。与流量大的店铺办联合促销，比如，允许其店里的 VIP 会员到你的店里也可以打折，或者你们共同发红包等，都可以带动销售，其同时也推广了你的店铺(见图 6-13)。

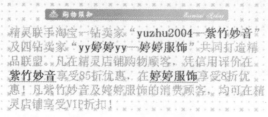

图 6-13　店铺联合促销

15.6　消费者保障服务

"消费者保障服务"服务在官网的解释是指，经用户申请，由淘宝在确认接受其申请后，针对其通过淘宝网(www.taobao.com.cn)这一电子商务平台同其他淘宝用户(下称"买家")达成交易并经支付宝服务出售的商品，根据本协议及淘宝网其他公示规则的规定，用户按其选择参加的消费者保障服务项目(以下称"服务项目")，向买家提供相应的售后服务。除本协议另有规定外，使用者可根据其销售的商品种类及意愿选择参与特定的服务项目。淘宝可在淘宝网不时公示新增的服务项目或修改的服务项目。

登录进入淘宝后台，单击"卖家中心"下的"消费者保障服务"。进入到消费者保障服务申请页面，这里我们需要提交一定的保证金，才能为消费者提供更多具有特色的保障服务，获得更多的推广机会，成为消费者信赖的卖家，提高自身竞争力(见图 6-14、图 6-15)。

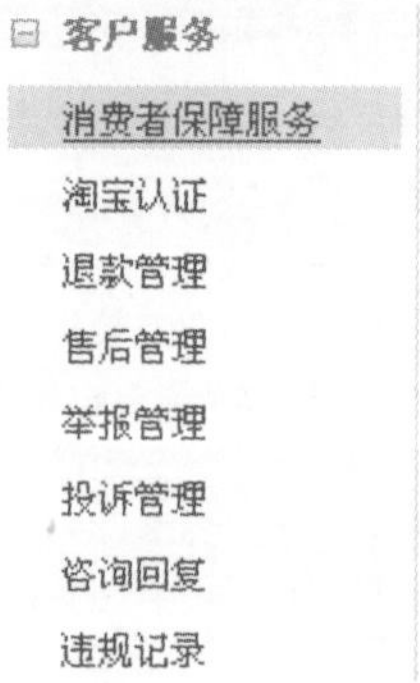

图 6-14　消费者保障服务申请入口

图 6-15　消费者保障服务申请页面

严格来说，加入"消费者保障服务"不算是一个推广的服务，却能对你的店铺宣传起到很大的辅助作用。它针对买家的购物安全，提供一个更全面的保障宣传。

加入"消费者保障服务"对于店铺经营来说，还有其他的一些好处。

● 淘宝对于很多的促销活动都设定了条件，如果加入了"消费者保障服务"，就会有更多的机会参加这些促销活动。

● 对于某些增值服务，如果加入了"消费者保障服务"，可以有费用的减免。比如需要开通淘宝旺铺的话，就可以节约每月 20 元的旺铺使用费。

● 加入了"消费者保障服务"的卖家店铺还可以免费获得 5 个宝贵的橱窗推荐位。

15.7　淘宝直通车

淘宝直通车是淘宝网为淘宝卖家量身打造的推广工具，通过关键词竞价，按照点击付费，为卖家的商品进行精准推广的服务。当买家在淘宝或雅虎搜索上搜索产品时，你的宝贝会第一时间出现在他们面前。由于采用按照效果付费的方式，卖家只需少量投入就可获得巨大的流量。

只要在淘宝直通车为宝贝设置了"夹克"这个关键词，宝贝将会出现在搜索词为"夹克"的搜索结果页面中(见图 6-16)。

付费推广的商品不仅在搜索结果页面右侧显示，也会出现在搜索结果页面的最底部，并且买家可以看到"掌柜热卖"的字样。侧面和底部的推荐产品都是一样的，一页可以各展示 5 个宝贝(见图 6-17)。

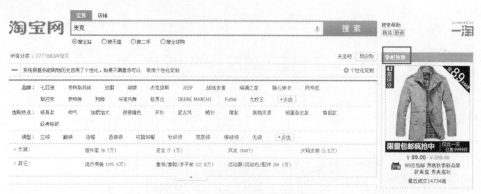

图 6-16　淘宝直通车展位(1)

图 6-17　淘宝直通车展位(2)

(1) 使用淘宝直通车的好处

使用淘宝直通车相比其他的推广方式的优势在于以下几点。

- 淘宝直通车中的推广，展示是免费的。买家通过浏览，产生了兴趣，点击进去才会收费。
- 通过竞价词的设置可以精准定位的客户群，只给想要买产品的买家看。
- 加入淘宝直通车还会得到很多增值的服务，比如参加淘宝首页的各类促销活动。
- 淘宝会为每个淘宝直通车用户免费提供进阶的在线培训课程。

(2) 如何开通淘宝直通车

开通淘宝直通车服务需要经过以下 5 个步骤(见图 6-18)。

图 6-18　加入淘宝直通车的步骤

① 登录淘宝网后，单击"卖家中心"，单击左侧导航栏中的营销中心下的"我要推广"。在打开的页面中单击"淘宝直通车"(见图 6-19、图 6-20)。

图 6-19　我要推广

图 6-20　淘宝直通车入口

② 进入"我的直通车"后，要想推广店铺，需要达到一定的要求。目前申请加入淘宝直通车，店铺需要同时满足以下条件：信用等级≥2 心、店铺动态评分各项≥4.4 分。如果你的店铺符合条件的话，则可以充值，进行页面推广。

(3) 淘宝直通车功能介绍

新版本的淘宝直通车修复了许多以前的漏洞，操作界面更加简单直观，还添加了很多之前没有的功能。当然，改进最大的部分还是对于竞价系统的优化，让直通车的关键词更加精准，单个关键词更加便宜。

进入"我的直通车"首页，左边的功能菜单栏囊括了几乎所有淘宝直通车的功能，非常直观并且可以一键进入。直通车首页右侧显示的是用户的一些基本信息(见图 6-21)。

图 6-21　淘宝直通车后台主页

- 管理推广中的宝贝：管理宝贝推广，管理宝贝推广内容、控制关键词操作平台。
- 推广新的宝贝：设置新的宝贝推广，设置推广内容、控制关键词操作平台。
- 账户报表：过去一段时间账户每天的花费。
- 宝贝报表：过去一段时间单个或全部推广宝贝的每天的点击量和花费。
- 关键词报表：过去一段时间每天的关键词点击情况。
- 类目报表：过去一段时间每天的类目出价点击情况。
- 时段报表：当天 24 小时内每小时的点击量和花费。
- 地域报表：查看所有宝贝单个省市的点击情况。
- 平台报表：各个淘宝展示平台的点击情况。
- 设置日限额：每日花费最高限制设置，其数字必须大于或等于 30 元。
- 设置投放地域：设置宝贝将要投放的区域。
- 设置投放时间：设置宝贝将要投放的时间段。
- 设置投放平台：设置广告的投放平台，包括淘宝站内推广和淘宝站外推广。
- 充值：给直通车账户充值。
- 财务记录：最近 3 个月内的财务报表，包括账户充值、赠款、日消耗等数据。
- 提醒设置：设置账户当月小于一定金额时的提醒方式。
- 操作记录：查询对当天推广的宝贝进行修改操作的记录列表。
- 消息中心：显示淘宝直通车平台所有的消息提醒。
- 直通车活动：加入直通车推广后有资格参加的促销活动列表。
- 老系统报表日志查询：查询淘宝直通车老版本的报表日志。
- 关键词查询：查询某关键词的宝贝推广优先展示列表。

要想实现店铺宝贝推广展示功能，需要单击"推广新的宝贝"按钮，进入推广设置页面，具体步骤如下。

Step 选择要推广的宝贝(见图 6-22)。

图 6-22　新宝贝推广页面

Step ✌ 进入到"编辑推广内容"页面，首先编辑推广内容，这些文字将会显示在展示的宝贝下作为宝贝名字展示(见图 6-23)。

图 6-23　编辑推广内容页面(1)

Step 🤟 设置关键词，尽量多地选择一些相关的关键词进行推广(见图 6-24)。

图 6-24　编辑推广内容页面(2)

Step ✋ 选择是否启用类目出价，这里建议启用这个类目出价，因为它能给卖家带来更多的潜在客户(见图 6-25)。

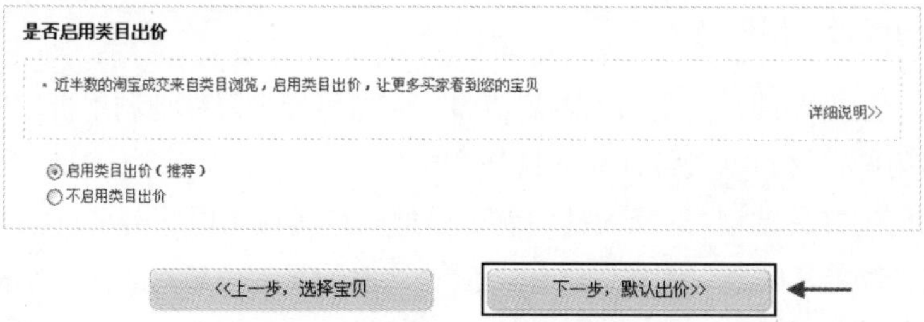

图 6-25　编辑推广内容页面(3)

Step ✋ 全部都设置好以后，单击底部的"下一步，默认出价"按钮。

Step ✋👆 进入"默认出价"页面。默认出价是指每次宝贝被点击时，你愿意支付的最高金额。设置好以后，单击底部的"下一步，完成"按钮(见图6-26)。

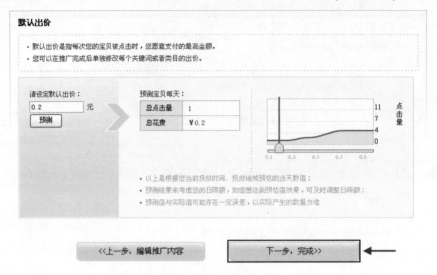

图6-26 类目默认出价

Step ✋✌ 系统提示"设置成功"，这表示推广内容已经展示在搜索结果页面中(见图6-27)。

图6-27 推广宝贝设置成功页面

(4) 关键词的选择和出价技巧

做淘宝直通车最重要的目的是引入客户流量，而如何最大限度地利用推广的宝贝，就涉及关键词的使用问题。这包括关键词如何选择和定价。

首先介绍如何选择关键词，选择关键词前可以把产品属性先提炼出来。比如卖一件衣服，就可以从产品名、功能、特色、图案、颜色、质地、流行元素、尺码款式、风格、编号等方面的产品属性来创建关键词。

- 首先要全面，一个宝贝应该至少设置 30 个关键词，这样才能吸引到足够多的流量，产生具体的推广效果。
- 关键词的字数尽量不要超过 5 个字，但是可以使用组合词，比如："美的 取暖器"。
- 关键词的选择一定要精准。精准的关键词能够让你使用最少的出价而获得更高的点击率。

用户还可以通过关键词管理页面中的"编辑推广内容"功能，使用"系统推荐"和"相关词推荐"来查询更多的关键词。

掌握好如何选择关键词的技巧以后，就要明确如何出价。不同的关键词，出价也分高低。我们可以按照流量，把关键词分为"流量大的关键词"、"流量小的关键词"以及"流量几乎为零的关键词"三类。

- 对于流量偏大的关键词，由于这些词搜索量非常高，因此使用的人也多，价格自然就比普通的关键词要高，因此不需要一味地把排名做到前三页，可以将其维持在 10 页以内。当然，最终的出价也需要结合产品的利润、成本以及可以承受的损失来做出判断。
- 那些流量偏少的关键词将是宝贝和店铺流量的关键，因为这类关键词一般都属于精准词。虽然搜索量比较低，但是客户定位准确，容易成交。买家的需求明确，成交率较高。建议在使用这些关键词的时候，尽量把排名靠前。至少应该是在前三页内。
- 而流量几乎为零的关键词，是没有任何价值的，因此我们可以把这些词找出来，删掉，换成有效的关键词。

做直通车的时候，一定要不断地优化这些关键词与出价，不要设置了一次以后就再也不管了。因为市场是经常变动的，并且你也不能一次设置到位。经过多次优化后，你的直通车推广效果一定会带来成倍增长的效益。

15.8　钻石展位

"钻石展位"是淘宝图片类广告位自动竞价平台，是专为有更高推广需求的卖家量身打造的产品。其精选了淘宝最优质的展示位置，通过竞价排序，按照展现计费，性价比高，更适于店铺、品牌的推广。它相比其他推广方式有三大核心优势。

- 淘宝黄金流量。您在淘宝上看到的大多数的图片位置都属于钻石展位。
- 自由竞价，低门槛参与。即使花很少的钱也可以买到淘宝最有价值展示位，轻松达到最优异的投产比。
- 丰富的图片展示，夺人眼球。钻石展位不仅支持图片格式，更支持 gif、flash 等动态格式。您可以把自己的展示图片做得非常漂亮，同时钻石展位的尺寸比较大，冲击力强，可以最大限度地吸引买家进入你的店铺。

开通和使用淘宝钻石展位服务需要经过以下几个步骤(见图 6-28)。

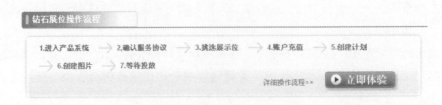

图 6-28　钻石展位操作流程

Step ☝ 登录淘宝网后，单击"卖家中心"，单击左侧导航栏中的营销中心下的"我要推广"(见图 6-29)。

Step ✌ 在打开的页面中单击"钻石展位"(见图 6-30)。

图 6-29　我要推广　　　　　　　　　　　　图 6-30　钻石展位入口

Step 🖐 在钻石展位服务协议页面中，单击"我同意并愿意遵守《钻石展位服务协议》"按钮，进入钻石展位首页(见图 6-31)。

图 6-31　钻石展位服务协议

Step 进入钻石展位首页以后，我们可以很直观地看到个人账户信息区、公告区以及资源推荐区。在充值以后，你就可以参加出价，完成广告投放计划(见图 6-32)。

图 6-32　钻石展位首页

Step 单击导航栏中的"消费账户管理"按钮，进入充值页面，单击"充值"按钮，进入支付页面，完成支付 (见图 6-33)。

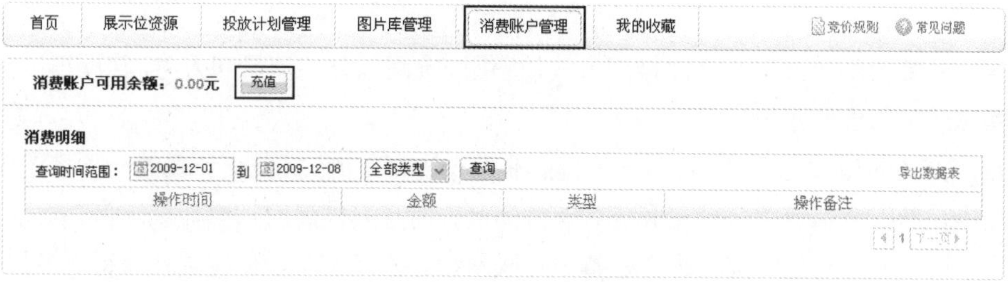

图 6-33　消费账户管理

Step 完成充值以后，你就可以参加出价了。单击"展示位资源"按钮进入展示位列表页面。这里显示的是所有可以参加的钻石展位活动，在这里可以选择推广位置(见图 6-34)。

图 6-34　展示位资源

钻石展位中的展示位还可以通过收藏功能管理适合的促销活动列表(见图 6-35)。

图 6-35　我的收藏

15.9　淘宝客

淘宝客是专为淘宝卖家打造的推广方式,提供淘宝网以外的流量和人力,帮助推广商品,成交后卖家才支付佣金报酬。

此推广方式的最大特点是,它是一种目前非常先进有效的、按成交计费的一种推广模式。展示、点击、推广全部免费,只在成交后支付佣金。而且其能随时调整佣金比例,灵活控制支出成本。第二大特点是淘宝客将会在整个互联网帮你推广宝贝,你能额外获得更多的成交机会和更广泛的顾客类型。

下面介绍使用淘宝客服务进行推广的步骤。

Step 如果是第一次使用淘宝客服务,必须先开通淘宝客服务。登录淘宝网,单击"卖家中心",单击左侧导航栏中的营销中心下的"我要推广"(见图 6-36)。

Step ✌️　在打开的页面中单击"淘宝客推广"(见图6-37)。

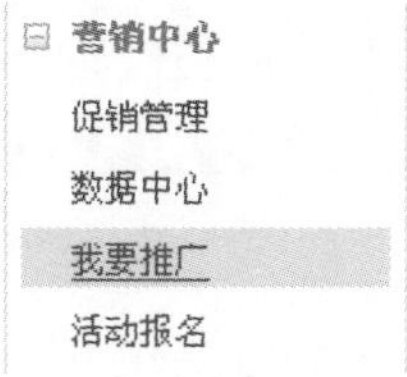

□ 营销中心
　促销管理
　数据中心
　我要推广
　活动报名

图6-36　我要推广 　　　　　　　　　　　图6-37　淘宝客入口

Step 🤟　在打开的淘宝客推广协议确认页面中，阅读新用户须知和推广协议。了解了内容后，单击底部的"下一步"按钮(见图6-38)。

图6-38　淘宝客推广协议确认页面

Step 🖐️　在确认协议页面中，输入你的支付宝账号和支付宝密码，单击"下一步"按钮(见图6-39)。

图6-39　类目佣金设置页面

Step 如果密码和账号输入正确，就完成了开通的工作，进入到阿里妈妈"淘宝掌柜"下的"类目佣金设置"页。这里可以设置全店此类目下的类目佣金比例(见图6-40)。

图 6-40　类目佣金设置页面

Step 在类目佣金比率的修改窗口中，将佣金比率设置成你想要给的佣金占宝贝价格金额的比例，这里设置为5%。填好后，单击底部的"保存"按钮，完成设置(见图6-41)。

图 6-41　类目佣金比率修改窗口

Step 设置好整个店铺的佣金比例后，还可以设置单个主推商品。单击"新增主推商品"按钮，进入新增主推商品页面。选择好主推商品，单击"下一步，设置佣金比率"按钮 (见图6-42)。

图 6-42　新增主推商品页面

Step 在佣金比率设置页面中，设置好佣金比率数字。完成后，单击底部的"下一步，设置完成"按钮(见图6-43)。

第 6 篇　名震江湖——店铺推广

图 6-43　佣金比率设置页面

Step 　直接进入到"管理主推商品"页面，这里提供删除以及修改主推商品的佣金比率的功能(见图 6-44)。

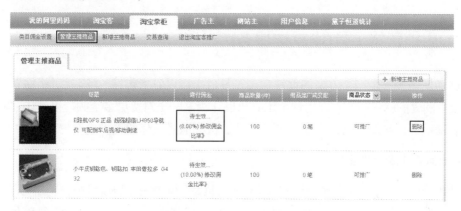

图 6-44　管理主推商品页面

Step 　单击"交易查询"按钮，进入交易查询页面。在这里可以查看到自己的推广情况，卖家可以根据这些数据进行主推商品的调整 (见图 6-45)。

图 6-45　交易查询页面

201

如果想要退出淘宝客的推广，可以单击"退出淘宝客推广"按钮。退出淘宝客推广后，用户在 15 天内将不能再次参加，确认后，单击底部的"确定"按钮，完成退出操作(见图 6-46)。

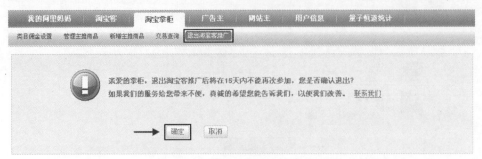

图 6-46　退出淘宝客推广页面

在选择推广宝贝的时候，应该选择拥有良好的销售记录的宝贝作为重点推荐，这样才能产生最大、最好的效果。并且要经常根据推广效果和季节周期等因素调整推广的商品，使用淘宝客推广可以让你的产品出现在除了淘宝网内以外的互联网上，你的潜在客户无处不在。

15.10　店铺营销工具(满就送服务)

满就送促销服务是一个方便的促销宣传工具，它可以设置包括 "满就送礼物"、"满就减现金"和"满就免邮"。使用这个工具可以让买家一次消费更多金额，提升店铺购买转化率和店铺单价，帮助你制订优质的促销活动，极大地降低你的人力成本。

(1) 如何开通满就送服务

要使用这个工具，首先需要开通它。登录淘宝网后，单击左侧导航栏中营销中心下的"促销管理"，在"促销管理"页面中，我们可以订购"满就送"、"限时打折"等服务，这里我们选择"满就送"，单击"马上订购"按钮，完成支付后，此项服务即可使用 (见图 6-47)。

图 6-47　满就送服务订购

(2) 如何设置满就送服务

完成订购任务以后，单击服务订购完成页面中的"立刻体验"链接，就可以顺利进入到工具后台进行设置部分的操作了。

Step 登录淘宝网，单击"卖家中心"左侧导航栏中的"营销中心"下的"促销管理",进入到页面后,单击"满就送"选项卡,即可进入到满就送推广服务设置页面,可以设置活动名称、优惠条件、优惠内容、活动时间、活动备注等信息,下方有效果预览,可以即时显示设置后的最终效果。优惠内容中还可以选择减现金、赠送礼品、免邮等促销方式。设置完成以后,单击底部的"完成设置"按钮(见图 6-48)。

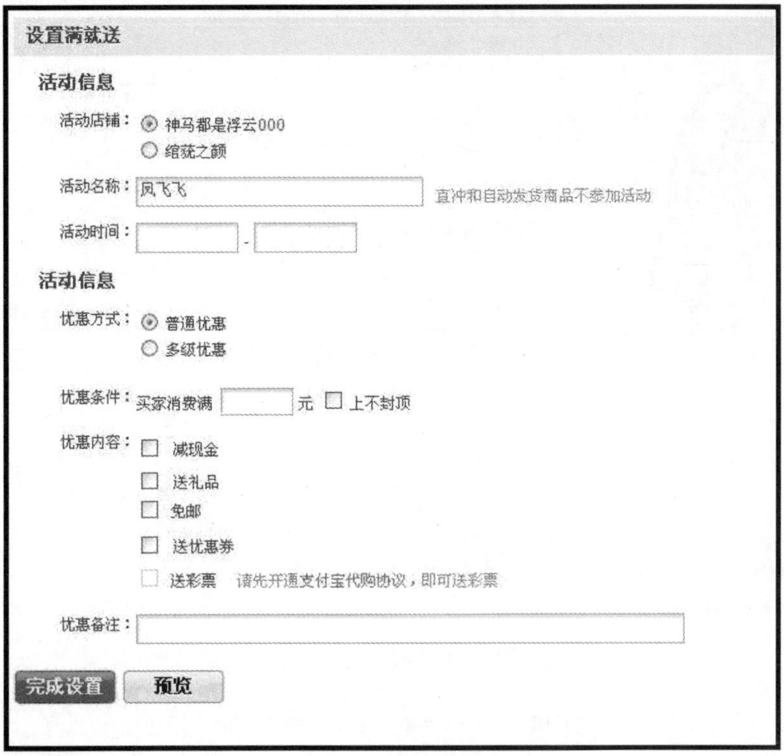

图 6-48 满就送设置页面

Step 单击"完成设置"按钮,满就送的推广服务就设置完成了。此服务推广代码还可以复制到其他的页面中去。如果下次需要修改里面的参数,可以单击底部的"更改设置"按钮,此页面即恢复到可编辑的满就送设置页面。取消此推广设置也很简单,单击旁边的"删除"按钮就可以了(见图 6-49)。

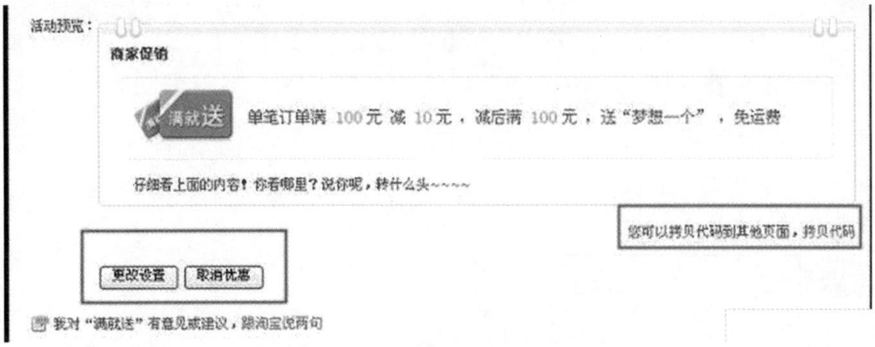

图 6-49 满就送设置完成页面

(2) 满就送服务促销实例

下面介绍"满就送礼物"、"满就减现金"和"满就免邮"三种形式的促销实例(见图 6-50、图 6-51、图 6-52)。

图 6-50　满就送礼物

图 6-51　满就减现金

图 6-52　满就免邮

15.11　套餐营销

套餐营销服务是一种能够将几种商品组合在一起设置成套餐来销售的促销工具。使用此促销工具能够提升店铺销售业绩，提高店铺购买转化率，提升销售笔数，增加商品曝光力度，节约人力成本。

(1) 如何开通套餐营销服务

要使用这个工具首先需要订购。登录淘宝网后，单击左侧营销中心下的"促销管理"，在打开页面中选择"搭配套餐"中的"马上订购"按钮。此服务一个季度的费用为 15 元。完成支付后，此项服务即可使用(见图 6-53)。

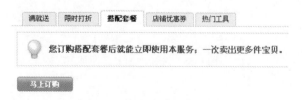

图 6-53　套餐营销工具订购

(2) 如何使用套餐营销工具

完成订购任务以后，单击服务订购完成页面中的"立刻体验"链接，就可以顺利进入到工具后台进行设置部分的操作了。

Step ☝ 单击"卖家中心"，单击左侧"营销中心"下的"促销管理"，选择"搭配套餐"选项卡，进入到套餐设置页面后即可设置(见图6-54)。

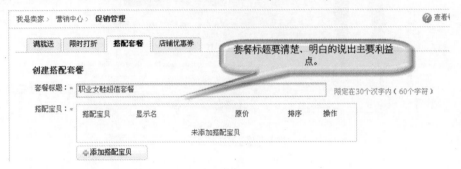

图 6-54　搭配套餐页面

Step ✌ 接下来，选择要添加的宝贝(见图6-55)。

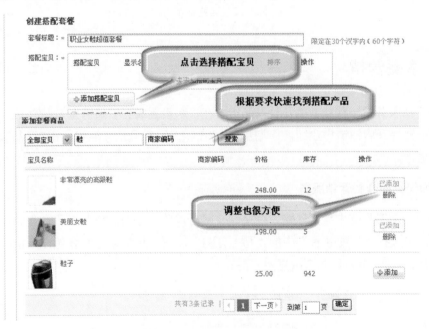

图 6-55　选择添加宝贝页面

Step 设定套餐的产品与价格，并为套餐挑选图片，填写介绍与说明，记得最后一定要"发布"哦(见图6-56、图6-57、图6-58)！

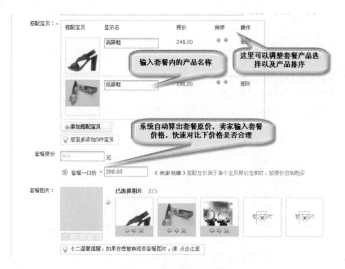

图 6-56　搭配商品价格

图 6-57　搭配商品添加图片

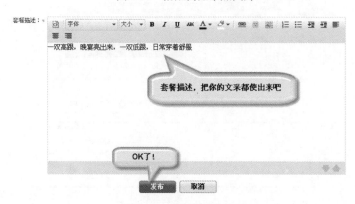

图 6-58　套餐描述与发布

Step ✋ 单击打开设置的搭配套餐营销促销的宝贝，在宝贝详情页面中可以看到，添加的搭配套餐已经生效(见图6-59)。

图 6-59　宝贝详情页面

(3) 套餐营销工具促销实例

这个搭配套餐促销实例使用了同类促销搭配方式。买家可能会通过多样的展示，找到更适合自己的同类宝贝(见图6-60)。

图 6-60　套餐搭配促销案例(1)

这个搭配套餐促销实例使用了互补的促销搭配方式。买家可能因为想要节约时间，会想要现成的、成套的产品(见图 6-61)。

图 6-61　套餐搭配促销案例(2)

15.12　限时打折

限时打折是淘宝提供给卖家的一种店铺促销工具，订购了此工具的卖家可以在自己店铺中选择一定数量的商品在一定时间内以低于市场价的价格进行促销。此工具能够通过超低折扣吸引流量，限时限量刺激购买行动力。

系统帮助卖家设置限时限量的打折活动，方便买家迅速寻找打折商品。活动期间，买家可以在商品搜索页面根据"限时打折"这个筛选条件找到所有正在打折的商品。

(1) 如何开通限时打折服务

要使用这个工具，首先需要进行订购。登录淘宝网后，单击左侧营销中心下的"促销管理"，在打开页面中选择"限时打折"中的"马上订购"按钮。此服务一个季度的费用为 30元。完成支付后，此项服务即可使用(见图 6-62)。

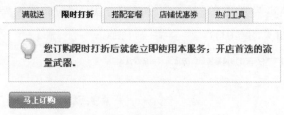

图 6-62　订购限时打折工具

(2) 如何使用限时打折工具

完成订购任务以后，单击服务订购完成页面中的"立刻体验"链接，进入工具后台进行设置。

Step 单击"卖家中心"，单击左侧"营销中心"下的"促销管理"，进入页面后即可根据提示设置(见图 6-63)。

图 6-63　限时打折促销设置页面

Step 设置促销时段。只要开始的时间是未来的一小时以后，结束时间可以任意设置(见图 6-64)。

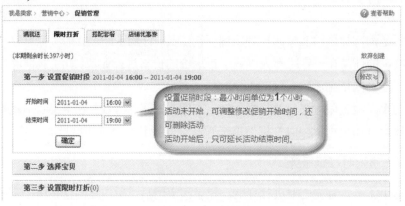

图 6-64　设置促销时段

Step 选择宝贝。在打开的页面中确认需要参加打折的宝贝，然后单击"参加打折"按钮，完成宝贝的设置后，单击底部的"完成选择"按钮(见图 6-65、图 6-66)。

图 6-65　选择宝贝(1)

图 6-66　选择宝贝(2)

Step 3 设置限时打折的折扣比率和每次限购人数，完成设置后，单击底部的"完成创建"按钮(见图 6-67)。

图 6-67　设置限时打折

Step 在最终的页面中可以看到这次限时折扣促销的详细信息，这样整个促销流程也就完成了。

选择在促销时段中，打开之前设置过限时打折促销的宝贝详情页面，可以看到促销工具的设置已经生效(见图 6-68)。

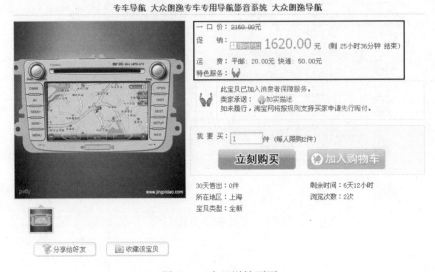

图 6-68　宝贝详情页面

(3) 限时打折工具促销实例

限制打折可以通过宝贝名和宝贝图片来进行宣传，打折的产品应该选择销量好且利润高的产品，这样才能在短时间内积聚大量客户，达到预期效果(见图 6-69)。

图 6-69　限时打折工具促销案例

212

15.13　其他推广

广告是无处不在的。除了淘宝上的推广工作，我们还可以在淘宝以外的地方做一些推广宣传，如论坛、博客、微博等。有些卖家还喜欢在国外的一些网站发帖来宣传自己的店铺，吸引了不少海外买家，效果非常不错。

不要把网店看成一个简简单单卖东西的平台，要有长远的眼光。首先要用心经营，诚信经营，在此基础上，利用各种渠道对自己的店铺进行推广，不要把眼光局限在有限的方式上。

总之，要有目标、有计划、有策略地进行推广。关注自己网店的顾客群，关注同行网店的客户群，关注潜在客户多的领域，关注同行没发掘的领域。采用适合自己网店的推广模式，选用适合自己网店的推广工具，迎合市场需求的变化，迎合顾客品位的调整。及时调查顾客类型及来源，及时反馈客户咨询，做好这些工作对于店铺推广有很大的帮助。

开了网店，顾客不会主动上门，因为这是一个酒香也怕巷子深的时代，需要你用心去推广。网店推广是一个持久的过程，需要一定的耐心和毅力，没有推广不了的网店，只有不会推广的店主。

?? 课后思考

(1) 请简要说明以上哪些推广方法适合你现在的店铺，为什么？

(2) 你觉得店铺推广还有什么好方法？运作时需要注意什么？

第7篇 奇门遁甲
——增值服务

　　由于目前淘宝倡导大淘宝概念，因此淘宝的平台更加开放，整合了很多优秀的项目。本篇主要介绍除旺铺、图片空间、旺铺装修模板、满就送、限时打折等增值服务以外的其他服务，其虽然不常用，却有其独特的功能。

第16课时　淘宝的增值服务

登录淘宝以后，进入"卖家中心"，单击左侧导航栏中"软件服务"下的"我要订购"，进入淘宝卖家服务页面，在这里可以看到所有不同类目的增值服务订购管理页面。默认的第一页是"可订购服务"页面，这里显示的是所有可以订购的淘宝增值服务的项目，如品控质检、运营服务、营销推广、店铺管理、数据服务、装修模板等(见图7-1)。

图 7-1　订购增值服务管理页面

单击淘宝卖家服务管理页面中右上角的导航中的"卖家服务—我的服务"，进入到已订购服务列表页面，这里显示的是你已经订购的增值服务的列表(见图7-2)。

图 7-2　已订购服务页面

单击我的服务管理页面左侧导航栏中的"我的订单"导航，进入历史订购服务列表页面，这里显示的是以前的订单，同样，我们也可以按照条件进行查看(见图7-3)。

图 7-3　历史订购服务页面

　　服务订购账户是卖家用户订购旺铺等淘宝增值服务的专用账户。目前只能用于订购"卖家服务管理"中的服务，不能用于购买"淘宝直通车"或购买宝贝。单击服务管理页面中左侧的"我的账户"，进入到账务中心，在这里可以对账户充值，也可以查询以往所有为服务订购账户充值的情况，包括每次充值的时间和单次充值费用(见图 7-4)。

图 7-4　充值管理页面

　　单击服务管理页面中的"账户查询"按钮，进入到账户查询页面。这里显示的是以往订购服务的流水记录，并且显示出你账户的服务订购账户总额和可用金额(见图 7-5)。

图 7-5　账户查询页面

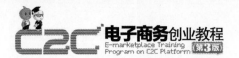

16.1 服务订购账户充值

单击账务管理页面中的“账户充值”按钮，页面进入到充值准备状态。在“马上充值”按钮前，输入要充值的金额(见图 7-6)。

单击服务管理页面充值准备状态下的“马上充值”按钮，弹出充值确认窗口，单击“支付宝充值”按钮(见图 7-7)。

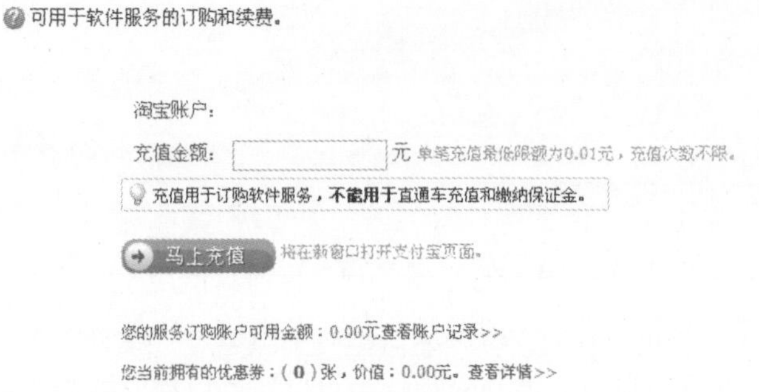

可用于软件服务的订购和续费。
淘宝账户：
充值金额：
元 单笔充值最低限额为0.01元，充值次数不限。
充值用于订购软件服务，不能用于直通车充值和缴纳保证金。
马上充值
将在新窗口打开支付宝页面。
您的服务订购账户可用金额：0.00元查看账户记录>>
您当前拥有的优惠券：(0)张，价值：0.00元。查看详情>>

图 7-6 账户管理页面

会员名：
充值金额：10元
淘宝将引导您至支付宝页面上完成此次充值。
支付宝充值

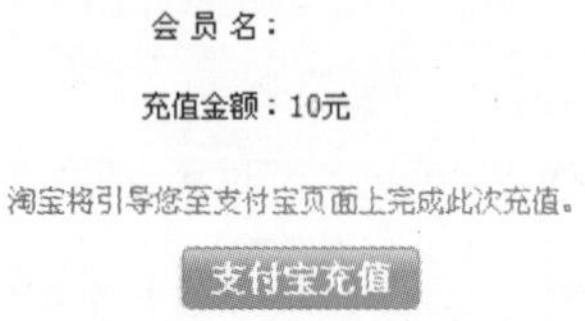

图 7-7 充值确认

进入到支付宝余额付款页面，选择支付方式，在支付密码框中输入正确的支付密码，单击底部的“下一步”按钮，按照步骤完成支付(见图 7-8)。

支付宝 收银台
充值，交易号：
10.00 元
您的支付宝余额为：0.00 元
我有支付宝账户，轻松付款：
支付宝账户：
忘记账户名？
支付密码：
忘记密码？
验证码：
换一张
下一步
我没支付宝账户，也能付款：
支持国内众多主流银行，有卡就能付！
邮箱或手机号：
验证码：
下一步

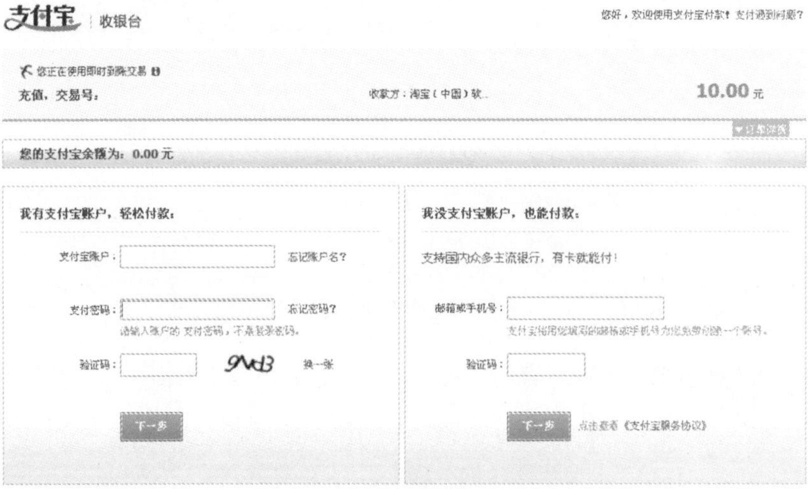

图 7-8 支付宝余额付款页面

进入到付款成功页面，其表示这次充值已经完成(见图 7-9)。

即时到账付款成功

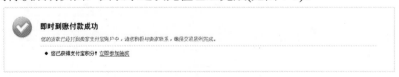

图 7-9 付款成功页面

回到账户管理页面可以看到，服务订购账户总额和可用金额都发生了改变。有了充足的服务订购账户金额，可以更方便地为自己订购的增值服务充值。

16.2 分销服务

分销服务是一个通过淘宝研发提供的，用于帮助供应商搭建、管理及运作其网络销售渠道，帮助分销商获取货源渠道的分销平台。它将供应商和分销商结合起来，充分利用淘宝的整合优势，大大提高了工作效率。这对于广大的淘宝代销卖家来说是一个福音。

淘宝的分销服务是通过天猫的供销平台完成的，比较正规和严格，使用了分销服务的用户都必须承诺遵守《天猫供销平台管理规范》、《支付宝服务协议》等所有公示于淘宝网的规则。

登录淘宝网后，进入"卖家中心"，单击左侧导航栏中货源中心下的"分销管理"，进入天猫供销平台页面(见图 7-10)。

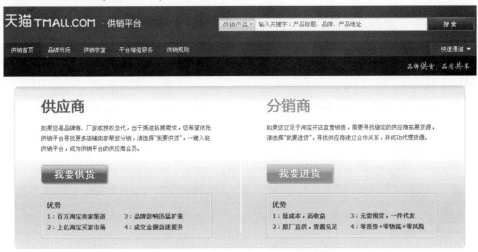

图 7-10 天猫供销平台页面

(1) 分销商服务

在淘宝的定义中，分销商是指通过分销平台分销商签约入口页面与《分销平台用户协议》各方签署协议，且拥有网络店铺或电子商务网站，利用淘宝分销平台寻找供应商并由此获得货源的销售者。只有开通了旺铺或者加入了消保的卖家，才有资格申请成为分销商。

要使用分销商服务，首先要向供货商提交申请。只有通过，才有资格分销他们的商品。单击"我要进货"，进入分销商页面，按照图 7-11 中所示的步骤进行操作。

图 7-11 进货五步骤

Step ☝ 首先要找到你要分销的商品类别，单击"确定"按钮(见图7-12)。

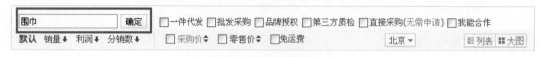

图 7-12　确定分销类目

Step ✌ 接下来，选择你要分销的商品，单击商品后面的"招募书"申请招募(见图 7-13)。

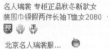

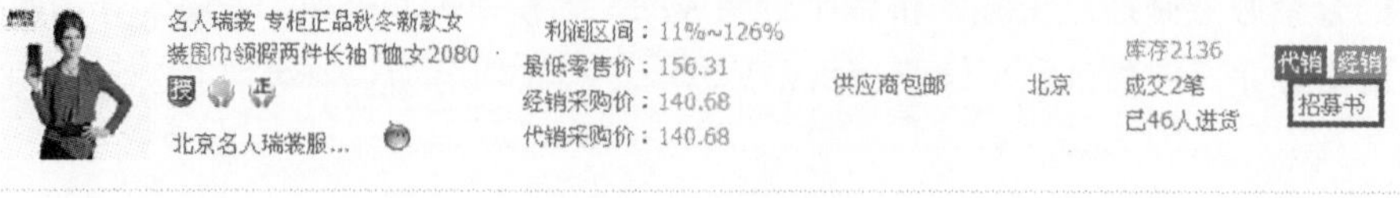

名人瑞裳 专柜正品秋冬新款女装围巾领跟假两件长袖T恤女2080

北京名人瑞裳服…

利润区间：11%～126%　最低零售价：156.31　经销采购价：140.68　代销采购价：140.68　供应商包邮　北京　库存2136　成交2笔　已46人进货　代销　经销　招募书

图 7-13　申请招募

Step 🖐 申请招募是需要一定条件的，进入页面以后，就可以看到条件，如果符合的话，就可以申请，并等待审核，审核通过即可上架销售商品(见图7-14)。

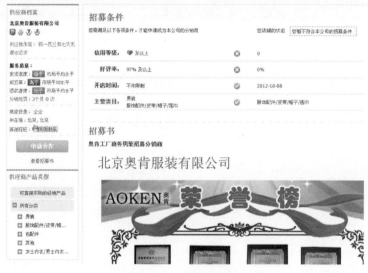

图 7-14　招募条件页面

(2) 供应商服务

淘宝的定义中，供应商是指通过分销平台供应商签约入口页面与《分销平台用户协议》(以下或简称"协议")各方签署协议，并通过淘宝分销平台进行产品网络销售渠道搭建、管理及运作的企业用户。

单击"我要供货"进入供应商页面。注意：成为供应商需要具备一定的条件(见图7-15)，如果你满足条件且通过考核，则可以入驻。

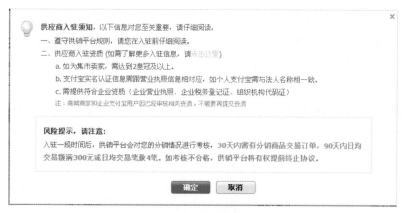

图 7-15　供应条件

16.3　其他支付方式

淘宝目前不仅有"支付宝余额付款"、"网上银行付款"、"快捷支付"，还集成了其他的支付方式用于增值服务，包括 "COD 货到付款业务"和"信用卡支付业务"。使用多种支付方式可以使自己的店铺适应不同客户的需要，扩大客户群，实现交易无障碍。

(1) COD 货到付款业务

货到付款服务是指当货物实际被交付时支付货款的一种交易方式，有别于事先预支货款。卖家在不需要买家支付任何费用的情况下对其发货，快递公司将商品送到买家手里经过验收后，买家直接付款给快递公司。快递公司再与支付宝结算，支付宝返款给卖家。

COD 货到付款业务是一项比较透明的交易保障措施，能够更有效地保障买家资金的安全性，还能让买家更方便地尝试网购，培养对于网购的信任感，有利于吸引买家并使业务长期展开。如要了解详细的交易步骤，请参考交易流程图(见图 7-16)。

图 7-16　交易流程图

目前此项业务是免费使用，无需申请。

(2) 信用卡支付业务

"信用卡支付业务"是淘宝为买家和卖家提供的一种支付工具。对于卖家来说，使用该工具后，买家就可以使用信用卡进行付款。对于买家而言，如果拥有信用卡，那么就可以在

淘宝网自由选购在信用卡支付额度内的商品，并进行一次性刷卡交易。

信用卡支付是指买家可以直接在淘宝上刷信用卡。而以往的支付方式是通过网银向支付宝充值，再付款，各银行的限额有所不同。买家在淘宝上使用信用卡支付业务购买商品不需要支付任何费用。

各银行开通信用卡支付后的支付额度是不一样的。购买已开通信用卡支付功能的店铺的商品，可提高其信用卡的刷卡额度(见图7-17)。

名称	额度	使用方式	支付方式
招商银行	信用卡限额	不需要开通网银	卡号、有效期、CVV2、查询密码、手机动态密码
中国光大银行	单笔每日（限额）5000元	免签约版-无需开通网上支付功能	卡号、有效期、cvv2、手机动态口令
	单笔每日（限额）200000元	阳光网盾-需要开通网上支付功能	卡号、有效期、CVV2、密码
兴业银行	单笔5000，账期内10000元	不需要开通网银	卡号、有效期、CVV2、支付密码、手机动态密码
中国银行	每笔每日最高限额5000元	开通网银	动态密码器版（卡号、有效期、密码）
交通银行	单笔每日(限额)5000元与信用卡本身限额孰低	手机注册	银行卡号或者支付卡号、附加码、手机动态密码、信用卡网上支付密码(非交易密码,网银内客户自己设置)
	单笔每日（限额)1万元与信用卡本身限额孰低	证书认证	银行卡号或者支付卡号、附加码、key密码、信用卡网上支付密码(非交易密码,需客户自己在交通银行网银内设置)
广东发展银行	单笔不超过500元，每日累计不超过1500元	通用版（银行网站在线签约）	卡号、密码、验证码
	若不设定支付限额，当日累计不限制	证书版（各网点办理，增加数字证书和KEY盾）	卡号、密码、验证码

图7-17 各银行信用卡的支付额度

信用卡支付业务为消费者在淘宝网购买大额商品提供了一个新的、有效的支付方式。对于淘宝的新用户来说，他们不需要到银行柜台上去开通网上银行，只要拥有一张信用卡即可以网上购物，立即支付，降低了新用户的初次购物门槛。淘宝网的信用卡支付将会成为时尚消费者淘宝支付的首选。

16.4 视频展示服务

动态视频展示服务是专为淘宝旺铺卖家打造的专业视频展示系统，为卖家提供视频上传、视频管理和视频展示等功能。视频动态展示服务包括："酷6网视频展示"、"123Show宝贝动态展示"、"土豆网视频展示"、"56.COM视频展示"以及"优酷网视频展示"。

如何开通此类服务呢？这里以优酷网为例。

Step 单击"卖家中心"左侧导航栏中软件服务下的"我要定购"，在打开的"淘宝卖家服务"页面中选择左侧导航栏中"图片拍摄/处理－图片视频工具"，进入到应用页面(见图7-18)。

图 7-18　图片视频工具页面

Step 进入到产品购买页面，优酷网视频展示服务有三种类型，包括"5 个视频，10 元/月"、"50 个视频，30 元/月" 和"不限视频，168 元/月"。这里选择第一种类型服务的"一个月"套餐，勾选页面相应服务前的方框，单击底部的"立即定购"按钮(见图 7-19)。

图 7-19　产品购买页面

Step 进入确认信息页面，这里显示了购买者用户名、服务名称、使用期限和订购金额等，在确认这些订购信息无误以及服务订购账户当前余额足够支付此服务价格后，单击底部的"同意协议并付款"按钮(见图 7-20)。

购买明细	购买者：		当前余额：0.00元					
新订购软件服务								
	名称		订购周期	开始时间	结束时间	价格 (元)	优惠 (元)	实付 (元)
1	优酷网视频展示 5个视频		1 个月	2013-03-15	2013-04-15	10.00	0.00	10.00
					付款小计：10.00 元			

应付总价：**10.00** 元
查看资费计算方式>>

☐ 自动续费　需要去支付宝 签订代扣协议

☑ 在服务到期前提醒我

☑ 匿名购买

请阅读 优酷网视频展示订购协议

同意协议并付款

图 7-20　确认信息页面

223

Step 进入订购成功页面，页面中的"订购成功"四个字表示你已成功订购优酷网视频展示服务，可以开始使用。

通过该视频动态展示系统，卖家可在商品描述中添加视频，全方位、多角度地展示自家宝贝，提升宝贝的浏览量，增强网络购物的用户体验。其可以为你的商品提供全方位、多角度的展示，增加商品售卖的互动性，提升商品的浏览量和售卖率(见图 7-21)。

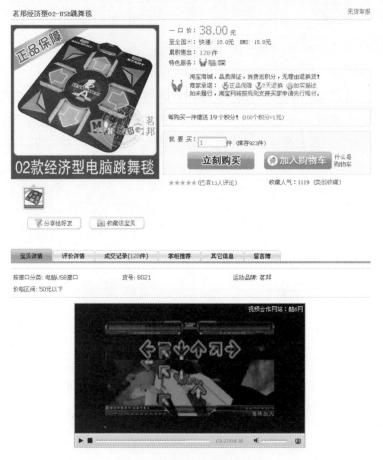

图 7-21 视频展示服务范例

16.5 店铺统计服务

店铺统计服务是专为淘宝旺铺量身打造的专业店铺数据统计服务，为店主提供店铺流量、商品被访、访问来源等店铺详细数据。此类服务包括"好店铺统计服务"和"量子恒道店铺统计"。这里主要介绍量子恒道店铺统计功能。

Step 首先需要订购量子恒道店铺服务。单击"卖家中心"左侧导航栏中软件服务下的"我要定购"，在打开的"淘宝卖家服务"页面中，选择左侧导航栏中"数据分析—

数据分析工具",进入到应用页面(见图 7-22)。

图 7-22　数据分析工具页面

Step ✌ 进入到产品购买页面,勾选页面相应服务前的方框,单击底部的"立即定购"按钮(见图 7-23)。

图 7-23　产品购买页面

Step ✋ 进入到确认信息页面,这里显示了购买者用户名、服务名称、使用期限和订购金额等,在确认这些订购信息无误以及服务订购账户当前余额足够支付此服务价格后,单击底部的"同意协议并付款"按钮(见图 7-24)。完成订购以后,该服务即可使用。

图 7-24　确认信息页面

16.6 试衣间服务

淘宝网针对服饰类目的宝贝，推出淘宝试衣间产品，此系统能够使卖家的商品得到全方位的展示，并且可以自由、简单地实现服装的搭配及试穿效果。

试衣间服务是一个虚拟试穿的超级体验平台，同时也是一个强大的营销工具。全新的商品陈列形式能够使所有用户体验全新的服装购物方式，能够全面提升买家购物体验，让买家真正享受到先试后买的安全的网络服务，从而提升卖家的成交率。

要想使用试衣间的360°真人模特试衣功能，必须先订购试衣间服务。

Step 单击"卖家中心"左侧导航栏中软件服务下的"我要定购"，在打开的"淘宝卖家服务"页面中，选择左侧导航栏中"店铺基础服务－行业店铺插件"，进入到应用页面，在众多应用中寻找"亲的试衣间后台"，或在搜索栏中搜索"试衣间"(见图 7-25)。

图 7-25　试衣间页面

Step 进入产品购买页面，勾选页面相应服务前的方框，单击底部的"立即订购"按钮(见图 7-26)。

图 7-26　产品购买页面

Step 进入确认信息页面，这里显示了购买者用户名、服务名称、使用期限和订购金额等，在确认这些订购信息无误以后，单击底部的"同意协议并付款"按钮(见图 7-27)。

Step 进入订购成功页面，页面中的"订购成功"四个字表示你已成功开通试衣间服务(见图 7-28)。

	名称	订购周期	开始时间	结束时间	价格 (元)	优惠 (元)	实付 (元)
1	家的试衣间后台 默认项目	1 个月	2013-03-15	2013-04-15	1700.00	0.00	1700.00

付款小计：1700.00 元

应付总价：**1700.00** 元
查看资费计算方式>>

☐ 自动续费　需要去支付宝 签订代扣协议
☑ 在服务到期前提醒我
☑ 匿名购买
请阅读 家的试衣间后台订购协议
【同意协议并付款】

图 7-27 确认信息页面

订购成功

图 7-28 订购成功页面

Step 订购成功以后，马上就可以应用该服务。先上传素材，试衣间素材包(mar格式)是针对用户需要展示的服装而专门制作的文件包，它具有 360 度展示服装宝贝的功能，可放大观看，使买家获得良好的虚拟试穿体验。目前，淘宝不提供素材包制作服务，也不参与素材包制作的过程。卖家需要联系技术提供商购买服务，以获取试衣素材包。

用户将从服务提供商那里得到的素材，上传到自己的淘宝店铺后，即可在淘宝试衣间和自己店铺的试衣间里查看展示的服装，并可以对服装任意地进行搭配。如此一来，可大大增加服装的展示效果和用户粘性(见图 7-29)。

图 7-29 淘宝试衣间

?⃗ 课后思考

(1) 淘宝增值服务是否有适合自己店铺的项目？
(2) 如何有效地利用淘宝增值服务为自己创造更多的价值？

第8篇 自成一派
——回头客，谁都想要

　　每个人都知道留住顾客能产生价值，也知道到回头客能给店铺带来长期利润。这是因为妨碍老顾客重复购买的"壁垒"更低，把东西卖给他们相对容易。所以，回头客，谁都想要。怎样才能留住回头客，是让人不得不思考的一个问题。留住回头客的方法有很多种，但无论哪种方式都与你的沟通能力、网店品牌以及客户关系息息相关。因此，本篇主要介绍有关沟通技巧、品牌建设和客户关系管理的内容。

第 17 课时　沟通法则与评价管理

"其实我的商品真的很不错，但是每次和买家谈及商品的时候，我都有点紧张，担心说得太好了人家不相信，说谦虚了人家又要压我的价格。"这是许多卖家都遇到过的问题。所以在销售时，一定要懂得如何与顾客沟通。良好的沟通技能是营销的基础，这需要我们掌握一些沟通原则，并且多多实践。

17.1　沟通的基本原则

(1) 与人交往，礼貌先行

有句古话："要让人敬己，必要己敬人。"人与人之间都是相互平等的，只有懂得尊重别人，才能获得与他人沟通、交流的机会，这也是赢得他人尊重的基础。交流中要多尊重别人的意见，要学会多使用征求性的话语，如："好吗？""您看行吗？""您觉得呢？"；要让客户觉得你是一个非常有礼貌的人，这样他们才会愿意与你交往。做任何一笔生意或发展任何一个客户，礼貌都是基础。

(2) 坦诚相待，诚信第一

诚信是网络交易中最重要的因素，如果没有诚信，网络交易无从谈起，我们一定要坚持诚信第一的原则，在销售中不要隐瞒任何问题，否则这些失信的行为将使你失去作为一个商人最宝贵的品质。各方面问题应尽量在交易之前向客户交代清楚，避免因隐瞒而引起纠纷，甚至差评。要做到坦诚相待，诚信为本。

(3) 将心比心，换位思考

沟通交往中，换位思考是非常有价值的，即从顾客的角度去考虑他们需要什么样的产品。通过这样的思考，卖家将能更好地理解自己与顾客之间的主要矛盾。只有站在一个买家的角度来考虑问题，才知道怎样来引导买家，你的观点、讲解才能得到买家的认同。如果顾客对你的产品提出很多要求让你难以理解或接受时，不妨先换位思考，从客户的角度去体会和分析客户如此期望的理由，提议卖家可以思考这样几个问题：买家为什么会选择我的商品？为什么要接受我的产品和服务？其实这里不外乎两个原因：其一，买家信任你；其二，买家一定能从与你的交易当中获得利益和好处，这也是相互之间合作的基础。任何一桩买卖，只要把握好这两个关键，成功的希望肯定很大。善于把握客户需求心理的卖家可以使其在产品推广中游刃有余，也能避免因不理解对方而产生的纠纷。

(4) 善听善解，领会意图

要成为一位沟通高手，首先要学会成为善于聆听的卖家，当买家未问完时，不要去打断，对买家的发问，要及时准确地回答，这样对方才会认为你是在认真地听他说话，觉得被尊重，这样才会对你和你的产品产生兴趣。同时，倾听可以使对方更加愿意接纳你的意见，让你更容易说服对方。交流中，找出对方话语中的关键词，领会买家想法，也可以帮助我们决定如何应答。只要自己提出来的问题或感想中加入买家所说过的关键内容，买家就可以感觉出你对他所说的话很感兴趣或者关心。要学会领会意图，抓住顾客心理，还可以在交谈过程中去看看买家的信用评价或者发过的帖子，多熟悉对方。一般来说，卖家可以从对方做过的评价、购买的商品以及交流中，大致了解对方是一个怎样的买家，然后做出不同的反应与服务。

（5）理性沟通，避免情绪

交流中，我们有可能遇到各种各样的买家：有的过于挑剔，询问几天还没有决定；有的对卖家不太尊重，连问话都像在质问；有的拍下商品后就消失了，联系他时还把问题怪到你头上，等等。遇到这些买家，都有可能让你的情绪在沟通过程中爆发。如果买家的行为真的让你生气了，此时需要的是理性与冷静，不理性时不要沟通。不理性的沟通只会带来争执，不会有结果，所以这种沟通无济于事。在有情绪时也不要做出决定，带有情绪的决定往往是冲动的，这很容易让事情变得不可挽回！相反，待冷静下来再与买家沟通协调，反而可能解除误会。说不准你们不但做成一笔交易，其还会成为你忠实的朋友和顾客。

17.2　如何与客户谈判

顾客总是希望价格低些，低些，再低些。这就意味着卖家或者降低价格，或者给予其他让利。遗憾的是，很多时候利润已经微薄到不能再降低价格或者随意赠送商品，这就需要销售者运用一定的谈判技巧，或者加重商品的砝码，或者减轻价格的砝码，让顾客充分认识到商品的价值，得到心理上的平衡，得出商品便宜、购买值得的结论。

开店，不可避免地会遇到讨价还价的情况。即使定价再怎么实在，利润空间一压再压，依然会遇到想压价的顾客。适当的让步是可以的，但不同的让步方式会产生不同的结果。这些你是否知道？

假如卖一件衣服，报价是 300 元，成交底线是 250 元，那么谈判的空间即是 50 元，怎样让出这 50 元是值得探讨的。下面是几种常见的让步方式。

① 一次让出 50 元

初级卖家经常使用此方法，主要由于欠缺实战经验，比较担心因价格导致议价破裂，所以一次将所有谈判空间全部让出去。这种让步方法显然是有问题的：买家会认为价格虚高，轻易做出如此之大的让步幅度，一定还有更大的让利空间，因而会在价格上继续步步紧逼，这时你已无路可退，最后很可能无法成交，即使交易达成，对方也会怀疑你的诚意，从而影响下一次的买卖。当然，有些卖家会说，我为了信用而做出平本甚至低于成本的销售，可是要记住，顾客并不理会这些。有时候，低价平本或者低于成本出卖也未必能得到顾客信任。

即使是经验丰富的卖家有时也会犯此错误。买家会使用各种方法来试探你的底价，通常会拿其他竞争者的价格给你施加压力。"人家价钱卖这么低，你为何卖这么高？"可能你对

这句话并不陌生，下一步你将如何处理？其实想想，如果买家是认定了对方价格低，为何不去那家低价的店买呢？这正好印证了一个道理：挑货才是买货人。

很多卖家在这时迫于压力会选择降价，甚至降到底价也在所不惜。但降价一定会促成交易吗？答案是：未必。如果遇到这样的情况，请放平心态，耐心和顾客说明，你的商品价值几何，如何物有所值。要晓之以理，动之以情。不要一时意气随意降价。因为这样会导致买家对你的不信任，或者干脆就觉得，你的利润空间还很大，犹豫是否应该购买。

② 分 5 元、10 元、15 元、20 元四次让出

许多卖家习惯于先让出一小部分，在观察对方的反应后做出下一个让步行动。比如在一开始先让出 5 元，并告诉对方这是最后的底限，但如此小的幅度对方通常不会同意，会要求你再次让步，于是你分两步让出了 10 元和 15 元，但仍然被对方无情地拒绝了，为了避免谈判破裂，你只能把最后的 20 元全部让给了对方。在做出所有的谈判让步后，你会如愿成交吗？其实这桩生意会变得很难成交，道理很简单：在每一次让步后，买家所得到的越来越多，你在不经意间使对方形成了一种期待心理。这时，即使你让出再多，对方也不会满足。这不仅是谈判的心理，也是人类长期形成的思维定式。

当然这种让步方式并不是没有成交的可能，也许买方欠缺谈判经验，在前两次让步后就达成了交易。在实际操作中确实有这种可能性，但这是一种侥幸心理，应当避免。

③ 五等分，每次让出 10 元

从表面上看，这是一种四平八稳的让步方式，每一次让步幅度都不大，谈判破裂的风险也较低。实际上，在各种形式的让步中，任何两次相同的让步都是不可取的。对方虽然不知道你究竟能让多少，却了解了每次 10 元的让步规律，在你做出一次让步后对方还会期待下一个 10 元。

以上三种典型的让步方式都是错误的，原因在于它们都会使买方产生更高的期待。正确的让步方式是：逐步缩小让步的幅度，让买方认为价格已经触及底线，不可能再有任何让步了。

④ 分 20 元、15 元、10 元、5 元四次让出

第一次让步需要比较合理，要充分激起买方的购买欲望，在买卖中期不要轻易让步，每一次让步幅度都要递减，最后的让步要表现出异常地艰难，必要时要使用让出底价的策略，引导买家顺着你的思路进行谈判，最终取得双赢的交易。

开店做生意，利润并不是最重要的东西。本着诚信至上的原则，坦诚对待每一位顾客，让顾客对我们的店铺产生信任感——这才是卖家真正的成功。将价格定得实在，也能节省和顾客讨价还价所耗费的时间和精力。所谓物有所值，意思就是一分价钱一分货，什么样的物品定什么样的价格；千万不要漫天开价，然后让顾客就地还价，这样的生意做不长久。诚恳待客，注重服务，远比降低价格更容易让顾客愿意回头。

议价小技巧

- 比较法：你的商品价格虽高但质量确实好，或者与同类商品相比质量相仿但价格确实最低，在买家熟悉竞争商品并提到竞争商品时，不妨采用比较法说明自己的价格

合理。

- 信誉差价法：在讨价还价的过程中，可以采用不变价格，强调信誉及服务，如提出及时发货，包退包换，公司的知名度高等打动买家。
- 价值差价法：强调商品的价值及买家购进这批商品后将得到的利益，以降低买家对价格的专注。
- 分期付款法：必要的时候，可以运用分期付款的方法销售，以刺激买家的购买力。但运用这种方法时，一定要事先对买家进行信用信息调查，保证不会出现呆账、烂账等情况。
- 最低价格法：在谈判进行到适当的时候，可以以摊牌的方式表明"这是最低价了"。运用这种方式，需要注意留有余地，防止出现僵局。

17.3　如何引导顾客成交

网上店铺销售既是一项复杂的技术，又是一种技巧性很高的艺术。每一个卖家从寻找买家开始，直至达成交易获取订单，不仅要周密计划，细致安排，而且要与买家进行重重的心理沟通。由此，成功的销售要求你必须顺应顾客的心理活动轨迹，审时度势，及时在"促"字上下工夫，不断强化买家的购买欲望，采取积极有效的销售方法去坚定买家的购买信心，敦促买家进行实质性思考，加快其决策进程。一般来说，卖家可以根据买家不同情况下的心理特点，尝试采用以下相应的推销方法和技巧去加快交易的进程，取得推销的实质性收效。

① 请求成交

在推销商谈中若出现以下三种情况时，可以果断地向买家提出成交请求。

一是商谈中买家未提出异议。如果商谈中买家只是询问了产品的各种性能和服务方法，掌柜一一做回答后，对方也表示满意，却没有明确表示购买反应，这时你就可以认为买家在心理上已经认可了产品，应适时主动向买家提出成交。比如说："您看若没有什么问题，我们就成交吧！"

二是买家的担心被消除之后。商谈过程中，买家对商品表现出很大的兴趣，只是还有所顾虑，当通过解释解除了买家的顾虑，并取得了买家认同以后，就可以迅速提出成交请求。如："现在我们的问题都解决了，您打算买多少？"

三是买家已有意购买，只是拖延时间，不愿先开口。此时为了增强他的购买信心，可以巧妙地利用请求成交法以适当施加压力，达到直接促成交易的目的。如你可以说："这个宝贝物美价廉，库存已经不多，趁早买吧，保您满意。"

② 假定成交

假定成交是假定买家已经接受推销建议，进而直接要求买家购买商品的一种方法。这种方法的立足点是假定"买家会买"，一般是在介绍完产品的特点，并解答买家的疑问之后，买家一再表示出购买信号，只是拿不定主意而迟迟不下决心，这时就可以以自己的信心去感染买家，不失时机地向买家提出一些实质性的问题，帮助他下定购买决心。比如，某卖家对

一位想买连衣裙的买家说："这款连衣裙是最新的款式，马上就要流行起来了，考虑好了就去拍吧。"再如，经商谈后买家已没有异议并表现出对商品颇感兴趣，这时可以对买家说："可以送货上门，你什么时候方便？我给你送过去。"

③ 选择成交

选择成交是在假定买家一定会买的基础上为买家提供一种购买选择方案，并要求买家立即做出购买决策的方法，即先假定成交，后选择成交。例如："这种鞋子有水晶底和橡胶底两种，你喜欢哪一种？"选择成交法适用的前提是：买家不是在买与不买之间做出选择，而是在产品属性方面做出选择，诸如宝贝价格、规格、性能、服务要求、订货数量、送货方式、时间、地点等都可作为选择成交的提示内容。这种方法表面上是把成交主动权让给买家，实际只是把成交的选择权交给了买家，无论怎样选择都能成交，并利用充分调动买家决策的积极性较快地促成交易。

使用选择成交法时，首先要看准成交信号，针对买家的购买动机和意向找准推销要点；其次要限定选择范围，一般以两三种选择为宜，多了会使顾客举棋不定，拖延时间，降低成交几率；最后，要当好参谋，协助决策。

④ 小点成交

其是先在一些次要的或小一点的问题上与买家达成共识，并逐步促成交易的方法。这种方法比较适宜用在买家的一些重大购买决策上。一般而言，面对重要的决策问题，买家容易产生较重的心理压力，因此会显得慎重和缺乏信心，不会轻易做出购买决定，而在一些较小的成交问题上心理压力较轻，比较容易做出明确表态。"小点成交法"就是利用了买家的这一心理活动规律，避免直接提示重大的、顾客易敏感的问题，采用避重就轻的策略促成大单成交。这里所谓"小点"问题一般是指有关诸如商品包装、运输、交货日期和保修条件等一些相对次要或易取得一致意见的问题；所谓成交重点问题即指购买决策的重大问题，或是成交本身问题。因此，"小点成交"就是先就成交活动的具体条件和具体内容达成协议，再就成交活动本身达成协议，采取的是循序渐进、迂回进攻的策略促成交易。例如表示："这个价钱也算公平吧，关于包装和运送的问题也由我们负责，您尽管放心使用，如果没有别的问题，我们就这样定了吧！"这里，卖家没有直接提及购买决策本身的问题，而是先提示包装及运送之类的次要问题并取得认同，慢慢诱导买家做出购买决定，同时主动提出成交请求。

⑤ 从众成交

从众成交也称排队成交推销技巧，是卖家利用人们的从众心理，促使买家立即做出购买决策的方法。由于人的消费行为既是一种个人行为，又是一种社会行为，既受个人购买动机的支配，又受社会购买环境的影响，个人认识水平的有限性和社会环境的压力是从众心理产生的根本原因。因此，买家会把大多数人的行为作为自己行为的参照。从众成交法就是利用了人们的这一社会心理创造出一种众人争相购买的社会风气，以减轻每个买家的购买风险心理，促使迅速做出购买决策。例如：店铺下面的成交信息中如果已经有许多人拍下了宝贝并已成交的话，路过的人也容易随之加入排队的行列。因为买家会想：既然有那么多的人已经买了，一定是好东西，不能错失良机。这样一来，排队的顾客会络绎不绝，队伍越来越长，而在这支队伍中，多数人可能并没有明确的购买动机。这就是利用了买家的从众心理。

利用从众成交法有利于提高推销效率，促成大批交易。但要注意讲究职业道德，不能拉帮结伙欺骗买家。

⑥ 阶段成交

阶段成交是把洽谈过程分成多个阶段，循序渐进促成交易的方法。一般来说，当遇到一些重大的交易很难一下谈成时，可根据事先了解的情况做出洽谈计划，定出分段洽谈目标，将买家异议分阶段解决，直至最终达成交易。

心理学家曾提出了一个"门槛效应"，为分段说服提供了理论依据。这个效应指：一个人一旦接受了别人一个无关紧要的要求，接下来往往会接受大的，甚至不合心愿的要求。同样，若拒绝了别人提出的第一个要求，往往也会拒绝第二个要求。因此，推销过程中如果先将异议进行分解，循序渐进地开展说服工作，不断地积累共识，异议就会逐步缩小，成功的可能性就会增大。比如，一般的消费者较容易在价格上提出反对意见，但其购买宝贝时，则要综合多方面的因素才能做出决策，即其价格的背后实际上关心的是价值。因此，有效的推销最好不要在讨价还价上下工夫，应首先强调用户受益，当对方意识到自己的需要可以得到满足时，商品在买家心中的价值就会得到提升；接着强调服务保障，进一步打消买家疑虑；最后再来敲定价格。议价时应先报出折价下限，如果对方还有要求，可再商量进一步折价能否换取对方酬答，比如购买量能否再多一点或为卖家介绍新客户等，然后痛快地做出一点让步便可立马成交。

⑦ 机会成交

机会成交是店家直接向买家提示这是最后成交机会，促其立即购买的一种成交技巧。人们的购买活动是一个决策过程，决策就是在各种因素中权衡，只要条件允许，这种权衡就会继续下去，以致于会变得犹豫不决。基于这种心理，在买家已基本确立购买意向的情况下，为坚定其信念，加快购买过程，可适当渲染一下紧张气氛，用提示后悔的办法，让顾客意识到购买是一种机会，良机一去不复返，不及时购买就会产生损失。这样，买家的购买心理就会紧张起来，由犹豫变为果断，促使其立即做出购买行为。比如，在和买家谈好一个产品的价格后，你可以说："哎，其实这个价格卖给你我真是一点赚头都没有了，这样下去，我的小店要亏本了！"

17.4　评价管理

在整个交易中，商品成交只是其中的一部分环节，我们还要注重售后服务以及评价，评价在网络交易上显得尤为重要，成为顾客购买商品很重要的一个参考因素。下面将对评价进行详细说明。

(1) 信用评价定义

信用评价是会员在淘宝网拍下商品后，在评价有效期内(交易建立后的 3～45 天)就该笔交易互相做评价的一种行为，交易成功立即可以评价。只有使用支付宝并且交易成功的交易评价才能计分，非支付宝的交易不能评价。另外，如果在评价前已完成支付宝全额退款，将不能进行评价。

(2) 信用评价基本原则

信用评价分为三种，即："好评"、"中评"或"差评"。

① 好评：卖家货真价实，态度好，交易快捷等；买家付款及时。

② 中评：卖家物品有瑕疵未说明，交易较为拖拉等；买家付款较慢。

③ 差评：卖家物品与网上描述有较大差距，未完成交易，交易过程中态度恶劣等；买家态度恶劣，未付款。

在评价时应正确把握评价尺度，给对方做出恰当的评价内容。

(3) 评价有效期

一笔网上交易于交易生成时间起的 3～45 天内为评价有效期。有效期过后不能评价。可以在"我的淘宝—已买到的宝贝"、"已卖出的宝贝—评价"中来完成评价。支付宝交易成功后可以立即进行评价。

(4) 信用评价规则

① 使用支付宝且交易成功的交易可以进行评价并生效计分。好评加 1 分，差评扣 1 分，中评不得分。

② 淘宝全网都有匿名购买功能，会员在任何类目购物都可以选择匿名评价，并且评价会生效计分。

③ 每个自然月中，相同买家和卖家之间的评价计分不超过 6 分(以支付宝交易创建的时间计算)。超出计分规则范围的评价将不计分。

④ 若 14 天内相同买卖家之间就同一商品有多笔支付宝交易，则多个好评只计 1 分，多个差评只计-1 分。

⑤ 评价是否计分一般不会在评价内容后注明，只有在未通过支付宝付款情况下，会注明评价不计分。但不计分的评价照常显示，仅不计入淘友的信用指数。

⑥ 如一方评价另一方未评，使用支付宝交易且交易成功的，在单方评价 45 天后系统会自动默认给予评价方好评。

(5) 评分规则

店铺评分是指会员在淘宝网交易成功后，买家对卖家的如下四项工作分别做出的 1～5 分的评分：宝贝与描述相符、卖家服务态度、卖家发货速度、物流公司服务，其中物流公司服务评分计入物流平台，不计入卖家的评分中(见图 8-1)。

店铺评分和信用评价是并存的，虽然两者体现的内容不一样，但都是为买家提供更多维度的参考价值。

图 8-1　店铺动态评分

(6) 信用级别如何递增

淘宝会员在淘宝网每使用支付宝成功交易一次，就可以对交易对象做一次信用评价。评价分为"好评"、"中评"、"差评"三类，每种评价对应一个信用积分，具体为："好评"加 1 分，"中评"不加分，"差评"扣 1 分。卖家的信用度分为以下 15 个级别，如图 8-2 所示。

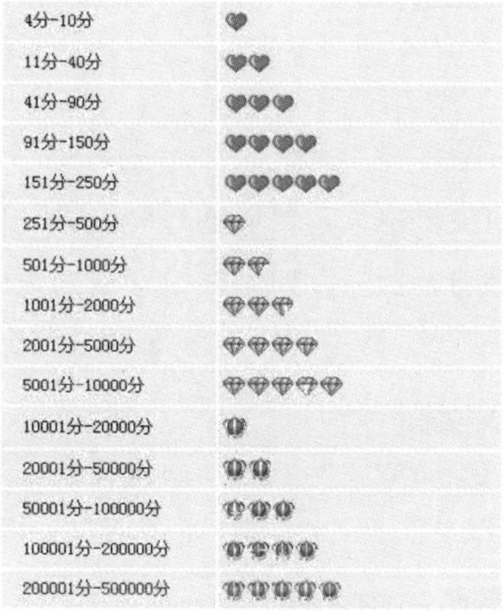

图 8-2　信用级别递增图

17.5　售后服务

如果你想做一个足够细心的掌柜，"客户档案"是必不可少的。当接到买家的订单后，就可以在"客户档案"中记录交易的所有相关信息，如交易日期、会员名、真实姓名、电子邮箱、联系电话、收货地址、购买商品、成交金额、会员赠品等，这些便于卖家进行日后的交易管理，能快速查找到客户的相应信息，提高自己的工作效率，同时也可以让对方感受到你的专业。

(1) 建立客户档案资料

建立一个 Excel 表格来管理客户资料是一个很实用的办法，当接到买家的订单后，就可以在这里记录交易日期、会员名、真实姓名、电子邮箱、联系电话、收货地址、购买商品、成交金额、会员赠品、备注等信息，在备注里还可以用不同的颜色区分顾客的会员级别，便于查询他们应该享受的购物折扣。

有了这个客户档案文件，以后可以根据顾客的网名找到他的其他相关信息，这种方法很实用，尤其适合销售易耗品的卖家。因为很多老顾客会一直来消费，有了这个档案，只要顾客在店里消费过一次，以后再来购物就无需再向他索要收货地址及其他信息，只需核实一下信息是否变化即可。

(2) 追踪服务

在市场竞争日益激烈的趋势下，我们不仅要对售前负责，更要注重售后服务。当顾客购买我们的产品以后，我们可以定期或不定期地询问顾客使用后的感受，对产品是否满意，这样可以使客户感受到我们对他的关心，可以加深顾客对我们的印象，从而赢得买家的信任。如果下次还需要购买，买家很可能会再次选择我们店铺里的产品。这些后续服务都可以根据客户档案中的客户信息进行追踪跟进。

(3) 客户关怀

① 生日祝福

如果记得买家的生日，在他生日那天，可以通过旺旺、站内信或邮件等方式，给他一份生日祝福，相信你的买家会很感动。当然，如果你给寿星当天购买的商品打折，也是不错的生日礼物哦！

② 节日问候

一年当中有很多节日，我们可以通过旺旺、站内信等方式给买家发节日问候，如果买家很多，可以群发节日问候。这样做其实并不会耽误多少时间，也许还会收到意想不到的效果。

③ 温馨提醒

一个好卖家在交易中总是给买家带来很多温馨的提醒。例如给买家发货了，那么可以通过旺旺留言，告之对方已经发货以及物流的状态，让买家对交易有一定的了解，达到双方互相信任；还可以告诉对方商品正确的使用方法等有价值的信息。

其实客户关怀的方法还有很多，这些工作也都是建立在详细掌握客户信息的基础之上的。

但很多卖家都有这样的疑问，家里上旺旺，公司上旺旺，聊天记录不全怎么办？买家多，要求更多，记不住了怎么办？现在这些问题都有 Alisoft 网店版帮你解决。另外，Alisoft 网店版有更多的新功能，如进销存管理、单据打印、批量评价等，这些知识我们已在前面第 4 篇讲解，此课将详细讲解与客户关系管理的相关内容。

第 18 课时　建立自己的网店品牌

去商店买衣服的时候消费者总喜欢认准了一个牌子买，认为那个牌子的价格、款式和风格非常适合自己。这就是品牌效应。

什么是品牌？品牌一般被认为是一个名称、一个标记、一个图案和一个形式，或者它们的组合。因此，品牌是一个在消费者生活中通过认知、体验、信任、感受、建立关系，并在消费者心目中占得一席之地的产品。它是消费者感受一个产品的总和。

中国原外经贸部副部长、世贸首席谈判代表龙永图曾经说："对于一个人、一个企业、一个民族、一个国家来讲，品牌形象至关重要。品牌形象往往意味着人民对这个国家的信任和信心。"

品牌不仅意味着产品(质量、性能、款式)的优秀，心理和精神消费才是真正的重点。

现代品牌策略大师史蒂芬·金认为，产品是工厂所生产的东西，品牌是消费者所购买的东西。产品可以被竞争者模仿，品牌却是独一无二的。产品极易过时落伍，但是成功的品牌却能持久不衰。

对于网店来说，品牌即是整体服务感、品牌认知度、产品信任度的综合体现。

18.1　品牌意识无处不在

你可能会问，一家小小的网店能做出什么品牌？其实，品牌无处不在。人家去商店买东西喜欢买"有牌子"的东西，那是因为"有牌子"的东西质量靠得住，服务也令人满意。同样的道理，买家到网上买东西也希望买到质量有保障且卖家服务态度良好的产品。因为网上交易首先是不见面的，商品也只能通过图片和照片来看，买家完全是根据自己对卖家的信任程度在购物。所以在这样看似"不怎么牢靠"的情况下，品牌的价值更加重要，甚至可以说是网店的生存之道！

如果你的店铺宝贝价格合理，信誉度也高，掌柜自身也具有一定的声望，可想而知，你的生意一定差不了。

网上交易中，最宝贵的就是卖家及店铺的知名度，就好比生活中那些大名牌对我们的影响，有时候甚至比信誉度还要重要！

那么，网上经营的品牌意识体现在哪里呢？

(1) 专项经营是根本

选定自己的主营项目，主营商品品种占经营商品品种 90%以上。这就像商场里的专卖店，有专门卖鞋子的、专门卖香水的，等等。如果一个人想买一瓶香水，他肯定考虑专门做香水的牌子，因为专卖和专营要专业一点。同样道理，你主营一个项目，买家对你的信任度也高。

(2) 拥有品牌意识

要明白自己的店铺必须有个"主推点",这个主推点就像主营商品一样令人印象深刻。比如,你的 ID 叫小 F,那么你卖的宝贝就叫"F 之×××"。制造个人品牌最简单的途径就是把自己的 ID 或者店名当做品牌来推广。

(3) 明白品牌的背后都有文化积淀

每个大品牌后面肯定都有许多的故事与文化。比如它的背景,就是品牌的文化。品牌背后的故事也是品牌的宣传方式之一。

(4) 品牌要飞跃

当你的品牌价值在某一平台达到高点的时候,也就意味着你打开了另一扇门,另一个领域。因为品牌具有能动性,一旦建立起来,就会有拥护者、追随者,哪怕换另一个经营平台,也会吸引买家的到来。就像 LV 的女包,已经有了非凡的知名度,无论在全世界哪个城市开分店,都有拥护者来追随。

品牌与平台的完美结合过程,是一个双向沟通协作过程。商品是基础,定位是推广目标,在了解与协调好这一过程后,才能更有效地建立、推广和发展你的品牌。

那么,该如何创建自己的品牌呢?

(1) 从店名开始

不要马马虎虎地给自己的网店取名字,或者不容易记,或者没什么特色。要有长远打算,应该考虑以下问题,如取怎么样的名字,给人怎样的感觉,是不是朗朗上口,与产品是否有关联性,等等。

(2) 用户名

用户名也很重要,不要认为只有登录的时候才会用到用户名。你是否注意到,店铺旁边最显眼的除了商品就是你的用户名。买家决定购买你的商品,就要与你联系,如果你的用户名复杂又难记,不利于买家再次想起你,会影响买家帮你做口碑宣传。

(3) 产品名

运用想象力,给自己的商品取一个好听而又让人印象深刻的名字。

(4) 受众群

别指望一网打尽所有人。通常一个品牌都是针对一类人群或多类人群的,要想照顾到所有人,就等于谁都没有照顾到。品牌一定要有一个明确的受众群定位,针对什么人,哪些人最需要你的商品,这些人的口味和共同点是什么,等等,这些都是我们要考虑的。

(5) 价位

确定了受众群以后,我们就可以确定品牌的价格定位了。要创建自己的品牌,就要有自己的价格定位，根据明确的价格定位，就可以在此基础上，依照实际情况上下浮动标价了。

(6) 店铺氛围

想给进入店铺的买家营造一个什么样的感觉？是清新自然的感觉还是酷酷后现代的感觉？店铺的装修是最直接将品牌感觉和定位传达给买家的方式。比如 ESPRIT，你就会想到那红色的店面标志；提起麦当劳，人们会想到那个黄色的 M；而"依恋"服饰的整个店铺都装修得非常学院味。通常，买家还没有看见商品的时候，最先看见的是店铺，根据店铺的装修风格，他就会判断这家店的东西适不适合自己，以及自己是不是喜欢这个风格。

以上提到的要素都是在做定位，品牌定位就是给品牌找一个独特的位置，主要是指品牌给目标消费群的一种感觉，是消费者感受到的一种结果。

任何企业都不可能为市场上的所有顾客提供所有的产品或服务，只能根据自己的具体情况选择具有优势的细分市场，否则就会处处兼顾、处处失败，处于被动境地。作为市场定位的核心，品牌定位就是帮助企业确定最有吸引力的、可以提供有效服务的目标。

品牌信息是什么？即与你品牌定位相关联的推广项目。比如：科技以人为本。而网店品牌信息体现为：时尚、尊贵、身份、实惠、亲切、便利等。

卖家可以通过店铺的细节向买家传递店铺的信息。因此，我们要重视店铺的任何一个角落。

18.2　品牌的推广

(1) 人脉的力量

不要忽略了人的力量，所谓一传十，十传百，口碑就是这样建立起来的。如果你在淘宝开店，可以告诉你的亲友，希望他们来光顾。然后他们又把消息告诉给他们的亲友，这样一路传下去，产生的影响不可低估。

(2) 适当利用名人

很多品牌都请明星做代言人，做广告。这是为什么呢？因为名人有名人效应。我们的店铺也可以想办法与名人搭上关系，比如：一件 T 恤起名叫"××T 恤，周杰伦的最爱"。如果买家对 T 恤不感兴趣，至少也会对周杰伦的"最爱"感兴趣吧！进去看了，买不买是次要，至少你的店铺多少会给人留下一些印象。

(3) 时时刻刻不忘宣传

在网上论坛里经常会看到有的人拿自己的店铺链接作为签名，要么索性把自己的商品图片也一并发上去，走到哪就挂到哪，要是一个帖子的点击率超过 20 万，那么保守估计他的信息至少被看过 10 多万次。瞧，这不也是一种宣传推广的办法！

(4) 论坛社区活动积极参加

在淘宝论坛里有许多卖家，也有不少买家。卖家要积极地在上面发帖，比如经营店铺的

一些小诀窍，宝贝图片摄影的技巧等，别忘记在帖子最后顺便宣传一下自己的小店，这样既提高了知名度，也给其他的掌柜提供了不少好的建议，一举多得！

另外，也要尽可能地多参加论坛和社区组织的线上和线下活动，活动是相互认识的最好、最快的方式，通过参加活动也能让更多的人认识自己和自己经营的店铺。

18.3 品牌也需要发展

品牌也需要发展，否则用不了多久，品牌也会面临衰落和消亡。

品牌需要一个连续性的发展，可以借助以下常规手段进行维护。

(1) 名片

名片上有店铺的名称、网址和电话号码，还有卖家的名字和职务。不管走到哪里，带上一些名片。

(2) 广告传单

利用网商消费者遍布大江南北的特性，印制一些广告传单随产品发放。

(3) 打折优惠

给予你的第一批顾客或限定在一定时间内的所有顾客一些折扣或减价。这种措施会鼓励潜在顾客试用你的产品或服务。

(4) 促销产品

订做一些印有网店名称的 T 恤衫、帽子或者其他小礼品作为赠品，甚至可以把店铺的名字印在购物袋子上。

18.4 品牌≠商标

品牌是形象的标签。商标并不等于品牌，只是建立品牌的一个不可或缺的条件，是品牌打造过程中必不可少的元素。品牌是通过传播介绍给消费者的产品，品牌是消费者对产品的体验和感受。每个品牌背后都有一个产品，但并非每个产品都可以成为一个品牌。品牌建立于牢固的忠诚度上，顾客不易被拉走，品牌是产品和消费者之间的长期互动，不能一蹴而就，需要持续不断地宣传、维护。

📝 课后思考

(1) 换位思考：如果你是买家，什么样的店铺会使你成为回头客？

(2) 你认为客户关系管理可以给卖家带来什么？

第9篇 防微杜渐
——重视交易安全

　　自互联网诞生那天起，网络安全一直是人们关注的焦点。随着网络购物环境的成熟，越来越多的人加入了网络购物的行列，网络购物安全也引起了更广泛的重视。互联网与现实社会一样，充满各色人等，甚至出现了一些专门在网络上行骗的网络骗子。如何养成安全的网络使用习惯？如何实现安全的网上交易，防范网络骗局？这些将是本篇要解决的问题。

第 19 课时　会员账户安全

电脑开机要密码，电子邮箱要密码，淘宝登录要密码，支付宝支付还要密码……这么多的密码要是每个都设置不同的密码，那记起来不是很麻烦？能不能统一把密码设置成"123456"呀？简单又好记！

但是，万一密码被盗……

19.1　如何防范网络病毒和电脑安全

在淘宝开店，我们大部分的工作都是在网上完成的，并且经常会有各种转账汇款付款等操作。这就对我们的网络安全有了更高的要求。只有切实做好有效的防范的工作，才能够完全避免遭受损失。如果要切实保障我们的财产安全，需要至少做到以下几点。

- 首先，最重要的就是预防。不要轻易登录一些来历不明的网站，尽量避免上一些比如赌博、色情等高风险的网站。对于陌生人的邮件，最好克制好奇，不要打开。别随便打开网上下载的压缩文件，里面有许多可疑的.exe 和.bat 文件，需要时时保持警惕，发现异常及时删除。尽量不要随便把自己的个人信息留在网络上，尤其是一些不知名的网站。
- 其次，给自己的电脑构建一个"防火墙"。如果你的电脑没有安装病毒防护软件，这是非常危险的。这里推荐 360 安全卫士与 360 杀毒软件配合使用。这两套软件都是永久免费的，并且其功能和技术完全不逊色于那些收费软件。当然，如果你想要更放心一点，可以选择 ESET NOD32 安全套装。
- 要确保你安装的病毒防护软件是最新的，并且及时升级软件，更新病毒库。现在网络上的病毒越来越多，防不胜防，不及时更新的话会很容易遭受新型病毒的攻击。要及时更新下载系统补丁，360 安全卫士有扫描漏洞并自动提醒下载安装系统补丁的功能。
- 要主动出击，定期使用杀毒软件扫描你的系统，杀灭潜伏的病毒和木马。通常一个星期就要进行一次快速查杀，一个月就需要进行一次全面的查杀工作。

19.2　密码安全不容小视

在我们的生活中，会使用到很多密码：银行卡、网站登录、电子邮箱、支付宝账户，等等。有些人为了图简单，把这些密码都设成一样的，觉得这样会便于记忆。殊不知，这样会带来很大的安全隐患，一旦这些密码中的一个密码被破解，所有账户将处在极不安全的状态。现在我们在淘宝网上通过支付宝账户购物涉及很多密码：淘宝的登录密码、支付宝账户的登录密码和支付密码、注册邮箱的密码、网银的登录密码和支付密码，等等，以上的每一个密码都关系着账户安全问题。在研究如何保障账户和密码的安全前，让我们先整理一下思路，看看我们会经常用到哪些与淘宝网有关的重要密码。

(1) 网上支付的相关密码

● **淘宝的登录密码**

通过淘宝会员名配合此密码可登录淘宝网，进入"我的淘宝"查看淘宝账户信息，查询交易记录，进行网上购物或者管理自己的店铺，在淘宝社区论坛发帖或回帖，等等。淘宝网上的一些页面也必须登录后方可访问。

重要度：★★★★

● **支付宝账户的登录密码**

支付宝账户的登录密码即登录支付宝的密码，只有在登录时会涉及。其可用来查看支付宝的交易记录、账户余额等信息，不能动用账户里的资金，所以不会因丢失而直接威胁账户资金安全。

重要度：★★★★

● **支付宝账户的支付密码**

支付宝账户的支付密码是支付宝账户采取支付行为时需要输入的密码，直接关系到支付宝中的金额。如果你的支付宝账户中存有资金的话，那么支付宝账户也可以看做是你的一个银行卡账户，当"取钱"时，就需要输入支付密码。一定要注意把支付宝账户的登录密码和支付密码区别开来，设置成不同的密码。一旦登录密码被别人获取了，你还有第二道防线——支付密码作为保护。如果两个密码一样，别人只要破译一个密码就可以盗取账户内的金额。

重要度：★★★★★

● **注册邮箱的密码**

注册邮箱即登录支付宝账户时使用的电子邮箱，虽然这个密码不直接涉及账户内的金额，但是其非常重要。万一用户忘记了支付宝的密码，就要通过这个邮箱来接收重置密码的信件。可以说，邮箱密码是其他密码安全的基础，如果这个邮箱不安全，那么包含支付宝账户在内的所有密码也就不安全了，所以要特别注意牢记此邮箱密码。

重要度：★★★★★

● **网银的相关密码**

这类密码的重要性大家都很清楚，这关乎银行账户的安全。这里主要区分网银的支付密码和支付宝账户的支付密码。在支付宝网站(www.alipay.com)上进行的各种操作，都只涉及支付宝的支付密码，不会要求使用任何银行密码。在给支付宝充值时，也是另外打开银行的网站来操作的。而在银行网站上，用户就需要输入银行的相关密码。例如，网上银行的登录密码、银行卡密码、电子支付卡密码等，针对不同的银行网站会有不同的设置和不同的密码类型。大家在给支付宝账户充值或者直接通过网上银行进行付款等操作时需要使用银行的相

关密码，而与支付宝的支付密码无关。特别要注意的是，最好记住自己经常使用的网上银行地址，也可以使用支付宝上的网上银行链接，但是千万不要轻易使用他人通过旺旺等聊天工具发来的网上银行地址进行操作，以防他人发送假冒的银行地址进行诈骗。

重要度：★★★★★

(2) 如何找到安全又易记的密码

如何设置密码非常重要。如果密码过于简单，很容易被别人破解；如果密码很复杂，虽然不易被破解，但是自己也会记不住，这样，账户虽然安全了，但是自己也无法使用。所以，设置好记又不易被破解的密码非常重要。下面介绍一些密码设置方法。

● 将两个或多个字合并到一起，并将数字和符号组合在一起。

例如："you[are]welcome"，"wa&658ter"。

● 使用自己能够记住的短语的缩写。可以包含数字和符号。

例如，将"天上掉下个林妹妹"变成拼音，就是"tian shang diao xia ge lin mei mei"，取首字母就是密码"tsdxglmm"，"飞流直下三千尺"就可以缩略成密码"flzx3qc"，将"I try to ride my bike 20 miles every Saturday"缩略成密码"It2rmb20meS"。

● 使用标点符号和数字以及人名的缩写或比较熟悉的物品名称。

将自己最喜欢的艺人、运动员、朋友、电影、书籍或历史人物改成密码，例如，将"赵雅芝、千年等一回"变成拼音，"zhao ya zhi，qian nian deng yi hui"，再组合成密码，"zyz，qnd1h"，将"Gandhi，Abraham Lincoln 和 Joan of Arc"组合成密码"1G，2AL，JA"

● 丢弃常用语中的所有元音字符，然后添加数字或符号。

例如：将"Walk three dogs"改为"Wlk3Dgs"。

类似的思路还有很多，大家可以开拓思维，越是不常用的密码组成思路，安全性越高。同时大家还可以注意使用数字与字母组合，数字、字母与网站允许的特殊字符(如：@！*等)组合等方式，使密码安全性更高。此外，还需要养成一个习惯：将密码记录在小本上，放在家中。这样即便忘记也有地可查。

(3) 账户密码被盗原因

我们把账号密码的被盗原因进行总结，以便大家有针对性地进行防范。

● 密码过于简单

小 a 是个网上新手，听说淘宝上的东西比较便宜，就注册了个账号，为了方便记忆，用自己的手机号码作为密码。两个月后的一天，小 a 出差回来后发现自己的账户被盗，别人以他的名义买了许多东西，令他悔恨莫及。

防范措施：避免使用过于简单的密码。

● 木马病毒

会员 b 某天在旺旺上接到会员 c 发过来的一个文件，是 c 向 b 订货的清单，由于好不容易有生意，b 迫不及待地点击了接收，1 分钟后，b 的电脑黑屏，重启后，发现已登录不上淘宝。原来 c 发来的是木马病毒，并通过病毒盗取了 b 的账户密码。

防范措施： 不接受不明文件，不点击未经证实安全性的网址链接，同时学习使用病毒及木马防火墙来提高电脑对病毒的防范能力。

● 管理不当

会员 d 某天出差在外，由于要紧急处理淘宝上的一笔交易，只好上网吧登录淘宝，其间有个人站在 d 的背后，偷偷看到了 d 的用户名和密码，但 d 没有注意，回家后 d 发现淘宝账号已登录不上。

防范措施： 尽量不要在公共场所使用密码，如必须使用时，要特别注意安全，同时，出门不要带记有密码的笔记本，以防遗失。

● 暴力破解

会员 f 向客服报告账户无法登录，怀疑被盗，但是自己并没接收过任何文件，也没有登录过任何不明网站，一直在自己家里登录，密码设置非常复杂，客服帮忙查看后台后才发现这个会员的账户曾经被尝试登录 300 多次。

防范措施： 密码越复杂，密码组合的思路越不常见，被暴力破解的可能性就越低。如果遇到账户不能登录的情况，需及时询问淘宝客服。

(4) 盗用账号的目的

很多网友认为盗取账号的目的都是为了盗取对方的支付宝账户中的资金，其实也不尽然，除此之外，其还有以下几种可能：修改交易对方对自己的评价；双方交易纠纷时，盗取账号以作弊或报复；发布欺诈商品，以便在网络上行骗；甚至还有一些是恶意捣乱。

19.3 支付宝数字证书

(1) 支付宝数字证书的作用

在网络不安全因素铺天盖地而来的时候，怎样确保账户的安全呢？

开通网上银行，使用户可以直接在网上转账、缴费、查询余额，而不用跑去银行排队。与此同时，一定要申请所在银行的数字证书，即使其他人拿到了你的账户和密码，由于没有数字证书，他也只能进去看看，无法进行任何实质性的转账操作。

淘宝同样提供了数字证书的认证！千万不要怕麻烦，一定要申请数字证书。这个数字证书就像你在淘宝的身份证一样，是唯一的。即使别人知道了你所有的密码，没有数字证书也无法进行支付操作。

支付宝数字证书采用先进的加密数字签名技术，用电子方式证实用户身份，并根据支付宝用户身份给予相应的网络资源访问权限。数字证书安装成功后，未使用数字证书登录账户将不能对账户资金进行操作，切实保障用户账户安全(注：数字证书目前仅对通过"支付宝

认证"的会员提供)。

(2) 支付宝数字证书申请过程

Step 使用自己的账户密码，登录支付宝网站(https://www.alipay.com)，然后单击"我的支付宝"，选择申请证书。目前，淘宝账号在注册的时候都会提醒用户使用手机进行绑定，继而验证账号，当然也可以使用邮箱进行验证，因此，我们绑定的手机号码尽量不要更换，在申请数字证书的时候还需要进行验证(见图 9-1、图 9-2、图 9-3)。

图 9-1　申请支付宝数字证书

图 9-2　申请流程

图 9-3　安装数字证书控件

Step 安装好数字证书的控件后，单击"完成"按钮(见图 9-4)。

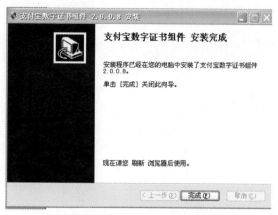

图 9-4　完成安全控件的安装

Step 在图 9-3 的页面中单击"申请数字证书"按钮(见图 9-5)。

图 9-5　申请支付宝数字证书

Step 按步骤填写相关信息，并用手机验证，单击"提交"按钮(见图 9-6、图 9-7)。

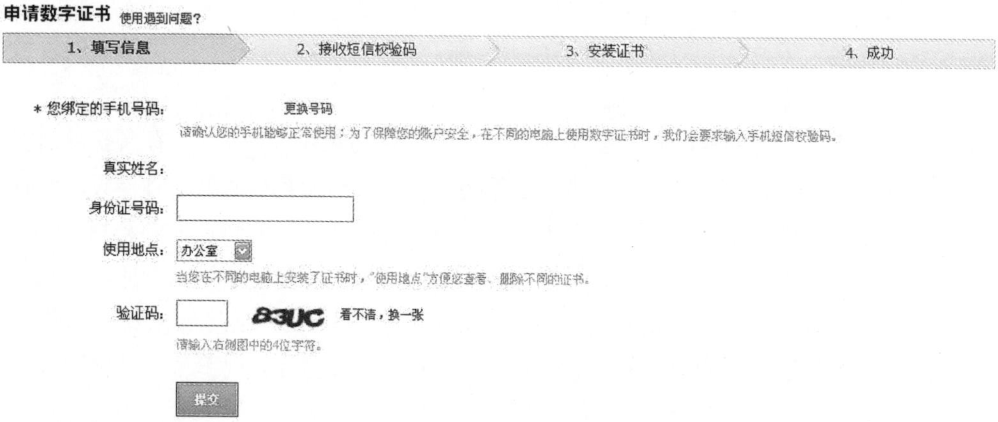

图 9-6　按步骤申请支付宝数字证书

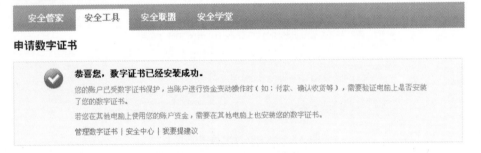

图9-7 手机验证

通过验证，并成功安装数字证书后，会出现如图9-8所示的页面。

图9-8 成功申请支付宝数字证书

申请完支付宝数字证书以后，每次使用支付宝进行交易，系统会自动检测你的证书。如果没有检测到证书，就只能做一些查询操作。安装了支付宝数字证书，即使密码被盗了，也不用担心账户安全。但是如果连证书都被盗了，账户仍然会有危险。所以要仔细保管数字证书。

建议用户把证书备份到移动存储设备上，如U盘、移动硬盘、软盘等。在备份的时候还会涉及一个备份密码，这个密码也很重要，请务必记住。如果没有这些移动存储设备，那么还有一种办法可以帮我们存储备份证书，即以附件的形式将证书发到自己的邮箱里，证书的大小只有不到2k，存在邮箱里绝对没有问题。需要注意的是，一台电脑里申请的证书只能在这台电脑上使用，其他电脑上无法进行资金操作。但是，对于一些上班族来说，白天在公司，晚上在家里，如何做到两台电脑都能使用支付宝账号呢？这就体现了备份数字证书的重要性。

──── 账户安全小贴士 ────

在平时使用过程中，要妥善保管好自己的账户和密码，不要在任何时候以任何方式向别人泄露自己的密码——淘宝网和支付宝绝不会要求你提供密码。如果有人知道了你的密码，要立即更改并联系淘宝客服。如果你向别人透露了银行密码，应及时到银行柜台办理修改密码手续。

创建一个安全密码。尽量避免选用自己的生日或昵称等他人容易获取的信息作为密码，也尽量不要使用与其他的在线服务(比如易趣、MSN 、Yahoo 或网上银行)一样的密码，在多个网站中使用一样的密码会增加其他人获取你密码的可能性。

核实网址。每次登录尽量直接输入正确网址，不要从来历不名的链接访问网站。

及时更新杀毒软件并安装防火墙；不要在网吧等公共场所使用网上银行；不要打开来路不明的电子邮件，也不要接收不明来历的附件；即使是熟人发过来的附件，也要确认后再接收和运行。

平时不要在用于网上支付的银行账户中存放过多的金额，需要进行网上消费时再通过电话银行或者其他方式从其他的银行账户转入足够的金额。

第 20 课时 会员交易安全

通常只听说卖东西的商家会骗人，让花钱的消费者上当受骗。在网络上，卖家也有可能受骗。

20.1 发货是关键

交易发货，是卖家最容易上当的环节，一些骗子就是靠各种各样的手法，变着花样地从卖家手里骗东西。

所以，卖家在发货前应仔细核对买家提供的收货地址和收货人(或其代理收货人)姓名，如果买家提供的收货人姓名和地址与在网上提供的不一致，一定要小心！卖家应建议买家仍采用拍下宝贝时使用的那个收货地址或收货人，以避免发生不必要的争议。

另外，尽量保留与买家联系的信息资料；发货时应对邮寄的商品进行完备地包装，以保证商品顺利抵达买家手中；发货后应保存好发货凭证；如果是虚拟物品，也应保存好发货的相关截图。

如果卖家不能委托物流公司帮助收款的话，建议慎重使用货到付款的方式。很多吃过类似亏的掌柜都知道，即便是交易过多次的老买家，也不能百分百信任。一些人往往通过几次小额交易，让卖家对其产生信任，之后找借口要求卖家先发货，金额通常都比前几次大。所以，郑重建议大家要坚持自己的原则——款到发货！

当然最安全的方法还是使用支付宝来完成交易，不过一定要等到交易状态变成"淘宝收到买家汇款，等待卖家发货"时再发货。

20.2 防骗应骗锦囊

为了帮助大家更清醒地认识骗子的骗术，我们用 36 计的形式总结了 16 种常见的骗局，希望大家提高警惕。同时也要注意，骗子的骗术也会不断地"推陈出新"，但万变不离其宗，只要大家举一反三，灵活运用防骗技巧，就可以有效地避免上当受骗。

- 瞒天过海

骗子首先和卖家联系购物，骗得卖家的信任。然后，他说没有注册支付宝，要卖家直接提供银行户名和账号，之后又对卖家说，有点不信卖家，要求先付 50%，货到后再付 50%。当然，卖家发完货之后，骗子就消失了。对付这种骗子的方法是必须全款发货！

- 围魏救赵

骗子说没有注册支付宝，要卖家直接提供银行户名和账号，然后想办法套出卖家的身份证号码，在套出卖家的身份证号码和身份证复印件后，卖家银行账户上的钱就莫名其妙地没了。经核查发现，骗子根据身份证信息伪造了假的身份证，然后去银行挂失，并骗取卡里的现金。身份证号码是大家需要注意保密的个人信息，对付这种骗子的方法就是千万不能泄露自己的身份证号码。

● 借刀杀人

骗子先用电话和卖家联系，然后说打电话联系太贵了，自己的 QQ 又用不了，希望借卖家的一个 QQ 和卖家联系(不少职业卖家有多个 QQ 号码)。当卖家把 QQ 号和密码讲给他听后，卖家的 QQ 号就被他盗用了。这种骗子只骗卖家的 QQ 号，但由于卖家的 QQ 是用来做生意的，所以很容易泄露商业秘密。

● 以逸待劳

骗子先用支付宝付款，然后提出和卖家见面交易。当卖家在同城交易中将货交给他后，骗子立刻申请退款，理由是"没有收到货"，而此时卖家又没有办法向淘宝提交发货凭证，无法向淘宝网投诉，骗子行骗得以成功。对付这种骗子的最佳方法就是注意在同城交易时，要对方写下收货的凭据。当然，最好还是通过支付宝交易。

● 声东击西

骗子先假装购买货物，而且一定是笔大生意。骗子会再三要求优惠价格，并且要求卖家提供小礼品。而骗子一收到货后，就以货物质量问题为由要求退款，而且要求退款的数额是货物的原价，当然，还会说没有收到过小礼品。对付这种骗子的最佳方法就是使用支付宝，如果不能使用支付宝，就一定要留下实际交易价格的证据。

● 无中生有

骗子用支付宝交易，但说急着要货并让快递到店铺来拿。等卖家把东西交付给快递，骗子立刻就在支付宝申请退款，说卖家没发货。在这种情况下，快递和骗子往往是一伙的。对付这种骗子的最佳方法就是，避免使用不熟悉的快递，实在要使用买家提供的陌生的快递，一定要拿货的人写下收据。

● 暗渡陈仓

骗子说要直接汇款到卖家的账户，然后把银行的汇款单传真给卖家，要你马上发货。待你发完货、到账上去查时，一定查不到货款，因为骗子的传真是假的。传真是可以造假的，不可轻信，对付这种骗子的方法最好是使用支付宝，钱不到账，坚决不发货。

● 隔岸观火

骗子还是说直接汇款到卖家的账户，然后将银行的汇款单传真给卖家。其利用银行交割不及时的空子，中途要求银行撤回汇款。这种方法和上面的方法大同小异，区别只是汇款单是真的。此时卖家发了货，却收不到款。这种骗子得逞的原因还是因为交易中没有使用支付宝。

● 笑里藏刀

骗子先和卖家套近乎，东拉西扯，了解卖家的情况，然后试着破解卖家的旺旺密码，等卖家下线后，进入卖家的小铺，更改商品售价，然后狂买一把，让卖家损失惨重。对付这种骗子的方法是要保护好自己的旺旺，切忌使用容易被破解的密码。

● 借尸还魂

骗子说同城交易，并在交易的过程中使用假钞，令卖家损失惨重。同城交易时一定要注意假钞问题。

● 调虎离山

骗子说同城交易，在交易的过程中，谎称工商来了，等卖家一恍惚，拿了东西就跑；或者说身上没带钱，要卖家和他一起去拿，等到了个陌生的偏僻之地，等待卖家的是事先准备好的陷阱……所以，如果碰到注册时间不长，又从没有交易记录的买家，应尽量不要独自去不熟悉的地方同城交易。

● 抛砖引玉

骗子先和卖家套交情，再买些小东西博得卖家的好感，交易中也特别守信用。可是有一天，他突然要大量订货，然后找个理由不用支付宝，要卖家先发货。等卖家一发货，他就消失了。对付这种骗子，要警惕突然改变交易习惯的顾客，特别是信用等级不高的，即使是熟客，也要尽量使用支付宝交易。

● 擒贼擒王

这种骗子事先会对卖家的小店做细致研究，然后谎称有卖家店中需要的货源，直接可以供货给卖家，而且他的东西肯定是卖家不太熟悉的，而且只要卖家帮他挂出来销售，不要卖家的货款，供货条件也很优惠。此时一般卖家会接受他的建议。不久，卖家的小店会有顾客大量订货，可卖家店中又没有这么多，只好去找那个供货商。供货商却说这么多的货，要付全额。卖家看到已经有人要了，就毫不犹豫地付清了货款。当卖家再去找当时要货的买家时，却怎么也找不到买家了，只好自己拿着一大堆销不出去的东西。所以，在没有经过仔细权衡后，不要轻易尝试经营自己不熟悉的产品。

● 釜底抽薪

刚刚开始经营小店的时候，卖家急于寻找货源，往往只和供应商口头谈好条件。等卖家的小店稍有起色时，供应商马上涨价，或者断货。卖家不得不接受涨价条件或者重新寻找货源。所以，要未雨绸缪，早早和供应商签订合作协议。

● 浑水摸鱼

骗子先在淘宝和卖家讨价还价，说好一件商品后，先用支付宝拍下，但不支付。然后又说要到卖家所在地点看货，在卖家这里左一个、右一个地挑选，搞得卖家晕头转向后拿了东西就走。实际上，买家没有付钱。遇到这种情况，一定要确认支付宝已收到买家的款项，再发出商品。

● 关门捉贼

骗子先在淘宝和卖家讨价还价，然后到卖家的仓库来看货，时间却是安排在晚上。人来了以后，左看看右看看。若卖家的店铺防范不严，卖家店铺很可能会在不久后被盗。所以一般不要让陌生人来到仓库，特别是注册时间短又没有交易记录的买家。

20.3　防范钓鱼网站

　　互联网和现实社会一样，存在着一些以骗取钱财为目的的不法之徒。很多人都曾经在自己的旺旺上收到过通知你中奖的假信息，只要稍加思考，都能够发现这是别有用心的骗子发过来的。骗子的目的很简单：要么想直接骗取你的钱，要么想骗取你的账号和密码，以盗取你的款项。

　　所谓的"中奖信息"就是告诉你，你中奖了，然后利用你"领奖心切"的迫切心情，上他们的当。所谓"钓鱼"就是指骗子用中奖等信息为诱饵，骗取他人信任，然后通过各种行骗手段诱使买家和卖家上当，骗取钱财货商品。

　　有些人存有侥幸心理：或许我真的中奖了呢？可是，天上不会掉馅饼，对于网络上的信息，特别是通过聊天工具主动发送过来的信息，一定要细心辨别真假，提防骗子行骗。

　　下面，我们总结了钓鱼网站发出的信息的几个特点：

- 通过旺旺和其他工具冒充淘宝员工发布中奖信息、账户被盗提醒、激活提醒等；
- 要求使用其他联系工具(非阿里旺旺)，或者提供相关网站要求登录；
- 发送假冒淘宝、支付宝或银行界面的网站页面(即我们所说的钓鱼网站)来窃取会员账户及款项。

　　以上三点为钓鱼网站的基本特点，我们只要注意以下几点就可以避免上当受骗：

- 淘宝网任何活动的中奖信息都会由小二在淘宝社区发布，大家可搜索这些帖子进行核对；
- 淘宝网和支付宝绝不会使用除站内信和旺旺之外的方式与用户联络，同时所有淘宝网和支付宝小二的旺旺名片上都明显地注明为店小二，大家可以根据这个识别小二身份；
- 所有淘宝网和支付宝有关页面在旺旺中都将显示为安全链接 🛡️，如果显示为 🛡️，则表明此网站的安全性有待考证，在后一类网站中，不可轻易单击进入，更不可输入淘宝或支付宝的密码。同时，大家可以直接记住淘宝和支付宝的官方域名：www.taobao.com 和 www.alipay.com。

　　下面是到目前为止，淘宝发现的一些钓鱼网站，如果你"不幸"收到类似网站链接，不要打开或者单击，更不要在这些网站上输入任何个人信息。

(1) 钓鱼网站"黑名单"

http://taobao.weedns.com

www.taokaka.com

http://taobao.qq-1.us

http://taoba0.h172.1stxy.com.cn/

http://taobaoo.h172.1stxy.com.cn/

http://taobao.h3.1stxy.net.cn/

http://www.taokaka.com/

http://tbw.taobao.cn.com/

http://www.alipay.3.tl

http://taobao.uyhd.com/

http://tao-bao.qq-1.us/

www.zhcsd.com

http://uim0002.dbl3.51ym.com/200010.htm

http://www.alipay.pvs.cn/

http://www-alipay.china-v.com

http://ailpay.512j.com/

http://www.alipay.icelon.com

www.alipay.14f.cn

http://taobao1.yi.org

http://www.sky77.cn/2

http://www.huitkd.cn

http://huodong.web253.bootchina.com/index2.htm

http://taobaor.6699.net

(2) 举报

如果你发现了类似的钓鱼网站或其他安全威胁，请及时通过淘宝网举报，举报方法如下。

Step 首先打开发钓鱼网站的旺旺号对话框，单击"举报"按钮(见图9-9)。

图9-9　淘宝旺旺号对话框

Step ✌　在打开的"举报"页面中，把举报信息填写到"附加说明"中，单击"举报"按钮，完成举报工作(见图 9-10)。

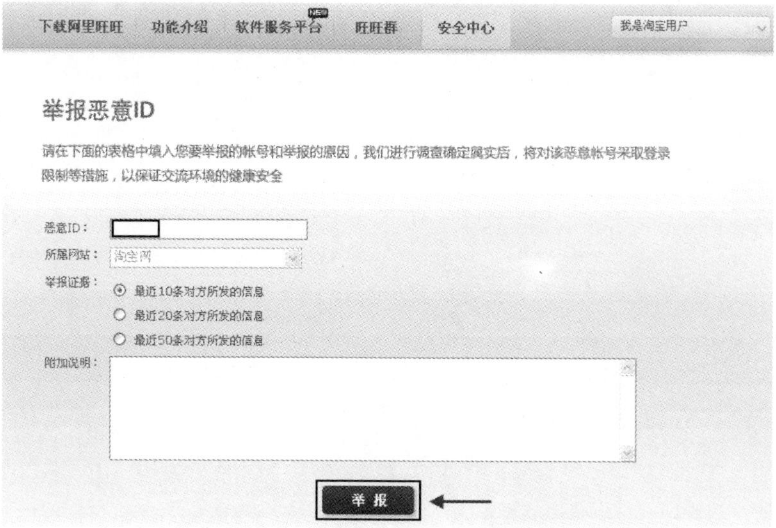

图 9-10　选择相应的举报类型

Step 🖐　你也可以访问"交易安全"页面，发帖到诚信防骗居反映你遇到的问题(见图 9-11)。

图 9-11　发帖到诚信防骗居

?。课后思考

(1) 思考还有哪些措施能够更安全地保护你的账户？

(2) 在交易过程中，如果你受骗了，该如何补救？

第10篇 功德圆满
——如何规避与处理
交易纠纷

　　交易成功啦！本来大家应该皆大欢喜，可是，五湖四海的朋友在网上交易那么多琳琅满目的商品，难免会有口角，起纠纷，那么一个合格的卖家应该如何应对买家的不满，避免这些纠纷呢？或者在出现纠纷的时候，又应该如何正确地处理呢？让我们在本篇中一一介绍。

第 21 课时 常见的纠纷种类与分析

由于种种原因，买卖双方可能在交易中产生一些不快甚至不满。一般来说，买家和卖家之间可能出现的纠纷大多是在商品、物流、包装和服务几个环节上。

21.1 商品纠纷

(1) 商品本身的质量问题

● 案例

🔨 差评 [详情] mp4 常常自动关机。

🔨 差评 [详情] 店主啊，你的袜子太不禁穿了，我只穿了一天，前面破得整个脚都能露出来。晚上睡在对面的同学看到便问我：好个性的护腕，在哪里买的？

● 分析

通过上面两个例子，大家可以看到商品质量确实是关键。质量靠不住，服务再好，价格再低，也于事无补。谁喜欢只买了一天的东西就坏掉，换成你是那位套着"个性护腕"的买家，不给个"差评"，心理上能平衡吗？

这些质量问题都会带来纠纷，如何处理请见第 22 课时。

(2) 商品细节与描述不符

● 案例

🌳 中评 [详情] 裤裤也太粗了吧，上身一点效果也没有了，图片上模特穿的是这款吗？差距咋这么大？

🔨 差评 [详情] 这件 T 恤的颜色和图片上相差得也太离谱了，这哪是色差呀，分明以为我是一个色盲嘛；掌柜很肯定地说是正版，可是那个线头多的呀……

● 分析

要做好网络生意，商品图片和描述是最必要的，没有它们，怎么能够清晰地把商品信息传递给客户呢？或许你希望交易前双方可以沟通交流，但这样势必会增加你的工作量，而且有些买家也没有太多时间来清楚地问你关于商品的详细情况，或者说新手还没有这样良好的习惯，看着喜欢就顺手拍下了。然而，收到商品后发现与图片和描述差别很大，这样很容易引起纠纷。

因此这些问题应该尽量避免，对于不能表达清楚的或有差异的情况要事先说明。

(3) 商品使用效果与描述不符

● **案例**

🖼 差评 [详情] 你的瘦身霜，真把我害苦了，腿部的脂肪没燃烧，反而把我的眼睛辣得半死！

🖼 差评 [详情] 效果和介绍的不相符，使用后根本吸不出黑头，并且产品做工粗糙。

● **分析**

这些纠纷看上去类似于上节的"商品细节与描述不符"，但实质上要严重很多，因为已经在使用过后产生了不良的反应。

很多卖家为了尽快将宝贝卖出去，在描述宝贝的时候拼命鼓吹宝贝的使用效果，说得天花乱坠。可能会有买家基于信任买了你的宝贝，但是后续出现的纠纷会使你的信誉降低，得不偿失。

大家应该秉持诚信经商的基本原则，绝不能做损害客户利益的事情。

21.2　物流纠纷

(1) 货物延误

● **案例**

🖼 差评 [详情] 情人节的 99 朵玫瑰你居然没有帮我送出去。你这不是害人吗！

🖼 差评 [详情] 拍下来后电话联系好了，但不发货，送女朋友的鲜花没有收到，差点和我分手。做不了就不要做！

🌸 中评 [详情] 快递速度真是"超快"，怀疑是快递公司派专人跑着送来的吧？

● **分析**

货物延误，要么是快递公司出现的问题，要么就是卖家自身出现了问题。

遇到这样的情况，如果卖家没耽误，是快递公司在运送的时候没及时送到，那么可以追究快递公司的责任。如果是卖家自己耽误了，不管是谁的责任，先给买家一个耐心的解释和一个诚意的道歉是必要的，在时间允许的情况下还要采取积极的补救措施。有的时候，一次交易对卖家而言仅仅是一单生意，但是对于买家而言，可能是一件极具纪念意义的事情，将心比心，会换来更多的朋友，也会积累更多的回头客。

(2) 货物破损

- 案例

差评 [详情] 无正规包装还算次要，关键是已经开封，原本封口处应该有层铝铂封住的！心里极其不爽，希望各淘友吸取教训！

差评 [详情] My God，拿到手以后我就在努力回想："我原来买了个啥样的宝贝呢？"碎得也太厉害啦，面目全非呀！

- 分析

买家从拍下商品的那一刻起，就一直眼巴巴地盼望着能见到心仪的宝贝，如果他和宝贝的见面是这样的场景，可想而知会有多么失望！

所以，大家可以在包装货物的时候最好多包几层。商品在运送途中，很容易出现破损。在有空的时候也可以研究一些适合自己所售商品的包装技巧，就能避免这样的问题了。

(3) 货物丢失

- 案例

差评 [详情] 一直都没收到货，卖家还说已经发货了，但是货在哪里呢？

- 分析

这种情况可以去快递公司查询，商品到底给送到哪里去了。能找回来最好，如果的确找不回来了，就和买家以及快递公司商量一个补救的办法。前提是一定要保存好当时的发货凭证。

(4) 货物漏发、错发

- 案例

差评 [详情] 情人节当天竟然把我送给女友的花送错了！！虽然卖家态度诚恳并退了款，但是造成的后果不能原谅！

- 分析

买家的这种心情要给予理解。尽管对于卖家来说，仅仅是一个小失误，但是对于买家来说，则可能出现很严重的后果。

店铺在参加一些活动或者遇到节日前后可能会很忙，但是再忙，每一笔交易都必须要仔细核实，尽量避免忙中出错。

(5) 更改快递公司，买家不方便

- 案例

中评 [详情] 跟卖家说好要发申通快递的，卖家也答应了，可实际上发的还是圆通快递，我们这圆通快递要自己取，会浪费很多时间和精力。

● 分析

做生意，一切要从客户的利益出发，谁让"顾客就是上帝"！做掌柜的，时时刻刻要站在买家的立场考虑问题。

另外，答应了的事情一定要做到。即使由于特殊原因临时更改，也要及时通知买家并做出合理的解释。

21.3 服务纠纷

(1) 服务态度不好或服务不及时

● 案例

🌸 中评 [详情] 卖家很拽的，问她什么也不理，总是回复她很忙。

🌸 差评 [详情] 我对这家的服务态度不满意，因为没收到货物。我发信息问她是用什么快递寄的，她连一个回复都没有，你们说这样的态度我能满意吗？难道她都是这样对待客户的吗？

🌸 中评 [详情] 卖家回复速度奇慢，第一次明明答应帮我量尺寸，结果我等了一个上午也没有回音，后来又询问她，竟然回答没法量。

🌸 中评 [详情] 卖家回复太慢，问一个问题要等一上午，导致我网购了两天，才把东西定下来付款，太浪费我们买家的宝贵时间了。

● 分析

买家是客户，卖家的生意完全依赖他们，即便你做得很大了，仍然不能冷落或疏忽客户。要知道，"水能载舟，亦能覆舟。"没有人愿意付钱给一个忽视自己的卖家。

(2) 服务不专业

● 案例

🌸 中评 [详情] 说好帮助安装，可是来人很不专业，服务差，还是自己费劲搞定的。

🌸 中评 [详情] 希望卖家做代理之前更详细地了解代理产品的情况，不要丢掉自己的信誉！

● 分析

对所售商品专业知识的掌握是在开张前就应该准备好的，在开店过程中还应该不断地学习、完善，对于一时回答不了的问题也应该诚挚说明，征得买家谅解，并积极跟进学习并给

予解答。

综合以上这几种常见的纠纷情况，无论是何种原因带来的客户不满，都会增加卖家的人力成本、时间成本，降低掌柜的信用度，并有可能带来一系列的赔偿和退货等问题。如果我们能够积极地面对可能出现的种种纠纷，防患于未然，或者说即便真的出现了纠纷，我们能本着解决问题的态度来对待它，使其变"不利"为"有利"，将其演变成改善自身管理、促进进一步发展的契机。

21.4　预防是根本

只要大家诚信经营，并且设身处地地为客户考虑，真诚地为客户服务，很多纠纷都可以防患于未然。

(1) 预防商品纠纷

① 严把质量关

堵住源头，严把进货关，并且在发货前还要对商品质量进行二次确认，尽可能地不让有质量问题的商品到达买家手中。

比如食品，必须要审核厂家资质，发货前再重新审核生产日期等信息(见图 10-1)。

➤ 包装正规，有厂址和电话
➤ 学校的山核桃研究所为临安核桃农提供技术上的帮助
➤ 和临安的最大的小核桃生产商有着长期密切的合作关系
➤ 介绍山核桃的有关知识
➤ 介绍山核桃的制作过程

图 10-1　清晰可信的食品图片

如果所售商品确实有瑕疵，应该告知买家，由买家在知情的情况下确定是否购买。如图 10-2 所示，就清晰地告知该包有破损和污点，可让客户酌情考虑是否购买。

图 10-2　标明瑕疵的商品图片

② 真实详尽的商品描述和客观的商品图片

就商品本身而言，商品描述应该包含商品的品质、规格等信息，某些商品还应该包括使用方法、使用效果和适用人群等。

关于商品品质，条件允许的话可以提供一些权威凭证，或者接受专柜验货等承诺，真正从心出发，站在买家的角度为他们提供尽可能详尽的信息和周到的服务。如果买家信任你，交易成功率肯定会大大上升，而且买家很有可能会成为你的长期客户。

● 鉴定证书

假如买家在网上购买钻石类的商品，看到卖家提供这样的鉴定证书，肯定会踏实很多(见图 10-3)。

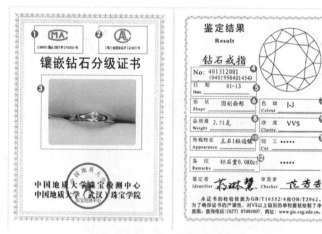

图 10-3　钻石鉴定证书

● 商品规格

商品的规格应该有清晰的数据支持，比如，服装需要呈现给买家清晰的颜色、尺寸、材质等(见图 10-4)。

颜色：图片色

内衬：有
面料弹性：无

尺寸：(单位：厘米　平铺测量)

	胸围	衣长	袖长	腰围
S:	42	84	0	35
M:	44	85	0	37

图 10-4　带数据的商品描述图片

衣服的规格也可以通过模特来直观展示(见图 10-5)。

图 10-5 形象直观的衣服效果图

● 宝贝图片必须真实，主体突出

宝贝图片必须为实物拍摄，主体突出，并且真实反映商品全貌(见图 10-6)。

图 10-6 成功的宝贝图片

如果只是卖上衣，就不能放如图 10-7 中的图片，除非有显著说明，否则会引起买家不必要的误会。

图 10-7 容易引起买家误会的商品图片

● 关注细节

买家很想看到商品细节，其会使商品在买家的脑海里变得立体(见图 10-8)。

图 10-8　商品细节图

对于一些特殊商品，需要加上使用方法或适用人群的说明；对于进口商品，应该配备中文说明书(见图 10-9、图 10-10)。

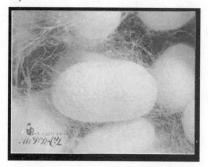

图 10-9　蚕丝蛋白粉的图片

★製作步驟：

1.先將90ml蒸餾水倒入燒杯中，再將1g的.蠶絲蛋白粉加入攪拌溶解。

2.將10ml的芝麻油及1ml的簡易型乳化劑加入小量杯中攪拌均勻後，再倒入燒杯中攪拌成霜體形成。

3.最後再將複方抗菌劑0.5ml加入攪拌均勻即完成！

★使用方式：洗臉----> 化妝水 ----> 蠶絲蛋白面霜

★保存期限：一般常溫保存即可，可保存1年。

图 10-10　蚕丝蛋白粉的使用说明图片

● 客观描述

客观地描述产品效果，是卖家诚信的重要标志。你的商品到底有多少"本事"，自己心里应该最清楚。适当的宣传是必要的，但是别过分渲染，夸大事实。要知道，买家只会相信你一次(见图 10-11)。

发给：胖可爱 - 我有空

leslie_lee_: 掌柜你好，请问这件YY显瘦么？会不会显肚子啊？

胖可爱：您好！这件衣服版型很好，如果穿得合身的话是比较显瘦的，所以我需要知道你的三围和身高才能够判断你穿上以后的大致效果。

图 10-11　客观的回复

● 信息详尽

其应包含付款、物流、折扣、联系方式等信息，如下面的例子。

因薄利多销，本店谢绝还价。

北京地区四环内，买够 100 元商品，重量在 2 公斤内，免送货费。若超出 2 公斤则每超出 1 公斤加收 1 元送货费；其他地区款到发货，邮费自理。

实体店地址：北京市海淀区×××路××花园(望山园)

　　　　　　商业街乙 17 楼(底商)212 室

营业时间：周一至周日(早 10：00—晚 20：00)

店内电话：(010)88886666

店长电话：139×××12345、(010)66668888

其他联系方式：

MSN：××××@hotmail.com

QQ:15××××99

EMAIL:superman@yahoo.com.cn

有些商品还需包括售后服务信息说明，如下面的例子。

保修

a. 保修卡(盖有××××产品全国总经销商"北京××××科技有限公司"公章)有效；

b. 自购机之日起一年内免费保修，超过一年收取零件成本费。

退换

a. 经我们确认尺码准确，本店服装一律支持收货后 48 小时内无条件退货；

b. 因买家尺码量错、色差或者与想象中不同等原因造成的退货，一律由买家承担来回的运费；

c. 如衣服有严重的质量问题，本店承担一切退货费用；

d. 其他情况双方协商解决。

(2) 预防货物包装与物流纠纷

① 选择合适的快递公司——建议使用支付宝推荐的物流公司

在选择快递公司的时候，要尽量选择相同价格中服务好、全国直属网点多的公司，也可以根据自身的实际情况，在不同的城市选择不同的快递公司，一切以方便、快捷、有保障为前提。支付宝推荐物流有以下特点：

- 网上下订单，物流部门免费上门取件，支付宝系统自动修改交易状态；
- 货物丢失、损坏能得到及时理赔；
- 除 e 邮宝和网上 EMS 以外，其他推荐物流享受先验货、后签收的权利；
- 物流专职客服在线解答；
- 使用 e 邮宝和网上 EMS 在买家签收后 7 天，使用其他推荐物流在买家签收后 3 天，支付宝将会自动打款给卖家。

选择好快递公司以后，要与他们签订协议，以保障自己以后的利益。协议一般要包括以下几点：

- 明确各自的责、权、利，以及服务细则和签收要求；
- 注明发货方享受的优惠折扣标准；
- 邮资结算周期和支付方式；
- 货物损坏、丢失的赔偿处理原则；
- 合作期限和合作解除条款。

② 清晰传达物流信息

除了针对商品详尽的描述介绍外，卖家还应该对物流方式及价格说明、掌柜联系方式、售后服务等方面进行介绍。这样既可以让买家在第一时间了解相关信息，还可以大大减轻售后服务压力，并在某种程度上塑造店铺的专业形象(见图 10-12、图 10-13)。

▤ 运送方式 ▤

国内运送方式	到达天数	运送范围	费用	友情提醒
【平邮】	7-14天	全国	一口价包平邮	需凭身份证去邮局领取.(遗失率0.5% 延迟率10%)
【邮政快递】	4-6天	全国	按路程远近加5-10元一件	邮递员叔叔送上门.但有10%-20%的邮政快递包裹会被邮局自行改为平邮送.(遗失率0.5% 延迟率20%)
【专线快递】	2-3天	只限大中城市	按路程远近加8-10元一件	快递大哥送上门.确认白天有人收件.填写正确联系电话很重要！(遗失率2% 延迟率8%)
【EMS特快】	3-4天	全国	按路程远近加20-25元一件	邮递员叔叔送上门.可在网上查询进度.(遗失率0.5% 延迟率5%)
★ 新疆,西藏,云南等离上海较远的地区到达的时间要长.国外或港澳台地区另议.				
★ 专线快递派送范围仅限市区,郊区和周边县镇不在派送范围内,专线快递无网点的城区建议用邮政快递.				
★ 款到发货.本市买家也可前往位于南京西路人民广场的门店当面交易.				

图 10-12　清晰的物流信息

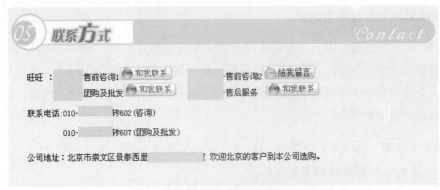

图 10-13　详细的分类联系方式

③ 仔细分类包装，确保发货时包装牢固

以下是包装过程中常用到的物品，如图 10-14 所示。

图 10-14　包装用品图片

大家要根据所售商品的实际情况，小心仔细地对宝贝进行包装，不能掉以轻心，如果是易碎品，就更加要多几道工序，确保货物能安全上路(见图 10-15)。

④ 打印单据，保留必要的凭证

为了确保自身的利益，发票、收据、发货单、保修卡、证书等必要的凭证都需要整理并保留好，以备不时之需。

仔细填写发货单，如图 10-16 所示。

图 10-15　包装流程示意图

销售发货单

交易编号	订单日期		客户ID		
货款合计	邮资		应收款合计		付款方式
备注（客户要求、赠品）					
商品编号	名称	规格	单价	数量	合计

图 10-16　发货单

在填写发货单时要注意以下几点：

● 收件人详细地址、电话等不要漏写；

● 注明收件人要求的到货时间；

● 要写明商品编号、物流过程中需注意的方面；

● 选择是否保价，填写申报价值；

● 写上签收提醒，以及备注栏内容。

⑤ 做好宝贝的进销存管理

● 案例(见图 10-17)

● 分析

受传统交易模式的思维影响，买家总希望能"一手交钱，一手交货"，一旦拍下商品都希望能尽快拿到手，但由于一些原因，如店铺促销活动容易出现一些发货延迟等问题，可能会引发纠纷。

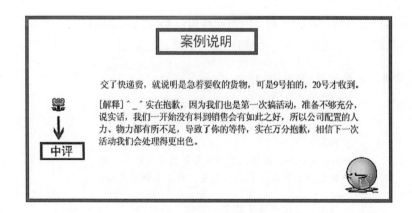

图 10-17　案例说明图

　　预防此类纠纷，就需要卖家在平时建立商品进货数、销售数和库存数的统计，不仅可以在参加活动的时候胸有成竹，而且对阶段性利润也一目了然。2007年6月，淘宝推出的Alisoft网店版二期中就有这样的功能。

　　另外，促销活动由于存在一些不可预估的因素，在活动准备期间也要注意以下几点，这样能避免可能发生的纠纷，使我们的活动有一个圆满的结局：

- 准备充足的货物；
- 准备充足的包装用品；
- 设定快捷短语及时回复买家提问；
- 确认物流方式、买家收货地址；
- 公布发货时间；
- 跟踪到货情况，回访客户。

　　⑥ 发货后要及时告知买家并保持联系，及时跟踪，并告知买家收货时的注意事项(见图10-18)。

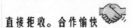

图10-18　提醒买家如何收货

(3) 预防服务纠纷

① 积极热情，及时回复买家

网上交易虽然看不到卖家的笑脸，但是同样可以感受到卖家的热情。大家都希望对方能以礼相待，你我都一样，先让买家感受到一张笑脸吧，之后的一切会愉快很多。

- 礼貌用语，态度热情(见图10-19)

图10-19　礼貌用语

下面推荐几句旺旺常用的快捷短语。

您好，欢迎您的光临！

请问您有什么需要吗？

亲爱的朋友，非常抱歉，此款产品为本店特价商品，不能还价的哦！

非常感谢您的关注！祝您天天开心！

非常感谢您对本店的信任与支持！

一次交易，终身为友！很高兴能为你服务哦！

● 回复及时

买家主动联系卖家，说明买家已经在店铺中看到了心仪的宝贝，也就是说买家已经有了购买意向。如果没有特殊情况，对于买家的询问最好尽快给予回复。确实不能马上回复的，应留言告知何时会回复，或者附上掌柜的在线时间表和方便联系的电话，以备使用。总之，不能让买家觉得他给你的消息石沉大海(见图10-20、图10-21)。

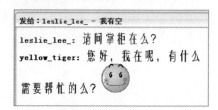

图 10-20　即时回复买家询问

图 10-21　自动回复

② 做专业的卖家

掌柜要对自己经营产品的各方面都了如指掌，学习的目的是为了能更好、更专业地为顾客服务，如果对自己销售的商品不了解，就无法为顾客提供专业的咨询和建议，从而影响成交量。

相关的知识可以从网上、书上以及实践中得到。掌握了这些专业知识后，除了回答买家的提问，还可以主动和大家分享这些经验，比如发帖教大家一些实用小技巧(见图10-22、图10-23)。

测量服装尺寸示意图

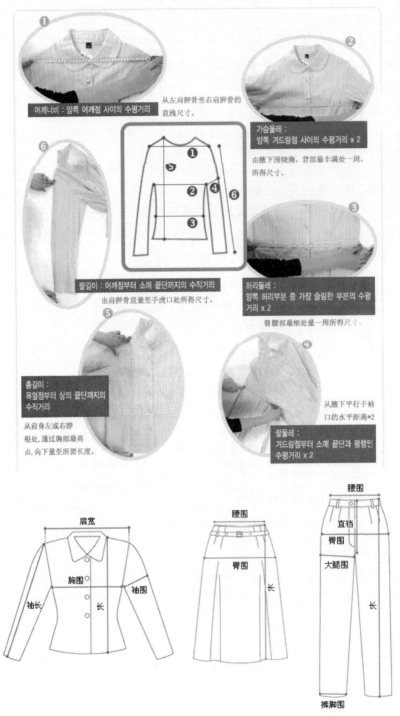

① 어깨너비 : 양쪽 어깨점 사이의 수평거리
从左肩胛骨至右肩胛骨的直线尺寸。

② 가슴둘레 : 양쪽 겨드랑점 사이의 수평거리 x 2
由腋下围绕胸、背部最丰满处一周，所得尺寸。

③ 허리둘레 : 양쪽 허리부분 중 가장 슬림한 부분의 수평거리 x 2
臀腰部最细处量一周所得尺寸。

④ 从腋下平行于袖口的水平距高 x 2
팔둘레 : 겨드랑점부터 소매 끝단과 평행인 수평거리 x 2

⑤ 총길이 : 목옆점부터 상의 끝단까지의 수직거리
从前身左或右脖根处，通过胸部最高点，向下量至所需长度。

⑥ 팔길이 : 어깨점부터 소매 끝단까지의 수직거리
由肩胛骨直量至手虎口处所得尺寸。

肩宽 胸围 袖长 袖围 长

腰围 臀围 长

腰围 直裆 臀围 大腿围 长 裤脚围

图 10-22　教买家测量衣服尺寸的案例图

274

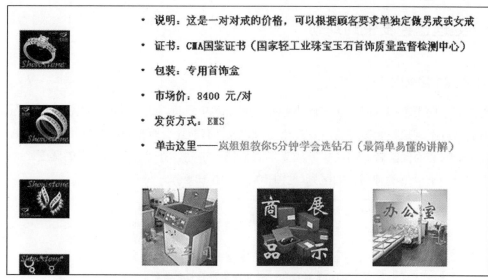

- 说明：这是一对对戒的价格，可以根据顾客要求单独定做男戒或女戒
- 证书：CMA国鉴证书（国家轻工业珠宝玉石首饰质量监督检测中心）
- 包装：专用首饰盒
- 市场价：8400 元/对
- 发货方式：EMS
- 单击这里——岚姐姐教你5分钟学会选钻石（最简单易懂的讲解）

图 10-23　教买家挑选钻石的案例图

知识总是让人信服，一旦买家认为你是这方面的专家，会理所当然地选择在你的店铺挑选商品。另外，乐于分享也会给你带来朋友，给店铺带来人气，这些都是很好的做法。

③ 要对买家用心

一个于细微处用心的卖家，往往会使买家感到温暖，自然也很乐意在你的店铺中消费。比如，你可以把老买家的一些小资料(如衣服规格、鞋的尺码、喜欢的颜色、沟通难易度等)做一个简单备注，可以利用旺旺来实现：选中要编辑的买家，单击鼠标右键，选择编辑联系人资料即可进行此项操作(见图 10-24)。

当买家觉得你是一位处处对他用心的朋友，在交易之外，你们彼此可能会收获更多的东西。

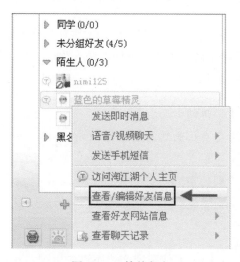

图 10-24　简单备注

21.5 处理已经发生的纠纷

(1) 买家抱怨处理

当买家来向卖家抱怨时，卖家应当心平气和，避免争执，耐心倾听，积极处理问题。

当买家有不满来找卖家理论时，难免会很急躁，有时还会有指责，这时作为服务方，应该先做一个耐心的倾听者，站在买家的立场听他把话讲完，肯定并认同买家的感受。

先体验一下以下两种回答的区别(见图 10-25、图 10-26)。

<div style="border:1px solid #000; padding:10px;">
<p>发给: leslie_lee_ - 我有空</p>
<p>leslie_lee_: 掌柜你好，YY已经收到了，但是我觉得 YY穿上效果不好，很老气，好像大妈一样</p>
<p>yellow_tiger: 不可能的，一定是你没有搭配好吧。</p>
</div>

图 10-25 回答(1)

<div style="border:1px solid #000; padding:10px;">
<p>发给: leslie_lee_ - 我有空</p>
<p>leslie_lee_: 掌柜你好，YY已经收到了，但是我觉得 YY穿上效果不好，很老气，好像大妈一样</p>
<p>yellow_tiger: MM你好，稍等一下我查查你购买的是那件YY，我来帮你搭配一下，搭配的方式改变一下也许会有不错的效果哦。如果你还不满意，我们再商榷退换的问题，好么？</p>
</div>

图 10-26 回答(2)

如果你是那位买家，对于这样的两种回答分别会有什么样的感受和反应？

在买家诉说阶段，卖家除了做一个聆听者外，还应及时发现问题所在，并给予处理，所以在倾听的时候，需要注意以下地方：

● 心平气和，保持乐于倾听的心态；
● 留意别人的构想，并与自己的想法相结合；
● 不持主观态度；
● 要深层次地体会所听到的事；
● 保持清醒的头脑，抓住重点；
● 分析如何解决。

在倾听的过程中，可以分析一下使买家产生不满的原因，对症下药。通常有以下三种情况。

① 卖家引起的纠纷

如果确实是自己的工作失误，一定要深刻检讨，并和买家协商提供退货、换货以及部分退款等服务。

② 物流公司引起的纠纷

如果是在物流过程中产生的问题，一方面要和买家商量解决的方式，一方面要向物流公司进行确认，保障自己的利益，并注意：

- 保留和收集货物丢失或损坏的证据；
- 在规定期限内向物流部门提出书面索赔文件；
- 提供货物价值证明；
- 协商赔付金额、支付周期及方式；
- 索赔未果之前，可继续发货，但建议暂不结算邮资。

③ 买家引起的纠纷

如果是因为买家自己的兴趣发生了转移，不喜欢这件商品了，可以协商寻求一个合理、可行的解决方式，如下面这个例子。

买家 A： 玩具收到了，可是我的儿子不喜欢怎么办呢？放在家里是浪费呀！

卖家 B： 如果您还没有打开包装的话，我们是可以退换货的；如果您已经打开了包装，因为牵涉儿童卫生等问题，这个品牌的玩具是不能在此情况下退换货的。您肯定也不希望您的宝宝使用别人拆封过的玩具吧！要不这样，您看一下我们店铺有没有什么您感兴趣的商品，我以成本价销售给您，作为补偿，您看这样行吗？

总之，当买家产生不满来找卖家理论的时候，说明他还是相信卖家能给他解决问题的，所以我们应该本着积极解决问题的态度，和买家协商，找到一个两方的平衡点，化解纠纷。

(2) 买家给了中差评处理

首先，我们一定要有这样一个意识：好评并不 100%表示满意；中差评并不一定代表不满意。如下案例可作为参考。

好评 [详情] 买了 3 件 YY，但是这件的做工不太令人满意，还是给好评吧。

中评 [详情] 货品不错，还有小礼物，很喜欢。下次会继续关注你的小店。

其次，我们一定要善用解释。现在的买家越来越成熟，他进到卖家店铺的时候，更多的时候是去看卖家的中差评，而很少会去查看好评。因为大家都会觉得中差评更能反映问题，所以从某种意义上说，卖家对中差评的解释就相当于做广告。

面对中差评，卖家有理有节的解释足以澄清一些事实，如下所示。

差评 [详情] 榛子壳很硬，吃完这一斤，我的牙都快掉了，为了增加重量多收邮

费，还在箱子里塞了一块破铁。

解释：请仔细看那块铁，中间是否有个螺丝，再往下看，是不是中间有一条缝，沿着这个缝用力分开——这块破铁就是给你夹榛子壳用的特制钳子！

如果这个中差评是由卖家的失误造成的，只要卖家肯承认错误并积极弥补，后来的买家也不会太在意，人非圣贤，孰能无过，积极的态度会让人产生信任感(见图10-27)。

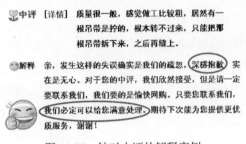

图10-27　针对中评的解释案例

(3) 买家到淘宝网投诉处理

也有这样的买家，出现问题后，他不会找卖家协商解决，而是选择直接到淘宝网投诉。

面对这样的情况，首先要强调的是，卖家要熟悉淘宝规则以及支付宝规则，不明白的地方可以去淘宝网帮助中心寻找答案。

● 淘宝规则页面(http://rule.taobao.com/?spm=0.0.0.0.cG6lw3)(见图 10-28)

图10-28　淘宝规则页面

● 支付宝帮助中心(http://help.alipay.com/support/index.htm)(见图 10-29)

图 10-29　支付宝规则页面

● 淘宝网服务中心

(http://service.taobao.com/support/main/service_center.htm?spm=0.0.0.0.xkZmv3)(见图 10-30)

图 10-30　淘宝网服务中心页面

其次卖家需要保留和收集相关凭证，包括：

● 发货凭证；
● 买家、卖家签收记录；
● 其他证据(进货单、授权书、商品图片、商品描述等)；
● 旺旺历史聊天记录截屏。

在了解淘宝规则并收集相关凭证以后，卖家就应该要进行申诉了。

有两种方法可以进行申诉，第一种是登录进入"卖家中心"页面，在"交易管理"下单击"已卖出的宝贝"，在要申诉的交易订单中单击"投诉"进入申诉页面(见图 10-31、图 10-32)。

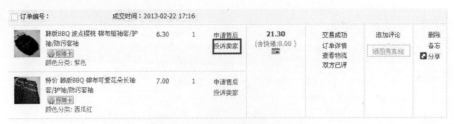

图 10-31　举报与投诉入口(1)

图 10-32　举报与投诉入口(2)

第二种是首先登录进入"卖家中心"页面，然后在"客户服务"下单击"投诉/举报管理"，进入投诉页面(见图 10-33)。

图 10-33　投诉和举报页面

在提出申诉的时候需要注意，文字申诉时应该尽量简明扼要，抓住问题的关键，讲重点；并且需要截图上传发货单、旺旺历史聊天记录截屏等图片证据，图片大小需要控制在120K 以内，建议用 JPG 格式的图片。

淘宝小二会依据有关规则进行公正的评判。

第 22 课时　纠纷处理案例分享与小结

22.1　纠纷处理经典案例

(1) 收款不发货

买家 A 在淘宝网上看中了卖家 B 的一双运动鞋。因为 A 刚刚注册淘宝，不会用支付宝，看 B 的信用度也不低，因此在网上拍下宝贝后，就很放心地通过银行汇款的方式汇给 B 300 元，但是左等右等，就是没有收到鞋子，于是 A 电话联系了 B，B 一直说已经发货了，让 A 再等等，结果等了 7 天，还是没有收到，而且之后 B 一直躲着 A，不再接听 A 的电话，A 很着急，最后 A 在热心淘友的提醒下到"我的淘宝——已买到的宝贝"中投诉了卖家 B，并在投诉中提供了当初汇款的汇款单。在投诉的过程中，卖家 B 没有提供发货单，也没有提供买家签收单，最后的投诉结果是卖家被监管账户处理。后来，卖家 B 把 300 元退还给了 A，处罚才被撤销。

(2) 收货不付款

买家 A 在淘宝网上拍下了卖家 B 的 100 元手机充值卡，但是 A 告诉 B，自己的网上银行出现了问题，暂时不能付款，要到第二天才能付款，可是手机已经停机，现在有个重要的电话要接，所以希望 B 可以先替他充值。卖家 B 看 A 说得很诚恳，不像在骗人，就先给 A 的手机充了值，手机充值后 A 就消失了，卖家 B 怎么也联系不到他。于是，卖家 B 就投诉 A 收货不付款，并在投诉中提供了充值的截屏，最后，买家 A 的账户被监管处理。

(3) 网上描述不符

买家 A 在淘宝网上看到一件 T 恤很漂亮，就拍下付款了，但是收到的货却和卖家 B 在宝贝页面上的不一样，宝贝页面上的衣服是大红色的，但是收到的衣服却是蓝色的，A 找 B，要求退货，但是 B 认为衣服卖出概不退货，双方协商不成功。由于买家当初没通过支付宝交易，所以不能申请退款，但 A 投诉 B 网上描述不符，并在投诉中提供了衣服的实物拍摄图片，最后卖家 B 被警告处理。

(4) 网上成交不买

卖家 B 很高兴地看到一件商品被买家拍下了，于是很热情地在旺旺上与买家进行沟通，但是买家却没有任何反应，而且买家一直没有付款，直到该笔交易被系统自动关闭。卖家 B 很生气，投诉 A 网上成交不买，买家也一直没有申诉，最后买家被警告处理。

(5) 网上成交不卖

买家 A 很喜欢参加一元拍，最后以 8 元的价格拍到一条裤子，而且还是卖家承担运费，于是想马上付款，但是卖家 B 对 A 说，这次拍卖的价格太低了，他是不会卖的。买家 A 很生气，心想拍卖就是这样子的，这个卖家太过分了，于是投诉其网上成交不卖，卖家也表示是因为价格低才不卖的，由于卖家之前信誉良好，故这次投诉作查看处理。

(6) 恶意评价

买家 A 要给女朋友买生日礼物，特别要求卖家 B 发快递，这样才不会错过女朋友的生日，卖家也同意了，但是最后卖家因为生意太忙忘记了，发了平邮，等 A 收到货物时已经错过了女友的生日了，买家 A 很生气，虽然货物很好，他确认收货了，但是却给了 B 一个差评，理由是要发快递却发了平邮，没有按买家要求发货。卖家也觉得很冤枉，因为生意实在太忙了，现在买家也收到货物了，希望买家可以修改评价，但是买家坚决不愿修改，于是 B 投诉 A 恶意评价，投诉的最后结果是投诉作撤销处理，评价不变。

(7) 恶意出价

卖家 A 的生意很好，有一天，他店铺里面的商品全部被人拍下，A 一看，居然是同一个人，而且是刚刚拍下的，A 马上投诉 B 恶意出价。第二天，买家 B 的账户被冻结处理。

我们要尽量避免买家投诉，因为投诉会带来一些不必要的麻烦和损失。但是，从另外一方面来讲，投诉对于卖家来说也并不完全是负面的，客户投诉有利于卖家发现自身的问题，提高沟通能力及应变能力。很多时候，投诉是卖家维持老客户的契机，也是卖家获得忠实客户的契机。

总之，对于买家的投诉，卖家要做的不仅仅是道歉，还要有进一步的行动。千万别做出承诺却不兑现，逃避个人责任，或者干脆对对方置之不理。优秀的卖家还应该建立客户投诉信息档案，对客户投诉原因做归纳分析；针对投诉原因提出改进建议，提高管理水平；主动向客户提供问卷调查，了解客户意见。当然，如果真遇到不讲理的买家损害了卖家的利益，只要卖家将保留好的相关凭证传给淘宝客服，淘宝网会根据事实公正地解决问题。

22.2 纠纷处理小结

(1) 容易出现的纠纷点

- 收货的时候不是本人签收。
- 收货以后出现质量问题，要求退货。
- 价格不统一，低价销售引起纠纷。

- 货物运输没有购买保险，货物丢失发生纠纷。
- 货物在运输中被损坏，造成纠纷。
- 货物不符合买家要求。
- 虚拟商品发出，没收到货款。
- 采用汇款方式付款，没有收到卖家商品。
- 卖家退货声明侵犯了买家的合法权益。
- 卖家采用违法的拍卖手法，制造繁荣假象。
- 卖家对商品的描述过于简单或者故意不描述其商品的瑕疵。
- 没有足够证据而做出差评，被判恶意评价。
- 网上购物的维修纠纷。

(2) 我们可以做到的几点

- 卖家要诚信、详细地描述自己的商品(包括瑕疵)，避免因买家理解不一致而发生纠纷。当买家有异议时，卖家的描述和声明将是一个很重要的依据。
- 卖家应尽量诚信守法地使用发票，规范经营。
- 卖家发货时要符合邮寄的包装规则，认真填写货物名称和型号，并声明收货人凭身份证亲自收取；收货时有异议请声明，并由承运人签字确认。
- 卖家销售商品应当注意不要侵犯他人的知识产权，不要低于成本价销售，不要在网上销售禁止和限制销售的商品。
- 买家购买商品要认真甄别卖家的资料，通过支付宝进行交易，防止被骗。
- 买家要认真阅读所选购商品的情况说明，不明之处和特别要求应通过旺旺和卖家交流，以留下证据。
- 收货时认真检查，货物与约定不一致时可以填写拒收单。重要商品谨慎委托他人代收。
- 尽量使用支付宝交易，以保障自己的权益。
- 收货后发现质量问题，可以向当地相关部门举报，可以进行质检，可以联系卖家退货。
- 非实体货物，如：移动/联通充值卡充值、QQ 充值等在线充值服务，卖家可以将密码放在发货的声明里，可以有力地证明卖家已发货。

(3) 争议处理规则

详见 http://help.alipay.com/support/166-1410/help-3263.htm。

?↕ 课后思考

(1) 淘宝的规则和支付宝的规则在哪里可以看到？

(2) 作为买家，你应该怎样规避网上交易纠纷？作为卖家，你又有什么样的心得呢？

(3) 你在网上购物经历中遇到过纠纷吗？最后是怎样解决的？

(4) 当你被一位老主顾投诉了，你会怎么办？

第11篇 一统江湖
——淘宝的其他版块和功能

　　淘宝网经过几年的发展，目前已经占据中国网购市场 80% 的份额，聚集超过 9800 万的注册买家，拥有中国网购市场绝对的领导地位。然而这些对于淘宝这个志向远大的巨人来说，仅仅是走出的第一步。他的目标远远不仅是做一个单纯的网店平台提供商。

　　2008 年 10 月 8 日，淘宝网总裁陆兆禧在北京宣布，为进一步推进"大淘宝"战略，阿里巴巴集团未来 5 年对淘宝网投资 50 亿元人民币。通过兼并阿里妈妈、中国雅虎、口碑网等一系列措施，淘宝现在已经逐步向电子商务基础设施平台化、社区化、生活化迈进。淘宝不仅希望通过各类资源的整合给数百万的网商提供一个成套的网络零售解决方案，也希望为中国广大的消费者提供一个除网上购物以外的更加全面和广泛的生活服务平台。

　　鉴于此，我们在本书的最后简要介绍淘宝的其他版块和功能，以便读者从中了解淘宝未来的发展趋势和前景。

第 23 课时　淘宝其他版块

淘宝为了更好地为买家提供服务和购物解决方案，特别增加了很多不同的购物频道，让买家能够因地制宜地进行购物以及获得更好的购物建议。

23.1　天猫

天猫是亚洲最大购物网站淘宝网全新打造的 B2C 购物平台，成立于 2008 年 4 月 10 日，它致力于把中国互联网最具专业化和实力的电子商务卖家聚集到这一平台，进一步提升消费者的网上交易体验，促进电子商务的普及。成立至今，其品牌数已达到 10000 个，企业商家数已近万家，现已成为国内最具影响力的 B2C 交易平台。

天猫与淘宝网共享会员，为网购消费者提供快捷、安全、方便的购物体验。提供 100%品质保证的商品，根据天猫与商家的协议约定，如商家销售假货及非原厂正品商品，一旦发现，淘宝有权立即终止协议。为更好地保障消费者利益，天猫还提供 7 天无理由退货的售后服务，提供购物发票以及购物现金积分等优质服务。

在淘宝主页直接单击页面上方橙色导航栏中的"天猫"按钮进入，或者在浏览器的地址栏中输入地址http://www.tmall.com/，按下键盘 Enter 键打开天猫主页(见图 11-1)。

图 11-1　天猫主页

23.2　聚划算

聚划算是阿里巴巴集团旗下的团购网站，聚划算主域名使用的是淘宝网的二级域名。该二级域名正式启用时间是在 2010 年 9 月。聚划算依托淘宝网巨大的消费群体，2011 年，聚划算启用聚划算顶级域名，官方公布的数据显示其成交金额达 100 亿元，帮助千万网友节省超过 110 亿元，已经成为展现淘宝优质卖家服务的互联网消费者首选团购平台，并确立国内最大团购网站地位。

在淘宝主页直接单击页面上方橙色导航栏中的"聚划算"按钮进入，或者在浏览器地址栏中输入地址http://ju.taobao.com/，按下键盘 Enter 键打开聚划算主页(见图 11-2)。

图 11-2　聚划算主页

23.3　电器城

电器城是天猫旗下的一个电器购物频道，汇集了电器城首页、大家电、小家电、手机、相机、笔记本、电脑硬件、3C 等网购服务，是天猫的一个重要品牌。电器市场非常庞大，电器占其相当重要的市场份额。为了迎合电器需求者对各种电器的需求，天猫打造了一个分类齐全、专业精细的电器淘宝平台，即天猫电器城。天猫电器城的特点：销售正品行货，发票联保；提供担保交易(先收货后付款)、先行赔付、假一赔三、七天无理由退换货、数码免费维修等安全交易保障服务。

在淘宝主页直接单击页面上方橙色导航栏中的"电器城"按钮进入，或者在浏览器地址栏中输入地址http://3c.tmall.com/，按下键盘 Enter 键打开电器城主页(见图 11-3)。

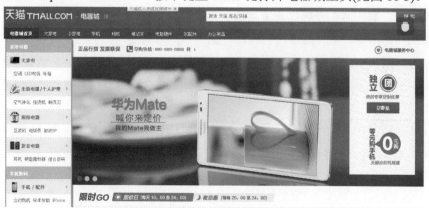

图 11-3　电器城主页

23.4　一淘网

一淘网是淘宝网推出的一个全新的服务体验。一淘网立足淘宝网丰富的商品基础,放眼全网的导购资讯。网站主旨是解决用户购前和购后遇到的种种问题,能够为用户提供购买决策,更快地找到物美价廉的商品。

在淘宝主页直接单击页面上方橙色导航栏中的"一淘网"按钮进入,或者在浏览器地址栏中输入地址http://www.etao.com/,按下键盘 Enter 键打开一淘网主页(见图 11-4)。

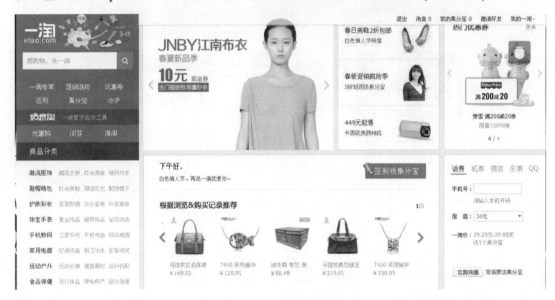

图 11-4　一淘网主页

23.5　嗨淘网

嗨淘网是快乐淘宝旗下的 C2B2C电子商务网站。因为融合了湖南卫视和淘宝网两大创始股东的优质资源,嗨淘网在开辟"淘宝精选街"频道的同时,全力自营 B2C 业务,以正牌、正品、正货的诚信承诺,主打海外特色商品,主推"国际名品"、"服装鞋包"、"美容化妆品"、"流行配饰"、"家居生活用品"、"食品"等品类,为中国消费者提供时尚生活方式的一站式解决方案。其目标是打造一个最丰富、最正牌、最具信赖度的"永不打烊的海外商品世博馆"。

在淘宝主页直接单击页面上方橙色导航栏中的"HiTao 妆扮"按钮进入,或者在浏览器地址栏中输入地址http://www.hitao.com/,按下键盘 Enter 键打开嗨淘网主页(见图 11-5)。

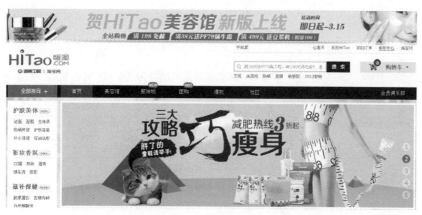

图 11-5　嗨淘网主页

23.6　淘宝旅行

　　淘宝旅行是淘宝网旗下的综合性旅游出行服务平台。淘宝旅行整合数千家机票代理商、航空公司、旅行社、旅行代理商资源，为旅游者提供国内机票、国际机票、酒店客栈、景点门票、国内国际度假旅游、签证(通行证)、旅游卡券、租车、邮轮等旅游产品的信息搜索、购买、售后服务的一站式解决方案。其全程采用支付宝担保交易，安全、可靠、有保证。

　　在淘宝主页直接单击页面上方橙色导航栏中的"旅行"按钮进入，或者在浏览器地址栏中输入地址http://trip.taobao.com/，按下键盘 Enter 键打开淘宝旅行主页(见图 11-6)。

图 11-6　淘宝旅行主页

23.7 购便利

淘宝购便利销售的品类以进口食品、酒水和生活用品为主，首批合作伙伴是麦德龙。购便利定位于"优选超生活"。

在淘宝主页直接单击页面上方橙色导航栏中的"超市"按钮进入，或者在浏览器地址栏中输入地址http://bj.24.taobao.com/，按下键盘 Enter 键打开购便利主页(见图 11-7)。

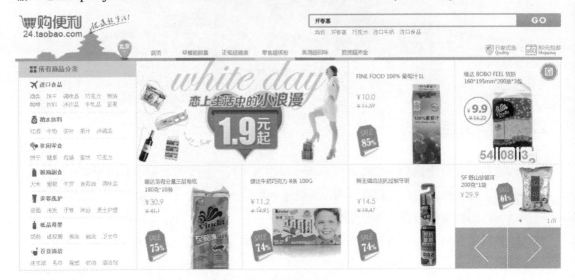

图 11-7 购便利主页

第 24 课时 淘宝其他功能

现在的淘宝网已经发展成为一个多功能、全方位的服务平台，并且功能不断增加。也许在不久的未来，你可以在这里做任何网上能做到的事情。

24.1 淘宝论坛

淘宝论坛为消费者在淘宝网购物提供便利的导航服务，无论是买家还是卖家，都可以在这里畅谈经验，分享精彩商品，分享打折信息等。

在淘宝主页直接单击右上角"网站导航"内社区下的"论坛"链接，进入到论坛首页后，或者在浏览器地址栏中输入地址http://bbs.taobao.com/，按下键盘 Enter 键打开淘宝论坛主页(见图 11-8)。

图 11-8 淘宝论坛主页

24.2 淘宝帮派

所谓淘宝帮派实际上就是自己的个人社区，完全由你支配，只要不涉及敏感词语，就不会受到官方约束。淘宝千千万万的淘友，按照自己的兴趣喜好聚集在一起，含有淘宝武侠特色的群体，就叫做淘宝帮派。你可以加入别人的帮派，当然就要遵守别人的帮规；你也可以自建帮派，订立帮规，可以在自己的帮派中分享经验，也可发布广告及促销活动等。

淘帮派是淘宝免费提供给淘宝用户使用的，可以发表文字、图片等，对于新店来说，如果自己的帮派人气旺，那么店铺的流量也会骤升。而且，浏览淘帮派的网民都是淘宝用户，有卖家，也有买家，针对性强。所以，创建淘帮派是一个很有效的免费推广方法。

在淘宝主页直接单击右上角"网站导航"内社区下的"帮派"链接，进入到帮派首页，或者在浏览器地址栏中输入地址http://bangpai.taobao.com/，按下键盘 Enter 键打开帮派主页(见图 11-9)。

图 11-9 帮派主页

24.3 淘宝大学

淘宝大学最专业的淘宝大学论坛，淘宝大学为淘宝用户提供最全面的开店教程，内容为淘宝购物、网店装修、网店素材、淘宝推广教程等。无论是新人，还是有经验的老用户，都将在这里找寻淘宝使用过程中遇到的疑难问题的答案。

在淘宝主页单击右上角的"联系客服"，进入到淘宝"服务中心"，在右侧的导航栏中单击"淘宝大学"按钮进入，或者在浏览器地址栏中输入地址http://daxue.taobao.com/，按下键盘 Enter 键打开淘宝大学主页(见图 11-10)。

图 11-10　淘宝大学主页

24.4 天猫供销平台

天猫供销平台是淘宝网专门为商家提供代销、批发的平台服务，帮助商家快速地找到分销商或成为供货商。这一平台是完全平等开放的，进入的门槛也不高，只要你有淘宝网店且你并不是天猫的卖家就可以了。直线式的供销平台不仅可以减少商品买卖交易中的各种运费成本和保险成本，而且可以帮助你更快速地获得相关的商品资讯，使你更快速地掌握行业信息、占据市场份额。

登录进入"卖家中心"，单击"货源中心"下的"分销管理"天猫的供销平台页面，或者在浏览器地址栏中输入地址http://gongxiao.tmall.com/，按下键盘 Enter 键打开天猫供销平台(见图 11-11)。

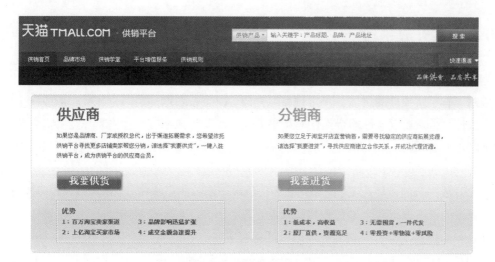

图 11-11　天猫供销平台主页

24.5　手机淘宝

随着手机上网的日益普及，淘宝也顺势开发出了手机淘宝功能，它能够让你随时随地享受手机支付宝的快捷安全服务。

淘宝手机版的访问地址为：http://wap.taobao.com，目前手机淘宝可以实现支付、注册、登录、收藏、浏览、搜索商品等功能。

登录进入淘宝网后，单击页面左上角的"手机版"链接，进入"手机淘宝"，或者在浏览器地址栏中输入地址http://www.taobao.com/m，按下键盘 Enter 键打开手机淘宝主页(见图 11-12)。

图 11-12　手机淘宝主页

24.6 淘宝开放平台

淘宝网在 2009 年 6 月 22 日推出淘宝开放平台(Taobao Open Platform，简称 TOP)，让"大淘宝战略"有了实质性的进展。淘宝网将以开放 API(应用程序接口)为契机，形成一个多接口的开放性平台，吸引大量的合作伙伴结集为一个商业生态系统。它将为开发者提供整套的淘宝 API 的附加服务：测试环境、技术咨询、产品上架、版本管理、收费策略、市场销售、产品评估等。

淘宝开放平台的重要意义在于，突破了传统电子商务的思维定式，不再是自己坐收佣金，而是让更多的第三方一起来参与和共同发展，齐心协力，实现双赢的目标。这是淘宝对于未来商业趋势的把握，也是"大淘宝战略"的秘密所在。

在浏览器地址栏中输入地址 http://open.taobao.com，按下键盘 Enter 键打开淘宝开放平台主页(见图 11-13)。

图 11-13　淘宝开放平台主页

24.7 诚信网商志愿者协会

诚信网商志愿者协会的宗旨是积极维护消费者合法权益，为广大消费者提供安全资讯、真假商品辨别、网店经验等内容，打击网上各类骗子网站和个人，对恶意行骗以及炒作的店铺予以查封和曝光。它是淘宝反欺诈志愿者联盟的大本营，也是目前亚洲最大的安全、防骗网站。

在浏览器地址栏中输入地址 http://zhiyuanzhe.taobao.com，按下键盘 Enter 键打开诚信网商志愿者协会主页(见图 11-14)。

图 11-14　诚信网商志愿者协会主页

课后思考

(1) 如何能够让自己的店铺更多地出现在淘宝的其他版块中?

(2) 通过最后一课的介绍,想想淘宝未来最具潜力的功能和模块是什么?